2009年度国家哲学社会科学基金重大招标项目"中国特色社会主义司法制度研究"（项目批准号：09&ZD062）最终成果
国家"2011 计划"司法文明协同创新中心标志性成果

中国特色社会主义司法制度研究
实证篇

江国华／著

科学出版社
北京

内 容 简 介

认识中国的司法，离不开对其现实运行图景的观察与研究，本书以探寻中国特色社会主义司法制度的运行状况为主题，分别通过实地调研的方式对司法人员管理体制、人财物统一管理、司法责任制改革和司法公开等重点改革内容进行了实证研究，在此基础之上，对审控关系、审辩关系、审监关系等司法基本关系，对司法权的运行情况与司法权规约制度的运行情况，对司法过程中的人权保障制度等进行了深入研究和分析。

本书内容对从事司法理论研究与司法实务工作的法律工作者具有较高的参考价值。

图书在版编目（CIP）数据

中国特色社会主义司法制度研究·实证篇 / 江国华著. —北京：科学出版社，2019.11

ISBN 978-7-03-058258-4

I. ①中⋯ II. ①江⋯ III. ①司法制度-研究-中国 IV. ①D926

中国版本图书馆 CIP 数据核字（2018）第 158110 号

责任编辑：杭 玫 / 责任校对：孙婷婷
责任印制：张 伟 / 封面设计：黄华斌

科 学 出 版 社 出版
北京东黄城根北街 16 号
邮政编码：100717
http://www.sciencep.com

北京虎彩文化传播有限公司 印刷
科学出版社发行　各地新华书店经销
*

2019 年 11 月第 一 版　开本：720×1000　1/16
2020 年 1 月第二次印刷　印张：18 1/4
字数：327 000

定价：145.00 元
（如有印装质量问题，我社负责调换）

总　序

走向实践主义的中国司法

从清末修律引入西方司法制度至今，中国司法已经走过了百年。对于建设什么样的司法制度、怎样建设与发展中国的司法制度等问题，不同的时代给出了不同的答案。在中国特色社会主义发展的新时代，为了解决人民日益增长的美好生活需要和不平衡不充分的发展之间的矛盾，司法制度的发展也应作出相应调整，而立足当下、着眼实效的实践主义应当成为未来中国司法发展的方向。

一、原则与方法：司法实践主义的基本定位

实践主义的司法，或言"司法实践主义"，它是一种"正在行动中"的司法哲学，也是以"实践"为全部基础的司法哲学，它既是一种原则，也是一种方法。[①]

其一，作为原则的实践主义，以唯物实践主义为理论指导，要求充分重视司法实践在所有司法活动中的中心地位。社会生活在本质上是实践的，实践是观察、思索一切自然现象、社会现象和思维现象的基础和出发点。[②]

[①] 江国华：《常识与理性：走向实践主义的司法哲学》，生活·读书·新知三联书店 2017 年版，第 1 页。

[②] 俞吾金：《论实践维度的优先性——马克思实践哲学新探》，《现代哲学》2011 年第 6 期，第 3 页。

①一切从实践出发。反对从纯粹的理论出发，透过西方理论的针孔来观察中国的实际问题。正如习近平同志所指出的："不能把西方的理论、观点生搬硬套在自己身上。要从我国国情出发、从经济社会发展实际出发，有领导有步骤推进改革，不求轰动效应，不做表面文章，始终坚持改革开放正确方向。"①②实践是检验真理的唯一标准。实践作为检验真理的标准，本质上并不是一个认识论命题，而是存在论命题，其意义在于打破教条主义的思维方式，使理论研究回归常识与理性、回归事实与现实。具体而言，实践的需要决定了理论研究需要的产生和方向，实践的现状划定了理论研究的基本范围，实践的发展为理论研究的深入提供了条件，最终，理论研究的成果要在实践中接受检验，其合理性要靠实践中的实效来验证。

其二，作为方法的实践主义，在贯彻实践主义哲学的基础上，要求司法权力的配置和制度设计能够切实提高司法实效②，其核心要义如下。①司法必须讲求效率：在司法审判工作中——法官必须在有限的时间内解决问题，"正义的第二种意义，简单地说来，就是效益"③，时间也是正义的一部分，延迟诉讼与积案实际上等于拒绝审判④；在司法管理工作中——司法管理活动作为司法活动的辅助，必须以最便捷的方式、最大限度地保障司法审判的进行，减少一线办案人员的工作负担和管理压力。②司法必须讲求效果：但法律源于社会，一切形式的法律效果都是以社会为其基本场域的，社会对审判结果的认同程度，在相当程度上决定了审判结果与法律所预设的目标之间的缝隙宽度。因此，审判者在作出任何判决或者裁决之前，亦当理性面对其结果所可能产生的社会效应，并在法律框架内力求达成最优社会效果。⑤简而言之，法官必须要充分考虑其判决所可能带来的系统性后果，必须有效杜绝对法律的机械适用，司法的使命不在于"走程序"，而在于以最优方式追求"实质正义"。

---

① 习近平：《习近平关于全面深化改革论述摘编》，中央文献出版社 2014 年版，第 20 页。

② 江国华：《常识与理性：走向实践主义的司法哲学》，生活·读书·新知三联书店 2017 年版，第 1 页。

③ 〔美〕理查德·A. 波斯纳：《法律的经济分析》，蒋兆康译，中国大百科全书出版社 1997 年版，第 16 页。

④ 〔日〕谷口安平：《程序的正义与诉讼》，王亚新、刘荣军译，中国政法大学出版社 2002 年版，第 52 页。

⑤ 江国华：《审判的社会效果寓于其法律效果之中》，《湖南社会科学》2011 年第 4 期，第 56 页。

二、国情与民意：司法实践主义的逻辑元点

法律是对社会现实的一种回应，是社会既定规则的总结和提炼，其"以整个社会的福利为其真正的目标"①。作为法律实施的重要手段，司法工作也不能脱离社会之需求，必须从实际出发，综合考虑国情、社情与民意，此即为司法实践主义的逻辑起点。

其一，正确认识当前的司法国情。对于我国的现实国情，习近平同志在中共中央政治局第二十次集体学习时就指出，"当代中国最大的客观实际，就是我国仍处于并将长期处于社会主义初级阶段，这是我们认识当下、规划未来、制定政策、推进事业的客观基点，不能脱离这个基点"②。法治建设和法治发展也必须从我国仍处于并将长期处于社会主义初级阶段的基本国情出发。在此前提之下，习近平同志进一步指出，我们应当以发展的眼光去认识当前的中国法治建设实际，虽然社会主义初级阶段基本国情没有变，但新时代社会的主要矛盾已经发生变化，针对"人民日益增长的美好生活需要和不平衡不充分的发展之间的矛盾"③，司法机关也要重新认识并审视我国司法国情的基本面貌和基本矛盾，各级司法机关就应当以满足群众的司法需求为根本出发点，解决人民日益增长的多元司法需求与司法能力不足的矛盾，努力破解当前司法体制中存在制约司法能力和影响司法权威的重大问题。④

其二，积极回应人民群众对司法工作的需要。公平正义是司法工作永恒的追求，只有"让人民群众在每一个司法案件中都能感受到公平正义"⑤，人民的权利诉求和对司法工作的要求才能实现。个案正义的承诺，既是新时代司法工作的鲜明特征和具体目标，也是人民群众评价司法效能、司法改革成效的重要尺度。事实上，只有在每一个案件都能够实现公平正义，

---

① 〔意〕阿奎那：《阿奎那政治著作选》，马清槐译，商务印书馆 1997 年版，第 161 页。

② 习近平：《坚持运用辩证唯物主义世界观方法论　提高解决我国改革发展基本问题本领》，《人民日报》2015 年 1 月 25 日，第 1 版。

③ 习近平：《决胜全面建成小康社会　夺取新时代中国特色社会主义伟大胜利》，2017 年 11 月 3 日，http://news.xinhuanet.com/politics/19cpcnc/2017-10/18/c_1121822489.htm。

④ 佚名：《以习近平总书记系列重要讲话指导司法改革司法实践》，《法制日报》2015 年 7 月 3 日，第 1 版。

⑤ 习近平：《〈关于中共中央关于全面推进依法治国若干重大问题的决定〉的说明》，《〈中共中央关于全面深化改革若干重大问题的决定〉辅导读本》，人民出版社 2013 年版，第 57 页。

司法实践的整体公正和司法机关的公信力才能得以实现。正如习近平同志指出的，"要懂得'100-1=0'的道理。一个错案的负面影响足以摧毁九十九个公平裁判积累起来的良好形象。执法司法中万分之一的失误，对当事人就是百分之百的伤害"①。正是有了这样的改革勇气和决心，党的十八大以来，包括张氏叔侄案、呼格吉勒图案、聂树斌案等在内的一系列具有重大社会影响的错案最终得以昭雪。从实效上来看，司法改革之后我国各级法院的服判息诉率逐年提高，2016年全国法院服判息诉率更是创纪录地达到了89.2%，在绝大多数案件能够"案结事了"的背后，正是个案正义理念的落实和彰显，通过对个案的公正裁判，整个社会的公平正义才能得以实现。

其三，解决影响司法公正和制约司法能力的深层次问题。全面梳理、准确分析和客观评价司法领域中存在的客观问题，是司法制度发展与完善的必要前提。②当前司法运行过程中所遇到的问题纷繁复杂，有的是机制问题，有的是体制问题，还有的是社会问题在司法场域中的投射。所以，我们必须"紧紧抓住影响司法公正、制约司法能力的重大问题和关键问题"③，才能避免改革的盲目性。具体而言，这些问题包括以下几个方面。①司法不公的问题。作为社会公平正义的最后一道防线，司法公正是司法工作的基本价值追求。近年来，群众对司法不公的意见比较集中④，权利保障不足、裁判标准不统一及频发的冤假错案等问题都成为影响司法权威和司法公信力的核心问题。②司法权的独立行使问题。在我国当前司法实践中，司法机关在办案过程中还无法实现完全的独立，"以言代法""以权压法"的现象时有发生，地方政府和党委及司法机关内部的干涉与制约，既破坏了司法机关独立性，也是对司法公正的极大损害。③司法腐败的问题。针对"人情案、金钱案、关系案"等司法机关内部的顽疾，习近平同志明确指出，"对司法腐败要零容忍，坚决清除害群之马"⑤，解决司法队伍中存在的作

---

① 习近平：《习近平关于全面依法治国论述摘编》，中央文献出版社 2015 年版，第 96 页。

② 江国华：《司法立宪主义与中国司法改革》，《法制与社会发展》2016 年第 1 期，第 58 页。

③ 习近平：《以提高司法公信力为根本尺度 坚定不移深化司法体制改革》，《人民日报》2015 年 3 月 26 日，第 1 版。

④ 习近平：《〈中共中央关于全面深化改革若干重大问题的决定〉辅导读本》，人民出版社 2013 年版，第 79 页。

⑤ 本书编写组：《将改革进行到底》，人民出版社 2017 年版，第 85 页。

风不正、职业道德水平低下的问题，保证在任的法官和检察官符合"政治过硬、业务过硬、责任过硬、纪律过硬、作风过硬"的基本素质。[①][④]司法公信力不足的问题。近年来，受"执行难"和"涉诉信访"等问题的影响，司法裁判的权威性和终局性在社会中始终得不到充分承认，严重影响了司法机关职能的有效发挥。针对以上问题，中央在十八大以来分别提出了 200 多项司法改革举措，这些措施直击当前司法体制中存在的重大体制问题，在中央的改革决心之下，各级司法机关在司法改革敢于"啃硬骨头""涉险滩"，这些都推动了司法改革取得实质性突破。[②]

三、民本与民心：司法实践主义的价值取向

实践主义和人民主体是一个问题的两个方面，司法为民已经成为中国现代司法理念的重要内容，其要求始终把保障人民群众的根本利益作为司法工作的出发点和落脚点，将解决好人民群众最关心、最直接、最现实的诉讼利益和权益保障问题作为司法工作的宗旨与根本任务，做到司法工作"为了人民、依靠人民、造福人民"[③]。

其一，司法要为人民服务。司法机关的根本任务就是解决群众的司法需求，所以各项司法活动的开展都必须以便利群众进行诉讼为中心，简单而言，人民群众的司法需求发展到哪里，司法机关的司法服务就要跟进到哪里。[④]长期以来，我国司法实践中出现了不少"有案难立"、"有诉难理"、诉讼拖延、司法裁决执行难等现实问题，司法活动中各项程序的设置充分考虑其所可能带来的系统性后果，司法程序的设置是为了方便群众而不是难为群众的，正义的第二种意义是效益[⑤]，让群众"等到黄花菜都凉了"的司法绝对不是良好的司法。所以，在本轮司法改革中，司法机关对于这些群众反映强烈的问

---

① 习近平：《习近平关于全面依法治国论述摘编》，中央文献出版社 2015 年版，第 78 页。

② 习近平：《敢于啃硬骨头、涉险滩、闯难关——学习贯彻习近平总书记重要指示精神坚定不移推进司法体制改革系列评论之一》，《人民法院报》2017 年 7 月 12 日，第 1 版。

③ 习近平：《以提高司法公信力为根本尺度 坚定不移深化司法体制改革》，《人民日报》2015 年 3 月 26 日，第 1 版。

④ 佚名：《司法便民：人民需求到哪里 法院服务就到哪里》，2017 年 7 月 30 日，http://www.chinacourt.org/article/detail/2016/03/id/1820559.shtml。

⑤ 〔美〕理查德·A.波斯纳：《法律的经济分析》，蒋兆康译，中国大百科全书出版社 1997 年版，第 16 页。

题，下了大功夫进行解决，如针对"立案难"的问题，大力推动了立案登记制改革、异地立案、网上立案等立案服务。针对"执行难"的问题，通过建立执行查控机制和信用惩戒机制，承诺在"用两到三年时间基本解决执行难"的问题。此外，各级司法机关还充分利用现代信息技术对传统的诉讼服务进行了优化升级，努力为人民群众提供更多优质的司法服务。

其二，司法要有人民的参与。司法工作要坚持"从群众中来到群众中去"的群众路线，积极发挥人民群众的独特作用，尊重人民群众的首创精神，充分保障人民群众对司法工作的知情权、参与权、表达权和监督权。在当前司法实践中，为了让更多群众参与到司法工作中来，本轮司法改革对人民陪审员制度和人民监督员制度等司法民主的重要形式予以了全面的更新和优化。2015 年 4 月 1 日，中共中央全面深化改革领导小组第十一次会议审议通过了专门的《人民陪审员制度改革试点方案》，对提升人民陪审员代表性、扩大陪审案件范围，明确人民陪审员职能等方面做了重要改进。截止到 2016 年底，全国 22 万名人民陪审员共参审案件 306.3 万件，占一审普通程序案件的 77.2%。[1]通过人民陪审员的助力和监督，我国司法审判的公信力有望得到提升。另外，从人民监督员制度来看，2015 年 2 月 27 日召开的中共中央全面深化改革领导小组第十次会议审议通过了专门的《深化人民监督员制度改革方案》，在人民监督员的选任管理、监督范围、监督程序等方面进行了完善，从制度上解决了"检察机关自己选人监督自己"的问题，提高了人民监督员的代表性和权威性，加强了人民群众对司法工作的监督。

其三，司法公信要由人民来评判。我国的司法制度从建立之始就把满足人民群众司法的需求放在了中心位置[2]，以人民是否满意作为审判、检察工作的出发点和落脚点，每年全国人民代表大会对法院、检察院工作报告的审查和表决被视为人民满意度的年度检验标准之一。在司法改革之中，人民是否满意也同样是检验司法改革成效如何的核心尺度，正如习近平同志所提出的，"司法体制改革成效如何，说一千道一万，要由人民来评判，归根到底要看司法公信力是否提高了"[3]。而司法改革三年以来，最高人民法院和

---

① 周强：《最高人民法院工作报告（摘要）》，《人民日报》2017 年 3 月 13 日，第 1 版。

② 参见公丕祥：《董必武司法思想述要》，《法制与社会发展》2006 年第 1 期，第 12 页。

③ 习近平：《以提高司法公信力为根本尺度 坚定不移深化司法体制改革》，《人民日报》2015 年 3 月 26 日，第 1 版。

最高人民检察院（简称"两高"）的工作报告在人大会议上的赞成率不断攀升，2017年"两高"的工作报告更是同时达到了91.83%的赞成率，双双创下了历史新高，而这一成绩反映的正是人民对司法改革的满意程度。

四、规范与规律：司法实践主义的内在要求

规律就是事物本身所固有的本质的、必然的、稳定的联系，是"事物运动变化发展中确定不移的秩序"①。司法规律生成并作用于司法实践之中，只有在司法实践的目标指引下，司法规律才能发挥出积极的正面效用，而宪法和法律规范则构成了司法实践必须要遵循的基本依据，因此司法实践主义既要求司法应当回缚于宪法和法律规范，又要求司法应当遵循司法规律。

其一，遵守宪法和法律规范。从规范意义上而言，司法之本源在于宪法。在我国宪法不仅规定了司法权与司法机关之性质和地位，而且规定了司法权独立行使之原则、司法机关与人民代表大会之间、公检监法诸机关之间的关系。故而，司法权的运行在遵循自身规律之外，还须恪守宪法之规定，符合宪法对人民法院和人民检察院之角色定位，履行好审判职责和法律监督职责，维护好人民法院、人民检察院与公安机关、监察机关和人民代表大会之间的关系。同时，作为"法"表现于外的一种方式，司法是正义的守护者和提供者，司法机关应当充当守法的模范和表率。因此，司法权的任何作用方式都应当严格依法进行，司法制度的运行、发展与变革均须于法有据，涉及司法组织、司法程序及司法人员管理等方面的事项和改革，应当全部、全面、全程纳入宪法和法律之轨道②，接受宪法和法律的拘束。如若不然，即对宪法和法治精神之悖反，是对业已形成的司法制度和司法实践模式之违背，长此以往，将会带来司法权威不彰、公信不存的严重问题。

其二，坚持庭审的中心地位。庭审程序是整个诉讼制度的中心，庭审中心主义要求诉讼证据质证在法庭、案件事实查明在法庭、诉辩意见发表在法庭、裁判理由形成在法庭③，以避免和防止司法机关在庭前的"暗箱操作"，造成庭审活动的虚置。循此逻辑，本轮司法改革通过以审判为中心

---

① 杨俊一：《马克思主义哲学原理》，上海大学出版社2003年版，第73页。
② 江国华：《司法立宪主义与中国司法改革》，《法制与社会发展》2016年第1期，第62页。
③ 《最高人民法院关于全面深化人民法院改革的意见》，法发〔2015〕3号。

的诉讼制度改革，积极推进庭审实质化。各级法院完善侦查人员、鉴定人、证人出庭作证机制，强化控辩平等对抗，保障被告人和律师诉讼权利，发挥庭审在查明事实、认定证据、保护诉权、公正裁判中的决定性作用。以借此来扭转在刑事司法活动中司法权力的逆向运转，改变当前以侦查为中心的权力配置的错乱，以及在公检法三机关中形成的"流水作业式"的权力运行模式。其通过调转诉讼制度的实际重心的方式，健全了司法权力分工负责互相配合、互相制约的制度安排，也由此彻底改变了坊间对刑事司法活动中所"公安做饭、检察院端饭、法院吃饭"的诟病。

其三，坚持法官的主体地位。司法改革的核心问题仍然是"人"的问题，司法权的本质是判断权，法官作为审判活动的主体，只有通过法官的意识结构和认识活动，才能实现对案件事实"有与无"和法律适用"应与不应"的判断，审判程序和整个司法程序都只有在法官成为主体的前提下才能发挥作用。[①]在此逻辑之下，本轮司法改革以司法责任制为重点，通过以下改革措施，着力凸显法官的主体地位：①推行司法人员分类管理改革，以员额制改革为中心，将当前混同管理的司法人员分为了法官和检察官、司法辅助人员、司法行政人员三类，通过赋予法官、检察官的专门的职业身份，实现了对法官和检察官的单独管理，进一步划清了法官范围，明确了法官的主体地位；②推行主审法官、合议庭办案责任制，遵循司法的亲历性原则，解决了司法实践中出现的"审者不判、判者不审"的实际问题，实现了"让审理者裁判、由裁判者负责"这一司法权运行的基本要求；③以办案质量终身负责制为中心，建立起了新的法官、检察官惩戒和职业保障制度，并推行了新的绩效考核方式，作为司法改革的配套措施，2015年中央政法委正式取消批捕率、起诉率、有罪判决率、结案率等不合理的考核项目，进一步排除了干扰司法活动的非理性因素；④对饱受社会诟病的审判委员会制度进行了大刀阔斧的改革，并推动了司法机关内设机构的改革，以进一步实现司法机关管理体制的优化。通过以上改革措施，基本上形成了以司法责任制为中心，司法人员分类管理制度、司法人员职业保障、省以下地方法院检察院人财物统一管理等为内容的，保障司法权独立公正行使，防止违法干预司法活动的体制和机制。

---

① 孙万胜：《司法权的法理之维》，法律出版社2002年版，第48—49页。

五、本书的体例与说明

党的十八大以来，中国司法体制的改革进入了全面改革的时期，在变革的时代，司法制度的研究再难固守以往的理论，而必须着眼实践，不断地吸收改革之后的新经验与新理念。依托笔者承担的 2009 年度国家哲学社会科学基金重大招标项目"中国特色社会主义司法制度研究"的相关成果，本书以"中国特色社会主义司法制度研究"为题，以司法实践主义为原则和方法，分别对中国司法制度的理论内核、现实图景及未来的改革方向等内容进行了深入的研究。

本丛书由理论篇、规范篇、实证篇和对策篇等四部分组成。其中，理论篇重点阐述了司法制度何以产生、何以必然，中国特色体现在何处等重大理论问题；规范篇对司法组织、司法官、司法程序、司法解释、司法伦理、司法责任等重要的司法制度和司法规范问题进行了研究；实证篇以实证调研的方式对当前司法制度之运行状况进行了观察研究；最后，对策篇系统地提出了为司法正本、为司法定位、为司法立据、改旧法促改革、立新法促改革等囊括了宪法、基本法、部门法和具体机制层面的改革建议。

需要说明的是，由于在本书写作过程中司法改革正在进行，笔者虽一直跟进改革进程进行补充更新，甚至是推倒重来，但改革毕竟是无限向前的，出版时间却难以继续拖延下去。所以，2017 年底，在改革进入实施阶段之后，本书即交付了初稿，对于未能及时纳入书中的改革内容，虽然不影响本书主体内容的展开，但毕竟也是有所缺憾，只能留待日后予以完善。对于在此之后部分法律进行修改或修订的情况，也通过注释的形式对书中各处所引用的法律条文进行了具体说明，便于读者查阅。剖析理论，发掘制度内核，记录改革，推动改革深入，希望我们这份努力能够对司法制度的研究与发展尽到一份绵薄之力，这既是我们研究中国特色社会主义司法制度的初心，也是我们这一代学者难以推却的历史使命。

江国华

2018.5.20

目 录

第一章
中国司法改革实证研究

　　为了了解司法改革的推行状况和司法实践中的改革效果，深入贯彻落实司法体制改革，依托国家"2011 计划司法文明协同创新中心"（Center of Cooperative Innovation for Judicial Civilization，CCIJC）的支持，由武汉大学法学院江国华教授及有关人员组成调研组，分赴湖北、海南、吉林、广东、黑龙江、重庆、贵州、云南、浙江、安徽、甘肃、江苏、上海、新疆、江西 15 省（自治区、直辖市），采取召开座谈会、听取汇报、随机抽查、查阅资料、个别访谈、问卷调查等方式，听取各地各级人民法院、人民检察院的工作介绍及意见建议，收集了 2003 份调查问卷，最终我们将此次调研的结果写成本章。本章分为五部分，分别为"调研基本信息""司法人员管理体制改革实证分析""人财物统一管理体制改革实证分析""司法责任制改革实证分析""司法公开制度实证分析"，希望由此可以较为全面直观地展现我国现阶段司法体制改革的基本情况，总结各地各级人民法院、人民检察院在落实改革过程中遇到的障碍，阐明改革效果并分析其中存在的问题，以供决策部门和专家学者阅览参考，并为日后改革的进一步开展寻找方向。

第一节　调研基本信息

此次调研地点包括湖北、海南、吉林、广东、黑龙江、重庆、贵州、云南、浙江、安徽、甘肃、江苏、上海、新疆、江西 15 省（自治区、直辖市），调研对象集中在各省（自治区、直辖市）的法院和检察院，实际样本总量为 2003 份。各省（自治区、直辖市）样本分布如表 1-1 所示。

表 1-1　调研对象地域与职业分布情况（单位：份）

计数	法院	检察院	未填写工作单位	总计
湖北	122	98	0	220
海南	41	3	0	44
吉林	57	94	0	151
广东	66	27	0	93
黑龙江	0	42	0	42
重庆	78	2	1	81
贵州	30	0	15	45
云南	60	0	0	60
浙江	103	18	0	121
安徽	196	12	2	210
甘肃	101	95	38	234
江沪	0	0	289	289
新疆	164	113	10	287
江西	90	33	3	126
总计	1108	537	358	2003

每位问卷填写者均需填写性别、年龄、学历等基本信息，以便研究者进行相关数据的统计及比较分析。各基本信息数据统计如图 1-1～图 1-3 所示。

由图 1-1 可知，参与本次问卷调查的人群以男性居多，占总样本的 54.27%；女性相对较少，占总样本的 45.23%。

由图 1-2 可知，参与本次问卷调查的人，50 周岁以下的中青年法检工作人员占多数。其中，30 周岁及以下的占 31.95%，31～40 周岁的占 37.35%，41～50 周岁的占 23.20%，而 51 周岁及以上的法检工作人员仅占样本总数的 7.50%。

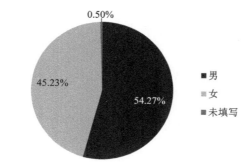

图 1-1　调研对象性别分布情况

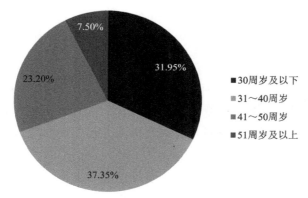

图 1-2　调研对象年龄分布情况

由图 1-3 可知，参与本次问卷调查的人群中，大学（含专科、本科）以上学历的占样本总数的 68.52%，研究生（含硕士、博士）学历的占样本总数的 30.83%。

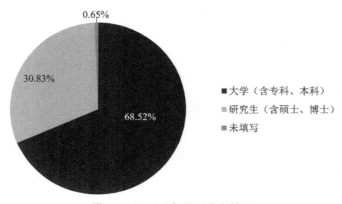

图 1-3　调研对象学历分布情况

以上为参与本次问卷调查的人群的基本信息，这些信息将作为下文具体分析中的变量，与其他信息一同作为交叉与综合分析的对象，以期对现阶段我国司法改革现状有所反映。

第二节　司法人员管理体制改革实证分析

改革司法人员管理体制，确保审判机关、检察机关依法独立公正行使审判权、检察权，是深化司法体制改革的重大举措，是加快推进社会主义法治建设的迫切需要，是让人民群众在每一个司法案件中都能感受到公平正义的必然要求。

第一，加快社会主义法治国家建设，要求进一步改革司法人员管理体制。近年来，中国司法改革积极稳妥有序推进，步入了顶层设计、整体统筹的新阶段。随着依法治国基本方略的加快实施和社会主义民主法治建设的不断推进，广大人民群众对依法维护自身合法权益、实现社会公平正义，提出了更高的期待和要求。中央明确要求进一步推进司法体制改革，对从制度上保证审判机关和检察机关依法独立公正地行使审判权和检察权作出了新要求。党的十六大报告强调："改革司法机关的工作机制和人财物管理体制，逐步实现司法审判和检察同司法行政事务相分离。"党的十七大报告指出："深化司法体制改革，优化司法职权配置，规范司法行为，建设公正高效权威的社会主义司法制度，保证审判机关、检察机关依法独立公正地行使审判权、检察权。"党的十八大报告要求："进一步深化司法体制改革，坚持和完善中国特色社会主义司法制度，确保审判机关、检察机关依法独立公正行使审判权、检察权。"党的十九大报告明确提出："必须把党的领导贯彻落实到依法治国全过程和各方面，坚定不移走中国特色社会主义法治道路，完善以宪法为核心的中国特色社会主义法律体系，建设中国特色社会主义法治体系，建设社会主义法治国家，发展中国特色社会主义法治理论，坚持依法治国、依法执政、依法行政共同推进，坚持法治国家、法治政府、法治社会一体建设，坚持依法治国和以德治国相结合，依法治国和依规治党有机统一，深化司法体制改革，提高全民族法治素养和道德素质。"必须全面贯彻落实中央精神，立足于我国基本国情和发展的阶段性特征，用中国的智慧和中国的方法，借鉴其他国家司法制度有益经验，进一步探索实践，深化司法人员管理体制改革，确保依法独立公正行使审判权与检察权。

第二，遏止司法地方保护主义，推进司法公正，要求进一步改革司法人员管理体制。由于我国经济社会发展不平衡、司法人员司法能力存在差异、地方保护主义观念尚未根除等原因，司法裁量权行使不透明、司法行为不规范等现象依然存在，地方各级司法机关在行使国家司法权力过程中容易受到地方因素的不当影响和干预，这在一定程度上影响了司法公正和司法权威，人民群众对此反映强烈。如何既确保各层级司法单位依法独立公正办案，切实保证司法权的行使不受地方行政机关、社会团体和个人干涉，又落实党委政府对司法工作的有效监督，已成为深化司法体制改革的重要课题。这就要求我们以解决影响司法公正、制约司法能力的深层次问题为着力点，进一步总结各地经验，改革人民法院、人民检察院的管理体制，推动省以下地方人民法院、人民检察院人财物统一管理，探索建立与行政区划适当分离的司法管辖制度，保证国家法律统一正确实施。

第三，加强司法队伍建设，提升职业素养和专业水平，要求进一步改革司法人员管理体制。近年来，司法改革围绕专业化、职业化、正规化制度建设这一核心，在积极完善职业准入制度、加强职业道德建设、改革经费保障体制、强化廉政风险防控等方面采取了新举措，有效提高了司法能力和司法公信力。然而，按照公务员序列管理司法人员队伍所带来的以行政职级为主导的职业保障体系，与司法的职业要求和职业风险不相适应，一定程度上阻碍了司法队伍建设进程。必须进一步深化司法管理体制改革，建立符合职业特点的司法人员管理制度，健全法官、检察官、人民警察统一招录、有序交流、逐级遴选机制，完善司法人员分类管理制度，健全法官、检察官、人民警察职业保障制度，为建设公正高效权威的社会主义司法制度提供良好组织基础。

一、法检人员管理现状

（一）年均结案量较高

总体来看，在参与本次问卷调查的法官检察官中，平均一年结案量100

件以下的人数占样本总数的 30.45%，在 100～200 件的人数占样本总数的 50.52%，在 200 件以上的人数占样本总数的 18.02%，如图 1-4 所示。

从地域角度来看，除黑龙江省、甘肃省和江西省大部分年均结案量 100 件以下，新疆维吾尔自治区大部分年均结案量在 200 件以上外，其他省份年均结案量大都在 100～200 件之内，如图 1-5 所示。

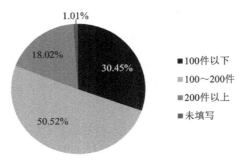

图 1-4　年均结案量概况

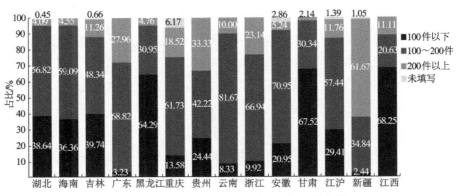

图 1-5　各省（自治区、直辖市）年均结案量

综上可知，法院、检察院的年均结案量普遍较高，法检人员工作压力较大。减轻法检人员工作压力、提高结案效率是司法人员管理体制改革的重要目标之一，而该目标的实现仍任重而道远。

（二）司法辅助人员配比较低

总体来看，在参与本次问卷调查的人群中，平均每位法官检察官配备的司法辅助人员不足 1 位的占样本总数的 53.47%，司法辅助人员为 1 位的占样本总数的 33.40%，司法辅助人员为 2 位及以上的占样本总数的 8.94%，如图 1-6 所示。

从地域角度来看，除湖北、重庆、云南、江沪的法官检察官司法辅助人员配比较高外，其他省份的平均配比大多不足 1 位，如图 1-7 所示。

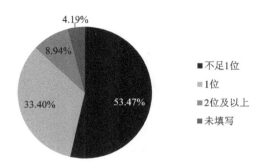

图 1-6 人均配备司法辅助人员数概况

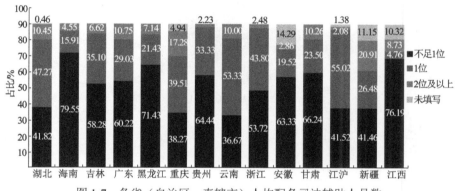

图 1-7 各省（自治区、直辖市）人均配备司法辅助人员数

综上可知，法院、检察院司法辅助人员的配比较低，对人力资源的合理分配及结案效率都有不利影响，同时也加大了"员额制"推进的难度。

（三）司法辅助人员编制和经费保障不充分

将评价设为 1～5 五个等级，程度 1 代表"绝对否"，程度 2 代表"否"，程度 3 代表"不明确"，程度 4 代表"是"，程度 5 代表"绝对是"。由此可知，在参与本次问卷调查的人群中，认为司法辅助人员编制和经费保障绝对否的占 20.83%，认为不充分的占 45.99%，不明确的占 17.78%，认为充分的占 12.45%，认为绝对充分的占 2.95%，如图 1-8 所示。

综上可知，司法辅助人员的编制和经费保障水平均有待提高。司法辅助人员的管理在员额制改革过程中显得极为重要，其将会承担繁重的程序性和辅助性事务，司法辅助队伍的稳定直接关乎审判工作的质效。目前司法辅助人员来源复杂、种类多样、人员流动性很大、管理难度也很大，为此各地在司法改革方案中纷纷对司法辅助人员的管理进行了专门的规定。以广东省为例，其通过制定《广东省劳动合同制司法辅助人员管理暂行规定》，对合同制辅助人员的经费保障、职责、权利义务、招聘培训、等级晋升和薪酬待遇、考核、责任追究等作出规定，并为司法辅助人员建立了单独的职业发展与晋升通道。

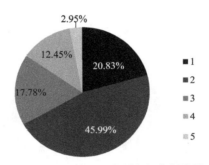

图 1-8 司法辅助人员编制和经费保障情况

（四）事务性工作繁重

总体来看，在参与本次问卷调查的人群中，表示在实务中法官检察官除了进行庭审工作外，不需要再承担事务性工作的人数占样本总数的26.38%，而表示除进行庭审工作还需承担事务性工作的人数占样本总数的72.22%，明显高于表示不需要的比例，如图 1-9 所示。

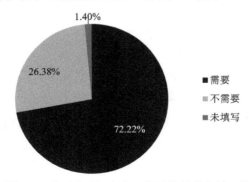

图 1-9 是否需承担庭审工作以外的事务性工作

综上可知，法官检察官在庭审工作之外的事务性工作较为繁重，事务性工作与庭审工作的交叉不利于法官检察官对自我身份和职业尊严的认同，也不利于司法专业能力的提高以及司法权威的形成。

（五）行政工作人员占比较高

总体来看，在参与本次问卷调查的人群中，所在单位行政工作人员占比 20%以下的占样本总数的 28.73%，所在单位行政工作人员占比 20%～40%的占样本总数的 49.92%，所在单位行政人员占比 40%以上的占样本总数的 21.24%，如图 1-10 所示。

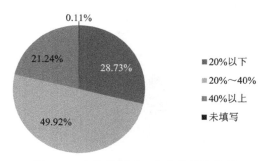

图 1-10　本单位行政工作人员所占比例

人民法院、人民检察院中行政工作人员占比较高是我国司法实务界长期存在的问题，如何在司法改革中平稳解决该问题，既使人力资源能得到合理配置，又使法院检察院能更专注于司法事务，实现"去行政化"的目的，有待进一步的探讨。

（六）院领导、非一线法官检察官参与办案频率较低

总体来看，在参与本次问卷调查的人群中，表示所在单位院领导、非一线法官检察官从不参与案件办理的占样本总数的 27.17%，表示所在单位院领导、非一线法官检察官偶尔参与案件办理的占样本总数的 58.26%，所在单位院领导、非一线法官检察官经常参与案件办理的占样本总数的 14.11%（图 1-11）。

综上可知，院领导、非一线法官检察官参与办案的频率较低。越往上行政事务越多、越往下办案任务越重，这是我国司法实务界存在的现实问

题。在司法改革推行员额制之后，为平衡领导干部入额与员额制比例限额之间的矛盾，部分省（自治区、直辖市）对领导干部入额的问题制定了相关办法。例如，为实现员额的充分使用，上海司法改革还对领导干部入额做了特别要求：在综合部门工作包括担任领导职务的法官，若要通过遴选进入法官员额从事审判工作，就不能再担任综合部门领导职务；如果要继续担任领导职务就不能进入法官员额之中。在检察院的员额制改革中，上海的检察院也坚持入额检察官必须办案和向一线业务部门、向基层院倾斜的原则，一线办案力量由此得到加强和充实。但从本次调研数据反映的状况来看，院领导、非一线法官检察官参与办案的频率仍有待提高，在员额制推行后，是坚守一线入额从事办案工作，还是纯粹负责行政事务工作，是领导干部需要选择的问题，也是员额制充分落实需要考虑的问题。

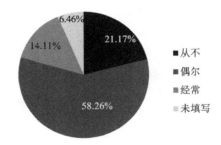

图 1-11　本单位院领导、非一线法官检察官参与办案的频率

（七）案多人少问题较突出

总体来看，在参与本次问卷调查的人群中，认为影响法官检察官办案效率和效果的最大因素是"案件数量多"的占样本总数的 51.15%，认为影响法官检察官办案效率和效果的最大因素是"实际参与办案的法官检察官人数少"的占样本总数的 34.25%，认为影响法官检察官办案效率和效果的最大因素是"司法辅助人员数量不够、能力不足"的占样本总数的 10.83%，认为影响法官检察官办案效率和效果的最大因素是"行政性事务的负面形象"的占样本总数的 3.77%，如图 1-12 所示。

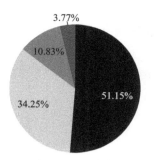

图 1-12　影响办案效率与效果的最大因素

　　综上可知，案多人少仍然是影响法官检察官办案效率和效果的最大因素，这也是司法改革重点解决的问题之一。虽然员额制改革使得部分省市的状况有所改善，但我们还应看到大多数省市仍然在司法改革的浪潮中找不到方向，既摆脱不了长期以来案多人少的"旧疾"，又尚未找到适应新趋势的发展模式，各方衔接也不断出现新问题。因此，案多人少仍然是理论和实务界需要长期探究的问题。

（八）福利待遇管理待改善

　　总体来看，在参与本次问卷调查的人群中，认为司法人员管理中最重要的是"人员录用管理"的占样本总数的 30.93%，认为司法人员管理中最重要的是"福利待遇管理"的占样本总数的 47.05%，认为司法人员管理中最重要的是"考核晋升管理"的占样本总数的 16.62%，认为司法人员管理中最重要的是"日常工作管理"的占样本总数的 5.21%，如图 1-13 所示。

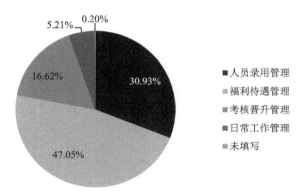

图 1-13　司法人员管理中最重要的方面

综上可知，在司法人员管理中，福利待遇和人员录用两项是最为关键的因素，这也恰恰是司法改革中法检人员职业保障和逐级遴选制度所要解决的问题。由此可见，此次司法改革措施回应了司法人员的相关期待，但其具体适用情况和实际效果仍有待检验。

二、员额制改革

作为司法改革的一项重要内容，法官检察官员额制是指按司法规律配置司法人力资源，实现法官检察官队伍正规化、专业化、职业化的重要制度。该项制度将法院人员分为法官、审判辅助人员和司法行政人员三类，将检察院人员分为检察官、检察辅助人员和司法行政人员三类，根据法院、检察院辖区经济社会发展状况、人口数、案件数等确定法官检察官数量，对法官和检察官在编制限额内实行员额管理。全面实施员额制后，只有入额的法官和检察官才有权办案，事务性的工作则由法官助理和检察官助理去做，而暂时不能进入员额的法官和检察官进入司法辅助人员序列或行政人员序列。员额制从提出到施行一直备受争议，对此我们将从改革现状、改革内容和改革评价三个方面简要分析本次调研收集到的数据，以期对员额制的讨论和发展有所启发。

（一）改革现状

员额制改革是司法人员管理体制改革的重点所在，而合理有效的人员录用制度则是员额制改革的重中之重。在人员录用管理方面，设置专门化的遴选机构不仅能对候选法官检察官作出充分合理的评价，而且可以防止政府和法院、检察院在任用法官检察官上的独断化。本次调研针对专门化的遴选机构在现阶段司法改革推进过程中的落实状况进行了调查。

总体采看，在参与本次问卷调查的人群中，表示所在单位成立了专门化遴选机构的人数占样本总数的 42.37%，表示所在单位没有成立专门化遴选机构的人数占样本总数的 57.17%，如图 1-14 所示。

从地域角度来看，除湖北、吉林、贵州、云南、新疆大部分样本表示所在单位成立了专门化的遴选机构外，其他省（自治区、直辖市）的样本均显示出专门化遴选机构的缺失，如图 1-15 所示。

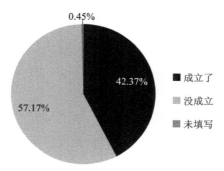

图 1-14 专门化遴选机构成立概况

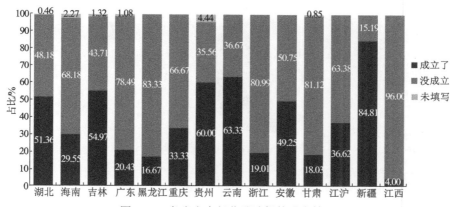

图 1-15 各省市专门化遴选机构成立情况

综上可知，就员额制的第一步——专门化遴选机构的设置情况来看，员额制的推进和落实仍长路漫漫。是初始设置条件不成熟，还是设置过程中遇到障碍，抑或设置后发挥不了应有的作用，这些问题都有待进一步探究。虽不能从专门化遴选机构的设置情况来断言员额制改革的成败，但我们仍能从中窥探出部分发人深省的现实状况。推进改革需要客观直面这些问题，认真审视和思忖相关现象，并及时作出调整，以使改革能适应司法需要，亦能受得住实践与时间的考验。

（二）改革内容

法官检察官岗位是有进有出的，出于年龄、身体状况、晋升等原因，法官检察官有可能会离开审判岗位。因此，在提高编制和待遇保障之外，还应建立和完善法官检察官的退出机制。本次调研以问卷调查的形式主要针对员额制改革中的法官检察官退出机制进行了样本数据收集。

　　总体来看，在参与问卷调查的人群中，表示所在地区对法官检察官的退出机制作了相关制度设计的人数占样本总数的61.59%，表示所在地区对法官检察官的退出机制没有作相关制度设计的人数占样本总数的28.94%，如图1-16所示。

　　由上可知，在员额制推行后，针对目前的法官流失现象，部分省（自治区、直辖市）已通过设计相关退出机制来赋予司法工作人员自由选择是否退出的权利，并维持法检内部人才的数量平衡。该退出机制与选任制度均为员额制改革中的重要制度，两者相辅相成，有利于保持员额制的活力。

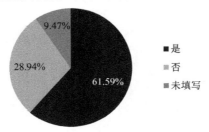

图 1-16　是否有专门退出机制

（三）改革评价

1. 法官检察官遴选委员会机制有待完善

　　许多地区在司法实践中都组建了法官检察官遴选委员会这一机构，但该机构能否公正评判法官检察官的业务能力，仍有待观察与检验。

　　总体来看，在参与本次问卷调查的人群中，认为法官检察官遴选委员会能够公正地评判其业务能力的人数占样本总数的37.53%，认为法官检察官遴选委员会不能公正地评判其业务能力的人数占样本总数的25.20%，不确定法官检察官遴选委员会是否能公正地评判其业务能力的人数占样本总数的37.27%（图1-17）。

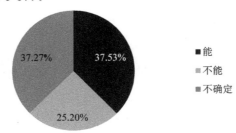

图 1-17　法官检察官遴选委员会能否公正评判业务能力

由上可知，法官检察官遴选委员会相关机制仍需不断完善。事实上，许多省（自治区、直辖市）对于遴选委员会的设置仍抱有不置可否的态度，这从前文对专门化的遴选委员会设置情况的分析便可见一二。遴选委员会评判流程和评判指标，直接关系到其能否公正评判法官检察官的业务能力。因此，下一步值得探讨和落实的问题应该是遴选委员会的制度设计以及与其他制度的衔接机制。

2. 逐级遴选制度基本获得认可

诸多地区已经或将要建立逐级遴选制度，即上级法院、检察院的法官检察官原则上从下一级法院、检察院择优遴选的制度。目前，实务界对此态度不一。

总体来看，在参与本次问卷调查的人群中，对于逐级遴选制度表示"非常赞同，为基层法官检察官打开了上升通道"的人数占样本总数的 40.29%，表示"基本同意"的人数占样本总数的 36.74%，表示"不同意，会加剧基层法院检察院人才匮乏"的人数占样本总数的 13.11%（图 1-18）。

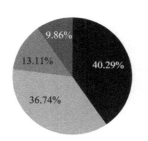

图 1-18　对逐级遴选制度的态度

综上可知，对于逐级遴选制度，大部分声音是表示支持的，该制度基本获得认可，但仍有部分声音认为该制度会加剧基层法院、检察院的人才流失。纵观实际，从司法制度改革之初到现在，基层人才流失的问题确实一直存在，但该现象与逐级遴选制度之间并无直接因果关系。恰恰相反，逐级遴选制度使得更多有理想有抱负的青年法官检察官进入基层法院和检察院，基层法院和检察院既是青年法官检察官的成长训练营，亦是其发挥所学所长的平台。新鲜血液的输入将在一定程度上减轻少数资深法官的流失给基层法院、检察院带来的阵痛。

3. 拓宽法检选任渠道为大势所趋

拓宽法官检察官的选任渠道，实行有别于普通公务员的招录办法，招录优秀律师和具有法律职业资格的法学学者等法律职业人才进入法官检察官队伍也是当前法官检察官编制建设的一个趋势。

总体来看，在参与本次问卷调查的人群中，对上述趋势表示"非常赞同，可以提升司法队伍的整体素质"的人数占样本总数的37.54%，表示"基本同意，有利于形成法律职业共同体"的人数占样本总数的42.09%，表示"不同意，律师和法学学者没有相关实务经验"的人数占样本总数的11.11%，如图1-19所示。

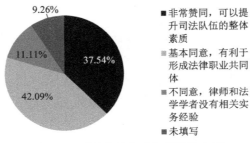

图1-19 对扩大法检选任渠道的态度

由上可知，拓宽法检选任渠道为大势所趋。随着员额制的不断完善，建立新的选任模式，吸收更多优秀的法律工作者进入法检队伍将是员额制不断发展的动力支持。这种新模式地加入，将伴随着员额制的实施不断吸纳更多的具有法律素养的法律工作者进入法检行业，让法检得以成为一种职业化的队伍。

4. 控制法检编制有利有弊

许多法院、检察院在保证审判质量和效率的前提下，都开始有计划、有步骤地缩减法官检察官编制。此种控制法官检察官编制的举措有利有弊，实务界对此也是褒贬不一。

总体来看，在参与本次问卷调查的人群中，赞同控制法官检察官编制的人数占样本总数的58.37%，反对控制法官检察官编制的人数占样本总数的32.11%，如图1-20所示。

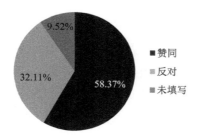

图 1-20　对缩减法官检察官编制的态度

从有利的方面来看，主要观点包括六种，对其具体分析如下：一是认为控制法官检察官编制有利于让法官检察官摆脱繁重的行政事务的人数占样本总数的 55.66%，不认为有利于此的人数占样本总数的 40.70%；二是认为有利于法官检察官专注于案件处理，提高办案质量的人数占样本总数的 58.53%，不认为有利于此的人数占样本总数的 30.59%；三是认为有利于提升职业荣誉感的人数占样本总数的 54.57%，不认为有利于此的人数占样本总数 33.44%；四是认为有利于提升司法队伍整体素质的人数占样本总数的 53.78%，不认为有利于此的人数占样本总数的 36.50%；五是认为有利于建立更加合理的晋升制度的人数占样本总数的 56.95%，不认为有利于此的人数占样本总数的 39.78%；六是认为有利于优化司法人员的管理模式的人数占样本总数的 60.54%，不认为有利于此的人数占样本总数的 34.92%，如图 1-21 所示。

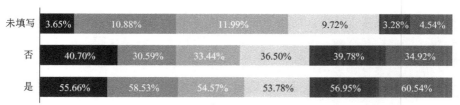

图 1-21　控制法官检察官编制的积极作用

从弊端来看，主要观点也包括六种，对其具体分析如下：一是认为控制法官检察官编制会产生中青年法官检察官可能退为司法辅助人员的风险的人数占样本总数的 71.31%，不认为会产生该风险的人数占样本总数的 22.19%；二是认为对于员额的分配会引发同事间矛盾的人数占样本总数的 57.56%，不认为会产生该矛盾的人数占样本总数的 41.68%；三是认为控制编制会导致法官检察官数量减少，案件审理压力增大的人数占样本总数的73.10%，不认为会导致该问题的人数占样本总数的26.34%；四是认为会导致法官检察官职业风险加大，与职业待遇不匹配的人数占样本总数的57.73%，不认为会导致该问题的人数占样本总数的42.01%；五是认为控制编制会加剧法官检察官人才流失的人数占样本总数的67.06%，不认为会导致该问题的人数占样本总数的32.49%；六是认为控制法官检察官编制会产生主辅办案模式考验法官和司法辅助人员之间配合默契程度之问题的人数占样本总数的45.48%，不认为会产生该问题的人数占样本总数的52.58%，如图1-22所示。

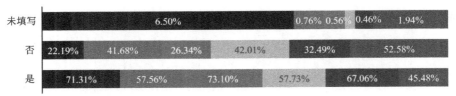

图1-22　控制法官检察官编制的消极作用

综上可知，对于控制法官检察官编制，支持的声音要高过反对的声音。且在表示赞同的理由中，控制法官检察官编制有利于"优化司法人员的管理模式"获得最多认可；而在表示反对的理由中，控制法官检察官编制会导致"法官检察官数量减少，案件审理压力增大"最受认同。由此观之，控制法官检察官编制是可取之举，对于司法人员管理体制的预期发展具有较大积极影响。此外，在控制编制的同时，还需完善配套措施，并做好与其他举措的衔接工作，例如通过完善选任机制、增加司法辅助人员的配比等，来缓解案多人少的现状，以使该项措施获得理想的效果。

三、司法人员职业保障

司法的独特属性，决定了掌握司法权的人应当是具有职业素养的精英，也决定了司法人员经验的丰富性和司法队伍稳定性对于司法公正的重要意义。而职业保障体系则是保证法官检察官队伍稳定性的重要支柱，健全的职业保障可以使法官检察官无后顾之忧地履行职责，依法独立、公正、严格地执行法律。建立严格的选拔和遴选机制、增强职业保障和职业荣誉感，是保障司法官坚守良知、善尽职责、维护公正的必要条件。

就试点阶段的经验而言，办案责任制和职业保障作为法官检察官职业化改革的两驾马车，二者不可偏废。当前的关键任务除建立主审法官办案责任制和主审检察官办案责任制之外，还要建立健全法官检察官遴选和选拔制度；推进分类管理，实行法官检察官的法律职务与行政级别剥离的机制；按法官检察官等级进行管理，根据其业务水平、工作实绩、德才表现等在合理确定比例的基础上来考核评定法官检察官等级；按照法官检察官等级享受相应的政治待遇和经济待遇。下面我们将依据本次调研采集到的数据，从改革现状、改革内容和改革评价三个方面对司法人员职业保障制度加以浅析。

（一）改革现状

1. 任期保障制度须继续推行

实行法官检察官及司法辅助人员的任期保障制度，可以使其无须担心因秉公办案得罪人而在职务上受到不利变动，尤其不必担心因为政府不满意其裁决而被处分，从而保持独立、公正的地位，依法处理案件。但在司法实践中，法官检察官调动随意性大、任期没有保障的问题在某些地区仍较为突出。

总体来看，在参与本次问卷调查的人群中，认为其所在地区存在法官检察官调动随意性大、任期没有保障问题的人数占样本总数的 40.89%，认为不存在该问题的人数占样本总数的 58.76%（图 1-23）。

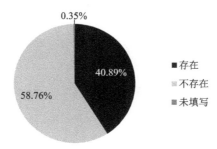

图 1-23　本地区是否存在法官检察官调动随意性大、任期没有保障问题

从地域角度来看，除海南、吉林、新疆认为存在该问题的人数多于认为不存在的人数外，其他省份认为其所在地区不存在法官检察官调动随意

性大，任期没有保障问题的居多数（图1-24）。

综上可知，目前法官检察官任期保障稳定性仍有待加强。法官、检察官任期保障是职业保障的最基础环节，也是法官检察官其他权利得以实现的前提。

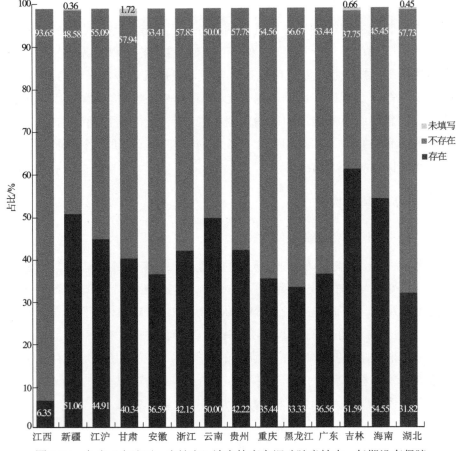

图1-24　各省（自治区、直辖市）法官检察官调动随意性大、任期没有保障问题的存在情况

2. 高龄退休制度配套措施有待完善

实行法官检察官的高龄退休制度是国外比较普遍的做法，这也是基于法检行业自身特殊性产生的。

总体来看，在参与本次问卷调查的人群中，认为其所在单位存在法官检察官及司法辅助人员退休年龄过早，造成人力资源浪费问题的人数占样本总数的31.53%，认为不存在该问题的人数占样本总数的57.22%，如图 1-25 所示。

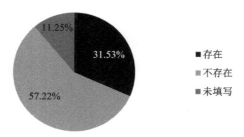

图 1-25　是否存在法官检察官及司法辅助人员退休年龄过早，造成人力资源浪费的问题

由上可知，目前大多数法官检察官不认为存在退休年龄过早，造成人力资源浪费的问题，但事实上，相较于国外法官检察官的退休年龄，我国的退休年龄的确有过早的嫌疑。这一数据统计结果，可能与我国司法人员工作压力、工作环境以及工作收入等有关。

3. 法官检察官收入有待提高

法官检察官职业特殊性决定了法官检察官收入构成必须单一化，其职业的中立性要求法官检察官不能从当事人那里获取非法报酬，也不允许法官检察官参加任何营利性的业外活动。

总体来看，在参与本次问卷调查的人群中，认为其所在单位存在法官检察官及司法辅助人员收入实际上低于党政机关公务员之问题的人数占样本总数的 56.55%，认为其不存在该问题的人数占样本总数的 39.68%，如图 1-26 所示。

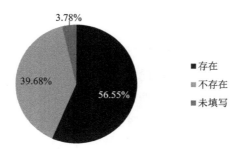

图 1-26　是否存在法官检察官及司法辅助人员收入低于党政机关公务员的问题

由上可知，法官检察官及司法辅助人员收入低于党政机关公务员的实际情况为大多数法官检察官所认同。事实上，排除地域发展程度不一等客观因素的影响，司法人员的工作量、工作难度和工作压力相较于部分党政

机关公务员要大得多，但收入却并不与其付出成正比，这确实是改革需要考虑的问题。

4. 司法人员工资稳定性仍有待提高

除了收入高于一般党政机关公务员之外，法官检察官的收入在任职期间不得任意削减也是世界各国通行的做法，主要是防止政府利用减少法官的收入来威胁法官，从而操纵审判。

总体来看，在参与本次问卷调查的人群中，认为其所在单位存在法官检察官及司法辅助人员工资不稳定的情况的人数占样本总数的32.34%，认为不存在该情况的人数占样本总数的59.83%，如图 1-27 所示。

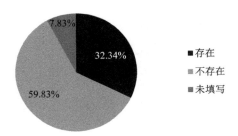

图 1-27　是否存在法官检察官及司法辅助人员工资不稳定的情况

由上可知，司法人员工资稳定性仍有待提高。保障法官检察官及司法辅助人员的工资稳定是司法人员职业保障的关键，也是司法改革得以顺利进行的基础。

（二）改革内容

对于应采取何种措施以更好地保护法官检察官及司法辅助人员的权利，是理论和实务界长期讨论的问题。

总体看来，在参与本次问卷调查的人群中，认为应优先采取"改革现行司法体制"措施的人数占样本总数的32.62%，认为应优先采取"保障法官检察官职业身份"措施的人数占样本总数的28.01%，认为应优先采取"改善法官检察官职业收入"措施的人数占样本总数的25.88%，认为应优先采取"赋予法官检察官职业特权"措施的人数占样本总数的8.17%，认为应优先采取"保障法官检察官职业安全"措施的人数占样本总数的5.33%，如图 1-28 所示。

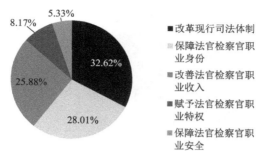

图1-28　改善法官检察官及司法辅助人员权利保障情况的最优措施

由上可知,尽管将现行司法体制的改革作为当务之急获得了最多认可,但事实上,为了保障法官检察官及司法辅助人员的权利,改革现行司法体制、保障法官检察官职业身份、改善法官检察官职业收入、赋予法官检察官职业特权、保障法官检察官职业安全都是极为重要的措施,五者相辅相成,均应予以重视,并作为改革的重要举措予以施行。

(三)改革评价

1. 法律规定亟待落实

为了更好地保护法官检察官依法独立行使职权,法官检察官的安全应当由法律予以充分的保障。比如2017年修订版《中华人民共和国法官法》(后文简称为《法官法》)第四条规定:"法官依法履行职责,受法律保护。"第八条规定:"法官享有下列权利:……(二)依法审判案件不受行政机关、社会团体和个人的干涉;……(五)人身、财产和住所安全受法律保护;……"《中华人民共和国检察官法》(后文简称为《检察官法》)中也有类似规定。这些规定在现行的司法实践中是否真正得以落实对司法人员职业保障能否实现意义重大。

将评价设为1～5五个等级,程度1代表"绝对否",程度2代表"否",程度3代表"不明确",程度4代表"是",程度5代表"绝对是"。由此可知,在参与本次问卷调查的人群中,认为上述规定在司法实践中完全没有得到落实的人数占样本总数的 26.65%,认为基本没有得到落实的占43.61%,不确定是否得以落实占14.89%,认为基本得到落实的占11.91%,认为完全得到落实的占2.93%,如图1-29所示。

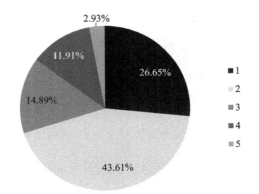

图 1-29　《法官法》《检察官法》相关规定是否得到落实

　　综上可知，保护法官检察官职业安全的规定在现实司法实践中并未真正得到落实，成为长期困扰我国司法实务界的问题。对此，司法改革应采取相应配套措施，使法律条文摆脱纸上空谈的窘境，从而切实保障法官检察官的职业安全，使司法权威得以树立。

　　2. 司法豁免规则有待落实

　　法官检察官特权保障制度包括一系列规则，其中最重要的当属司法豁免规则。

　　将评价设为 1～5 五个等级，程度 1 代表"绝对否"，程度 2 代表"否"，程度 3 代表"不明确"，程度 4 代表"是"，程度 5 代表"绝对是"。由此可知，在参与本次问卷调查的人群中，认为这一规则在现实司法实践中完全没有落实的人数占样本总数的 22.76%，认为基本没有得到落实的人数占样本总数的 50.36%，不确定是否得以落实的人数占样本总数的 13.52%，认为基本得到落实的人数占样本总数的 10.41%，认为完全得到落实的人数占样本总数的 2.96%（图 1-30）。

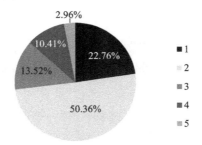

图 1-30　司法豁免规则在司法实践中是否得到落实

由上可知，法检人员的司法豁免规则仍有待落实。司法豁免规则为实现法官独立和司法公正提供了有力的保障，尤其是在近年来多起法官正当履职反被追责的案件发生之背景下，落实司法责任豁免规则对于保障法官检察官的职业安全有着重要的意义。

第三节　人财物统一管理体制改革实证分析

近年来，民众对司法不公的意见比较集中，鉴于司法地方化的严重趋势，司法体制与工作体制的配合失调所导致司法公信力不足之问题，中国共产党以"发展社会主义民主政治、加快建设社会主义法治国家"为要务，在十八大报告中作出重要战略部署，提出要"进一步深化司法体制改革，坚持和完善中国特色社会主义司法制度，确保审判机关、检察机关依法独立公正行使审判权、检察权"。

承接其精神，2013 年 11 月 12 日，党的十八届中央委员会第三次全体会议以"全面深化改革"为主题，通过了《中共中央关于全面深化改革若干重大问题的决定》，在其文本第九节"推进法治中国建设"第（三十二）项写入"改革司法管理体制，推动省以下地方法院、检察院人财物统一管理，探索建立与行政区划适当分离的司法管辖制度，保证国家法律统一正确实施"。对此，中共中央政法委员会孟建柱同志在《深化司法体制改革》一文中进行了进一步的解释。他认为，我国是单一制国家，司法职权是中央事权。考虑到我国正处于并将长期处于社会主义初级阶段的基本国情，将司法机关的人财物完全由中央统一管理，尚有一定困难。应该本着循序渐进的原则，逐步改革司法管理体制，先将省以下地方人民法院、人民检察院人财物由省一级统一管理。地方各级人民法院、人民检察院和专门人民法院、人民检察院的经费由省级财政统筹，中央财政保障部分经费。

2014 年 2 月 28 日召开的中央全面深化改革领导小组第二次会议通过的《〈关于深化司法体制和社会体制改革的意见〉及其贯彻实施分工方案》，明确了深化司法改革的目标、原则，制定了各项改革任务的路线图和时间表。第三次会议审议通过的《关于司法体制改革试点若干问题的框架意见》和《上海市司法改革试点工作方案》。《关于司法体制改革试点若干问题的框架意见》选择在上海、广东、吉林、湖北、海南、青海先行试点，推动司法人员分类管理、省以下地方法院和检察院人财物统一管理、法官及检察官对所办案件终身负责，以及在省一级设立遴选委员会，扩大法官检察官的选任渠道者几项改革。试点工作为期两年，结束后汇总相关经验，再由中央出台适用于全国的司法体制改革详细方案。

为显示中央司法体制改革之决心，2014年10月20日召开的中国共产党第十八届中央委员会第四次全体会议以"依法治国"为主要议题，会议通过了《中共中央关于全面推进依法治国若干重大问题的决定》，并在文本的第四节"保证公正司法，提高司法公信力"第（二）项中加入"改革司法机关人财物管理体制"等话语。

"人财物统一管理"经由《中共中央关于全面深化改革若干重大问题的决定》《中共中央关于全面推进依法治国若干重大问题的决定》两个重大文件的提出而成为司法改革的热点议题之一，被视为使"司法改革的四大任务之一，直接触及体制核心，司法改革的'硬骨头'"。《关于司法体制改革试点若干问题的框架意见》指明的改革路径是：对人的统一管理，主要是建立法官检察官统一由省提名、管理并按照法定程序任免的机制。对财物的统一管理，主要是建立省以下地方法院、检察院经费由省级政府财政部门统一管理机制。

在对人（法官检察官）的统一管理方面，六个试点地方均按照中央要求，实行法官检察官统一由省遴选、管理并按法定程序任免的机制：在省一级设立法官检察官遴选委员会，实行统一的遴选条件、标准和程序，从专业角度对法官检察官人选进行把关；组织人事、纪检监察部门在政治素养、廉洁自律等方面进行把关，确保法官检察官人选政治坚定、清正廉洁；依照相关程序，由院长、检察长提名任命；各级人民代表大会（简称人大）依照法律程序进行任免。

在对财物的统一管理方面，原则上地方各级人民法院、人民检察院和专门人民法院、人民检察院的经费由省级财政统筹，中央财政保障部分经费。现有的司法经费管理是以同级政府管理为主，上级司法机关管理为补充的模式。地方改府通过预算、拨款审批等方式实现对司法经费的预决算、拨付使用之管理；上级司法机关仅对政法转移支付资金中的业务装备款项之使用进行管理。模式改革前大致流程如下：法院、检察院在年初根据地方政府财政部门的要求上报预算，财政部门综合考虑所属各单位的预算情况，对法院、检察院上报的预算进行删减，而后，将预算提交人大审议通过。六个试点地方在"财物的统一管理"方面，将以原有模式为基础，因地制宜。

率先启动司法改革试点的上海市，在财物管理方面，将区县司法机关作为市级预算单位，纳入市财政统一管理；清查统计各类资产，也由市里统一管理。湖北省的做法是，将全省全部法院、检察院系统的财物由省级统一管理。吉林省检察院在试点实施方案中提出，按照全省检察机关上年度上缴非税收入总额的20%建立备用金，由省财政厅和省检察院共同管理，主要用于大要案办理、突发事件处置和检察人员伤残抚恤等特殊情况的经费之保障。

为了反映"人财物统一由省级管理"这一司法改革举措的发展进程，我们向全国13个省（自治区、直辖市）（湖北、海南、吉林、广东、黑龙江、重庆、贵州、云南、浙江、安徽、甘肃、新疆、江西）的法院和检察院投递了调查问卷，其中设置了七个问题：司法经费是否能够满足司法工作顺利开展需求；是否存在以办案收入弥补经费的情况；地方预算编制权是单列给司法机关，还是依附于其他政府预算；是否存在行政机关削减司法预算的情况；是否采取了财政直接下拨经费的方式；是否设立了司法经费管理机构来确定统一支付标准；是否有专门的管理部门来承担司法经费的使用和监督职能。

总的来看，我们调查问卷的结果显示，首先超过八成（82.7%）的调查对象认为其所在单位司法经费可以满足司法工作的顺利进行，但在对经费的调查中，有超过七成（71.2%）存在用办案收入弥补之情况；其次地方预算的编制权绝大多数是依附于其政府预算，仅四成（42.3%）是单列给司法机关，且从我们调查的情况来看，有近四成（38.4%）司法预算，存在被行政机关削减的情况；最后在我们调查的整个样本当中，有60.8%的司法机关采取的是财政直接下拨经费的方式，71%的地方设立了司法经费管理机构来确定统一支付标准，67%的单位有专门的管理部门来承担司法经费的适用和监督职能。

分立来看，如图1-31，海南选择"不能满足"选项的最多，达到总体水平的 47.7%, 除海南外的其他 10 个省市样本中, 均有超过半数的受访者选择 "基本满足" 选项。虽然调查样本中所有省市的受访对象均有过半数认为司法经费已经 "满足或者基本满足", 但考虑到 "基本满足" 占比之大, 不得不让人关注司法经费的构成结构, 以及可能存在的削减情况。

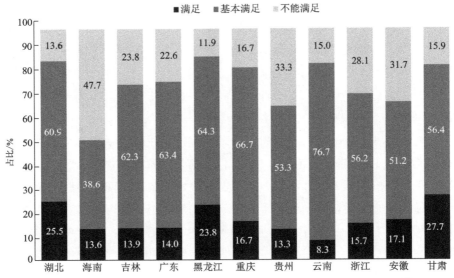

图 1-31　各省（直辖市）司法经费能否满足司法工作顺利开展之需求的情况

正如图 1-32 所示, 首先样本中认为司法经费满足司法工作顺利展开之需求的受访人, 有超过九成（90.9%）选择存在办案收入弥补司法经费; 其次选择基本满足的受访者中, 亦有超过七成（73.8%）认为存在办案收入弥补司法经费的情况; 最后认为司法经费不能满足司法工作顺利展开之需求的受访司法人员中, 有 74.9% 认为存在办案收入弥补司法经费的情况。

另外, 如图 1-33 所示, 认为行政机关 "存在" 司法经费的受访司法人员当中有 60% 认为司法经费 "满足" 司法工作顺利展开之需求, 而认为司法经费 "不能满足" 或 "基本满足" 司法工作顺利展开之需求的受访司法人员中, 分别有超过五成（55.7%）和八成（87.4%）认为行政机关不存在削减司法经费的情况。

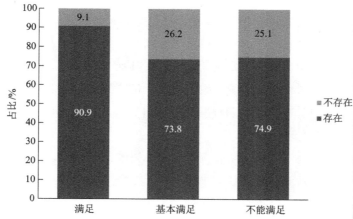

图 1-32 各司法经费满足需求情况与办案收入弥补司法经费现象的交叉分析

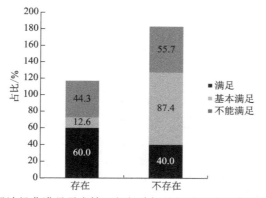

图 1-33 各司法经费满足需求情况与行政机关削减司法经费现象的交叉分析

另一个值得关注的指标是地方司法机关预算的编制是单列还是依附于其他政府预算。2014 年 3 月 13 日,《中国青年报》刊登了《法院检察院预算别再放在'社会治安类'》一文,记者采用全国人民代表大会(简称全国人大)代表、中国社会科学院法学研究所民法室主任孙宪忠在 2014 年人民代表大会上的建议,"希望全国人大督促国务院,尽快把法院、检察院从国家预算和国民经济计划中间实行单列,不要放在社会治安类型里面",其依据为法院、检察院"不是国家治安机关,是立法、司法国家体系的重要组成部分"。

在本次司法体制改革中央对"人财物统一管理"的部署中,对"对人的统一管理"有统一要求,但是"对财物的统一管理"则基本上是六个试点区域因地制宜。从我们调查的数据来看,有超过五成的地区(包括试点区域或非试点区域）是司法机关的财政预算依附于其他政府预算，如图 1-34 所示。

作为司法改革的六个试点区域之一，湖北的受访司法人员当中，有超过半数认为，司法机关的预算编制已经脱离其他政府预算而实行了单列。另外，江沪、广东和吉林的统计数据显示，地方预算单列的概率仅徘徊在30%左右，海南居湖北之后，有超过四成（43.2%）的受访者认为其所在的司法机关的预算实现了单列。

作为司法体制"难啃的硬骨头"之一，财物的统一管理制度在设定之初便有学者建言献策，提出中肯方案，其中以"司法预算的独立性"和"司法经费之保障"为关注重点。概括地说，司法预算应由各级司法机关自主编制且单列于政府预算；省财政部门针对地方财政之实际情状，对司法机关所编制之单列预算虽不可自行删减，但拥有提出修改意见之权力且该修改意见应与上述预算一同提交省级人大参考。

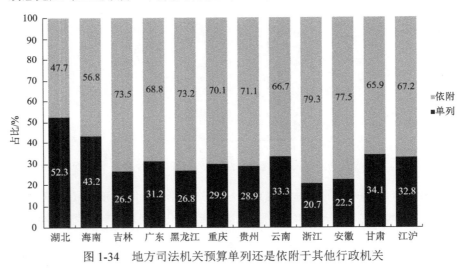

图 1-34　地方司法机关预算单列还是依附于其他行政机关

从改革的现状来看，司法经费的预算编制绝大多数仍然依附于其他政府预算，某些改革试点区域在此指标上，亦未有良好表现。另外，司法经费由办案收入弥补的现象仍然广泛存在于地方司法机关内，虽绝大多数受访司法机关均认为司法经费已经"满足或基本满足"司法之顺利运行所必需，但是考虑到办案收入对地方司法经费弥补之程度，不得不让我们正视司法改革进程之艰难。

随着司法改革试点工作的深入，一些更为细微和重要的问题也浮现出来，亟待制定详细的制度安排予以解决。如负责部门、管理内容等制度性安排；编制外人员的经费保障问题；地区间过去的工资标准差异如何平衡的问题以及地方各级法院、检察院的"政法专项"编制数等。由此可见，司法体制改革需要处理的内部关系尚多且必要。因此，为了实现十九大报告中指出的"深化司法体制综合配套改革，努力让人民群众在每一个司法案件中感受到公平正义"的目标，必须不断完善这一制度，使其与其他司法改革措施相协调。

第四节　司法责任制改革实证分析

《中共中央关于全面深化改革若干重大问题的决定》第三十三条第二款指出："改革审判委员会制度，完善主审法官、合议庭办案责任制，让审理者裁判、由裁判者负责。"十八届四中全会公报中亦强调："推进以审判为中心的诉讼制度改革，实行办案质量终身负责制和错案责任倒查问责制。"

司法责任制是本轮司法改革的又一重要分支，亦是对官方媒体曝光的一连串"冤假错案"的回应。为保证各级人民法院正确理解司法责任制之精神，2015 年 9 月 21 日，最高人民法院发布的《关于完善人民法院司法责任制的若干意见》，对法官在履行判决职责时所应当承担的责任做了详细的规定，在职责范围内，对办案质量终身负责，并明确提到应当"确保法官依法独立公正履行审判职责"。2015 年 9 月 28 日，最高人民检察院发布的《关于完善人民检察院司法责任制的若干意见》，其中强调要突出检察官在司法办案中的主体地位。最高人民检察院司法体制改革领导小组办公室主任王光辉认为，"检察机关司法责任制改革，重点解决三个方面的问题：明确检察人员的职责权限；完善检察权运行机制；完善司法责任体系"。其中，"明确检察人员职责权限，目的在于使检察官在职权范围内相对独立地承办和决定案件。完善检察权运行机制，是减少审批环节，也是为了突出检察官在司法办案中的主体地位。只要这两个方面确定了，司法责任体系就比较明确了"。

针对具体操作流程，六个试点区域正在努力尝试创新。为了洞晓"司法责任制"改革之进程与现状，对此我们设置了八个问题，以期有所发现。这八个问题会在下述三个方面进行说明，并对调查结果一并阐述。

一、改革现状

在实践中，法院、检察院的审判权、检察权存在着掣肘现象，且一定程度上受到了"冤假错案"终身追责制度的威慑，为了揭示前述情况存在之普遍程度及其对司法人员所造成的心理影响，我们设置了以下问题。

1）您认为当前司法机关内部是否存在着法院（检察官）的审判权（检察权）无法依法独立行使的问题？（1 为"绝对否"，5 为"绝对是"，1～5 之数字表明其所感程度；下同）

2）对于官方媒体报道的冤假错案，您是否存在着心理压力？

针对上述两个问题的问卷调查之结果，如图 1-35 和图 1-36 所示，有六成（所填数值不低于 3）受访司法工作人员认为司法机关内部"存在"司法职权无法独立行使的问题；亦有超过六成（62.3%）的受访者认为官方媒体所报道的"冤假错案"使其存在着心理压力。

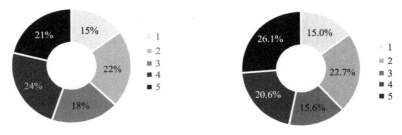

图 1-35　司法机关职权依法独立行使之障碍　　图 1-36　冤假错案对受访司法人员之心理压力

分立来看，甘肃的表现较为醒目，其中有近九成（89.7%）受访司法人员认为，在其所在司法机关内"不存在"司法职权无法独立行使的情况，然而，根据冯之东博士的《司法体制改革背景下的审判委员会制度——以司法责任制为切入点》一文，其中以甘肃省 Z 市法院审理委员会之改革为背景，指出了"改革之后的 Z 市市县两级法院 68 名审理委员会委员中，正副院长和专委共计 35 人……中层正副职也多达 30 人"，并以此说明"审理委员会委员"被异化、被行政化之严重程度。当然，考虑到我们调查样本的局限性，不排除统计结果中个别极端数据的存在。

另外，江西的反映结果刚好相反，有 89.7% 的受访者认为"存在"司法职权无法依法独立行使的问题，86.4% 的受访者认为官方媒体报道的"冤假错案"会对其产生心理压力。从 15 个被调查的省（自治区、直辖市）来看，除甘肃外，均有超过半数的受访者（最低为广东的 55.9%）认为司法职权"存在"无法独立行使的问题；几乎全部省（自治区、直辖市）都有超半数的受访者（除海南为 45.55%）认为官方媒体报道的"冤假错案"会对其产生心理压力，如图 1-37 所示。

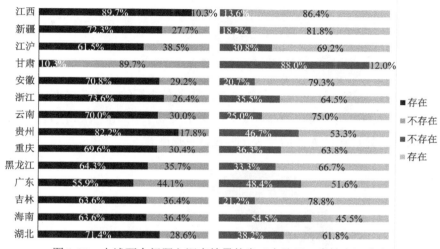

图 1-37　上述两个问题之调查结果的省（自治区、直辖市）分布

上述两个问题之调查结果，揭示出司法独立改革需要进一步深化的局面，而作为"司法责任制"之肇因的"冤假错案"确实对司法工作人员存在较大心理威慑。

二、改革内容

司法责任终身制是否会引发权责分配公平、"司法人才"是否因此而加速流失之问题也已经引起学者和决策者的思考。为此，我们设置了下面两个问题，调查结果如下。

1）法院（检察院）各级领导都应当担任主审法官（主任检察官），亲自参加办案。您认为这样做是否可行？

从调查结果的分布来看，如图 1-38，近六成（58.9%）的受访司法工作人员认为司法机关各级领导应当亲自参加办案（强度 3～强度 5）；且强度最深之"强度 5"，占比最高为 27.1%；而占比次高的是强度最低之"强度 1"的 21.6%。

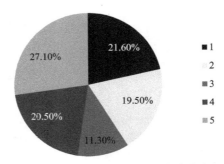

图1-38　司法机关各级领导是否应当亲自参加办案

2）您认为增加法官检察官办案的责任是否会导致人才流失？

如图1-39所示，超过六成（63.5%）的受访人员认为增加法官检察官办案责任会导致司法人才的流失（强度3～强度5）。

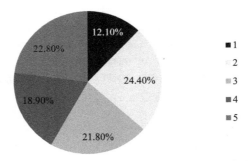

图1-39　办案责任增加是否会导致司法人才流失

三、改革评价

地方司法机关工作人员对"司法责任制"这一改革举措的评价最能反映司法改革所面临的问题。对此，我们设置了下面几个问题，结合其调查结果，分述如下。

1）您认为推行错案追究制度是否有助于法官检察官的审判权、检察权的依法独立行使（图1-40）？

有超过半数（53.2%）的受访者认为错案追究制度有助于司法职权之独立行使；但值得注意的是，"强度2"为36.5%的受访者所选择，远超过其他强度选项。

2）司法办案组织由主审法官、主任检察官、法官、检察官及辅助人员组成。您认为司法办案组织的凸显主审法官（主任检察官）主体地位的同时，能否保证主审法官、主任检察官以外的其他法官检察官的办案职权（图1-41）？

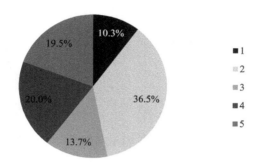

图1-40 错案追究制度对司法职权对立行使之助益

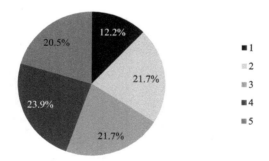

图1-41 司法办案组织对其他法官（检察官）办案职权之影响

关于此问题的统计结果比较"均匀"，分别有 21.7%、21.7%、23.9% 和 20.5% 的受访者选择"强度2、强度3、强度4 和强度5"。超过半数认为司法办案组织可以"保证"除主审法官、主任检察官之外的法官检察官的办案职权。

由于错案追究制度之威慑性和严苛性，众多受访者认为该制度应有配套措施以臻完善。我们拟定以供选择的四个配套措施如下：①改革法院、检察院内部的领导机制；②改革法官检察官的职业能力培训机制；③提升法官检察官的工资福利待遇；④构建司法权依法行使的监督机制（图1-42）。

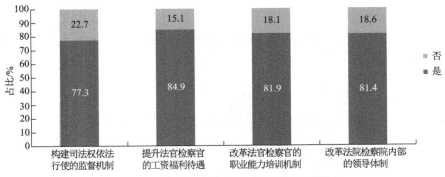

图 1-42　错案追究制度之完善所需的配套措施

统计结果显示，四个选项均有八成左右的受访者认为其应作为配套机制，可见在强调错案追究制度的同时，对法官和检察官的个人关怀也是不可或缺的。这一点也在下述问题有所反映。

3）推行错案追究制度意味着法官检察官要对所办案件的质量终身负责，您认为这样的责任追究机制是否合理（图 1-43）？

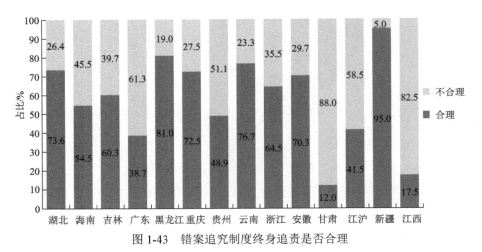

图 1-43　错案追究制度终身追责是否合理

根据调查数据的结果（图 1-43）可知，新疆有 95.0%的受访司法人员认为终身追责之制度是"合理"的，为所有省（自治区、直辖市）之最。除新疆外，黑龙江、云南、湖北、重庆和安徽均有超过七成的受访司法人员认为该制度"合理"。另外，贵州、江沪、广东、江西和甘肃均有超过半数的受访者认为终身追责制度"不合理"，其中江西和甘肃选择"不合理"的受访者占比超过八成（分别为 82.5%和 88.0%）。

为了深入揭示上述结果背后的变量，作为对比分析，图1-44列举了四个省区市对错案追究制度之负责范围的问卷结果，四个省区市分别为江西、新疆和江沪，其中江西和江沪的调查结果均有超半数认为终身责任制"不合理"，而新疆是95.0%的受访者认为其"合理"。从调查结果，可以很明显地看出受访者均对终身负责制的负责范围有所保留，认为"只应对其办理的故意或重大过失引起的冤假错案负责"。这也在一定程度上反映了司法改革过程中，地方法官和检察官的心声。

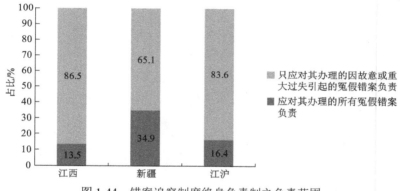

图1-44　错案追究制度终身负责制之负责范围

从本节的数据分析结果可知，"司法责任制"之改革确实对司法人员具有重大威慑作用，但错案追究制度终身负责制的合理性也引发了诸多争议，各级法官和检察官对此颇有质疑与不满。有学者认为终身追责太过严苛与恣意，建议结合诉讼法中的诉讼时效和追诉时效制度，给错案追究制度设定时限，以缓和司法改革过程中司法工作人员的抵触情绪，这未尝不是思考与解决问题的途径之一。在司法改革持续深入的过程中，既要充分考虑权责分配和维护司法独立运行，也应加强各级法官和检察官权责行使的保障措施，使其真正做到"放心"办案。

第五节　司法公开制度实证分析

司法公开与其他司法改革措施相比，启动时间较早，最早可追溯到1999年3月最高人民法院发布的《关于严格执行公开审判制度的若干规定》，作为中国第一个专门就公开审判问题进行规定的法律文件，其中明确了公开审判的含义是"公开开庭，公开举证、质证，公开宣判"。2006 年 7 月，最高人民法院发布第二个就公开审判问题的司法解释《关于加强人民法院审判公开工作的若干意见》，其中对审判公开做了广义的解释，认为审判公开涉及立案、审判、执行等诉讼环节和与审判有关的法院工作。2009 年 12 月 23 日，最高人民法院发布的《关于司法公开的六项规定》和《关于人民法院接受新闻媒体舆论监督的若干规定》，旨在"……保障人民群众对人民法院工作的知情权、参与权、表达权和监督权，维护当事人的合法权益，提高司法民主水平，规范司法行为，促进司法公正……"文本界定了我们今天最为熟知的关于司法公开的六个方面，即立案公开、庭审公开、执行公开、听证公开、文书公开和审务公开。"为贯彻党的十八届三中全会精神，进一步深化司法公开，依托现代信息技术，打造阳光司法工程……"最高人民法院以法发〔2013〕13 号印发《关于推进司法公开三大平台建设的若干意见》，提出推进审判流程公开平台建设、推进裁判文书公开平台建设和推进执行信息公开平台建设。

在此背景下，为了体现司法公开制度实行至今，地方法院和检察院的践行程度，我们设置了六个问题并进行调查，下分述之。

1）您所在的地方为推行审务公开改革是否出台过相关规范性法律文件？

从我们收回的问卷结果来看，总体上，有近八成（79.6%）的受访司法人员认为，所在地方"有"出台过相关规范性法律文件，以推行审务公开改革。

分立来看，如图 1-45 所示，黑龙江是唯一的省份，有过半数受访者（63.4%）认为所在地方"没有"出台过相关规范性法律文件以推行审务公开改革的省市。其他省市均有超过六成（海南最低，为 61.4%）的受访者认为"有"出台过相关规范性法律文件。

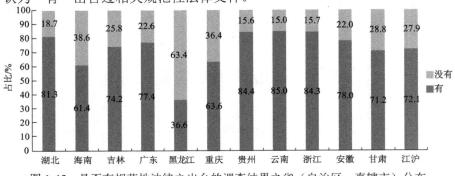

图 1-45　是否有规范性法律之出台的调查结果之省（自治区、直辖市）分布

2）您所在的地方是否公开了法院（检察院）的机构设置和人员构成等相关信息？

从调查结果来看，如图 1-46 所示，接受调查的省（自治区、直辖市）中，均有超过半数（黑龙江最低，为 58.5%）的受访司法人员认为所在地方的法院、检察院公开了机构设置和人员构成等信息。另外，海南、云南均有超过九成（分别为 90.9%、96.7%）的受访司法人员选择了"有"这一选项。

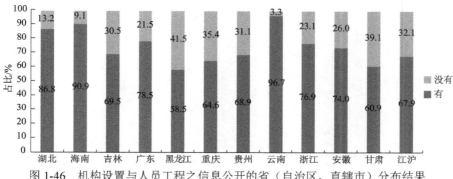

图 1-46　机构设置与人员工程之信息公开的省（自治区、直辖市）分布结果

管理依据之公开，对应于《关于司法公开的六项规定》之"文书公开"。我们在问卷中只列出了四个可供选择的选项，且未要求受访者自行填写，具体问题如下。

3）您所在的地方公开了哪些管理依据？

A.法律法规和司法解释　　　　　B.本院制定的审判指导意见

C.审判管理制度　　　　　　　　D.诉讼指南

图 1-47 显示，选择"本院制定的审判指导意见"这一选项的受访司法人员最少，但也已经超过半数（58.7%）。被选择最多的是"法律法规和司法解释"，占比为 79.7%。

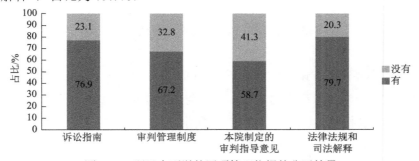

图 1-47　题目中列举的四项管理依据的公开结果

为对应作为司法公开三大平台之一的审判流程公开平台，和《关于司法公开的六项规定》中审务公开之规定，问卷中设立了如下问题。

4）您所在的地方公开了哪些案件管理过程？

A.案件流程信息　　　　B.排期开庭　　　　C.审判管理措施和成效

图 1-48 显示，在我们所列举的三个选项中，选择"审判管理措施和成效"的受访司法人员之数目显著低于其余两项，即"排期开庭"（75.4%）和"案件流程信息"（79.9%），但是也超过了半数（53.5%）。

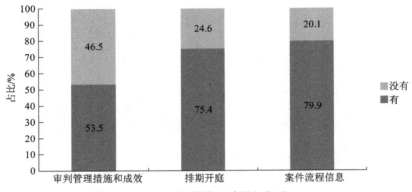

图 1-48　案件管理过程之公开

5）您所在的地方公开了哪些与审判工作有关的其他管理活动？

A.接受公众监督机制　　　　　　　　B.本院重大活动

C.司法统计数据和工作报告　　　　　D.审判研究成果

E.司法救助管理　　　　　　　　　　F.司法亲民活动

图 1-49 显示，六个选项均有超过半数（最低为"审判研究成果"58.7%）的受访者选择，其中最高的为"接受公众监督机制"，占比为 80.3%，其次为"本院重大活动"和"司法亲民活动"，分别占比 74.6% 和 65.7%。

最后一个问题是为对接裁判文书公开平台建设措施而设置的，详述如下。

6）根据您所在单位的实际情况，您觉得裁判文书全部上网公开可行吗？

总体来看，所有调查样本中，根据自己所在单位的实际情况，认为全部裁判文书上网"可行"的受访者仅占全部样本的 45.2%，不足一半。

结合各省特征分立来看，如图 1-50 所示，仅有 5 个省（自治区、直辖市），即安徽、云南、贵州和重庆有过半数的受访司法人员认为，根据自己所在单位的实际情况，裁判文书全部上网公开"可行"，其中最高的数据由贵州录得，为 71.1%。相反，绝大多数的省（自治区、直辖市）认为全部裁判文书上网之举措"不可行"，其中黑龙江的数据对比最为明显，仅有不足两成（16.7%）的受访司法人员认为全部裁判文书上网之举措"可行"，其次是江沪（28.3%）和甘肃（32.7%）。湖北的结果较为"均衡"，认为全部裁判文书上网"可行"与"不可行"的受访者，各占全部受访者的半数。

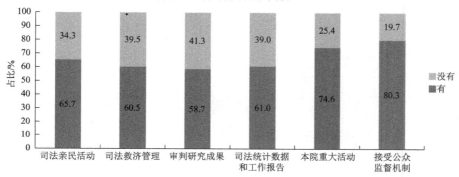

图 1-49　与审判工作有关的其他管理活动之公开

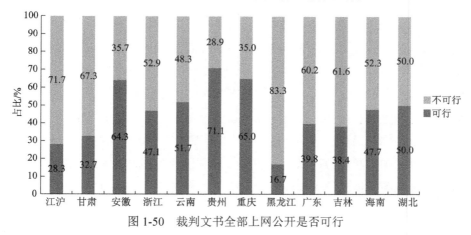

图 1-50　裁判文书全部上网公开是否可行

作为司法公开最重要一环的"裁判文书全部上网"之举措，争议最大，这反映出基层法官检察官对于司法公开制度的顾虑。需要指出的是，司法公开虽然是司法改革整体方案中的重要环节，但并非全部。如若把司法公开简单地视为判决书的公开，而忽视与其他司法改革措施的配套，司法公开的深层意义便会削减，司法公开也必将会给具体办案的法官以更大的责任和压力，从而令司法人员产生抵触心理。法官依法独立行使审判权的落实应该是改革的重点方向，以摆脱非司法权之不正当干预，也可以让法官得以公正地履行职责。

第二章
中国司法基本关系实证研究

中国特色社会主义司法制度下的司法权配置极具特色。从漫长的封建社会朝代更替，到近现代时期的司法制度改革，国家司法权配置不断进化，陈陈相因。中国古代司法体制在完成近代转型以后，吸收了诸多西方与苏联的司法理念，并在探索自身宪政道路的过程中逐渐形成了以审判权与检察权为核心的二元司法格局，视为司法权配置的"中国语境"。科学界定并有效配置各种司法权力，以及司法权力与权利相互之间的关系，逐渐成为司法制度完善和发展的主要任务。为此，本章将以司法权的配置为核心，展开对审控关系、审辩关系、审监关系等司法基本关系的实证研究。

第一节　中国司法权之配置

如何通过合理设置司法机构和划分司法权力，满足现代国家对司法公正的追求和最大化实现司法权的制度价值是现代国家司法权配置的核心问题。大陆法系国家与英美法系国家在司法权配置领域作出了各自不同的尝试。而我国在近现代通过对西方司法制度的移植，又经过几十年的自主探索，逐渐形成了具有中国特色的司法权配置模式。围绕"审检并重"的双核司法权配置，我国建立了司法权配置的多元规范体系。在刑事诉讼程序中，形成了公检法三机关分工协作、监督制衡的分权构造。

一、配置规范之多元性

司法权由实体权力和程序权力构成。在我国，司法实体权力主要由宪法和组织法配置，司法程序权力则主要由诉讼法配置，此外执政党的政策文件在我国具有特殊的规范指引意义，对司法权的配置也有相当的指导作用。司法权规范渊源上的多元性，构成了我国司法制度的一大特色。

（一）宪法、组织法中司法权之配置

我国现行宪法和组织法对司法权的配置主要通过以下规定来完成。其一是在宪法国家机构条款中单独设置了审判机关和检察机关条款，从而确立了由审判机关和检察机关作为司法机关的机构配置。《中华人民共和国宪法》（后文简称为《宪法》）第一百二十九条规定："中华人民共和国设立最高人民法院、地方各级人民法院和军事法院等专门人民法院。……人民法院的组织由法律规定。"我国《宪法》第一百三十五条规定："中华人民共和国设立最高人民检察院、地方各级人民检察院和军事检察院等专门人民检察院。……人民检察院的组织由法律规定。"其二是分别通过组织法对审判机关和检察机关的机构设置情况进行规定。2006 年版《人民法院组织法》第一条规定："中华人民共和国人民法院是国家的审判机关。"第二条规定："中华人民共和国的审判权由下列人民法院行使：（一）地方各级人民法院；（二）军事法院等专门人民法院；（三）最高人民法院。地方各级人民法院分为：基层人民法院、中级人民法院、高级人民法院。"1986 年版《人民检察院组织法》第一条规定："中华人民共和国人民检察院是国家的法律监督机关。"第二条规定："中华人民共和国设立最高人民检察院、地方各级人民检察院和军事检察院等专门人民检察院。地方各级人民检察院分为：（一）省、自治区、直辖市人民检察院；（二）省、自治区、直辖市人民检察院分院，自治州和省辖市人民检察院；（三）县、市、自治县和市辖区人民检察院。……"由此可见，诉讼活动实行四级二审终审制，基层人民法

院与县、市、自治县和市辖区人民检察院相对应；中级人民法院与省、自治区、直辖市人民检察院分院，自治州和省辖市人民检察院相对应；高级人民法院与省、自治区、直辖市人民检察院相对应；最高人民法院与最高人民检察院相对应。

（二）诉讼法中司法权之配置

在诉讼法层面，通过系统规定司法机关应当处理的各种诉讼程序，设定了司法机关活动和司法权行使的基本程序规范。2012 年版《中华人民共和国刑事诉讼法》（以下简称《刑事诉讼法》）第五条规定："人民法院依照法律规定独立行使审判权，人民检察院依照法律规定独立行使检察权，不受行政机关、社会团体和个人的干涉。"第七条规定："人民法院、人民检察院和公安机关进行刑事诉讼，应当分工负责，互相配合，互相制约，以保证准确有效地执行法律。"第八条规定："人民检察院依法对刑事诉讼实行法律监督。"这是《刑事诉讼法》对公检法三机关之间司法权配置的原则性规定。在具体程序安排方面，《刑事诉讼法》对案件管辖、立案、侦查、公诉、审判、执行以及刑事特别程序中的程序性权力配置作出了详细规定。《民事诉讼法》《行政诉讼法》也分别规定了民事审判权、行政审判权由人民法院行使，明确人民检察院有监督权，并对民事司法权、行政司法权在各级人民法院之间的配置作出了详细规定。

二、侦检审三元结构模式[①]

在司法权构造上，世界各国普遍实行"审判中心主义"的一元司法构造。而我国在借鉴苏联司法制度的基础上，经过自主探索后形成的"侦审检三元结构模式"人民司法制度，具有区别于西方国家司法制度的标志性意义。我国侦审检三元结构模式具有以下特征。

（一）审判权、检察权受立法权单向监督

从审判权、检察权与立法权的关系看，二者共同受立法权的单向监督

---

① 本部分由课题组成员吴健雄完成，编入本书时进行了部分修改，特此说明。

与制约。其一，在规范依据上，人民法院行使审判权和人民检察院行使检察权的法律依据为全国人民代表大会及其常务委员会根据一定的立法程序制定的法律规范。其二，在人事安排上，各级人民法院的院长、副院长、审判委员会委员、审判员及各级人民检察院的检察长、副检察长、检察委员会委员、检察员由各级人民代表大会及其常务委员会选举、罢免或决定。其三，立法权对审判权、检察权进行单向性监督。人民法院、人民检察院对人民代表大会及其常务委员会负责并报告工作，接受人民代表大会及常务委员会的监督[①]；人民法院、人民检察院没有权力制定法律，只能在法律规定的范围内就法律适用问题进行解释，且其解释的效力低于法律，人民法院、人民检察院不能监督人民代表大会及其常务委员会工作；人民法院作为国家审判机关，没有违宪审查权，不能对立法活动进行制约；人民检察院作为国家法律监督机关，也没有违宪审查权，不能对立法活动进行监督。宪法和法律将人民法院的审判权和人民检察院的法律监督权配置在刑事诉讼、民事诉讼和行政诉讼三大领域之中，从权限上明确了检察权的司法定位，它同审判权一样，是对司法个案适用法律的国家权力。

（二）审判权、检察权与行政权并列平行

从审判权、检察权与行政权的关系看，二者与行政权并列平行，职能分立。根据我国宪法规定，行政机关与审判机关、检察机关都由人民代表大会产生，并对其负责，他们各自对人大负行政或司法的责任，"一府一委两院"在地位上并列平行，在职能上各自分立，既相互协调配合，又彼此监督制约。由于行政权担负国家经济社会发展管理职能，其具体行政行为要受审判机关和检察机关的维护和监督。"维护"主要表现在审判机关和检察机关的活动要服从和服务经济社会发展大局，"监督"主要表现在法院通过审理行政案件，检察机关通过查办职务犯罪对具体行政活动进行直接和间接的制约；审判机关和检察机关的机构编制、经费保障等要受行政机关的配合与制约，构成行政权与审判权和检察权既分立又相互监督的关系，共同实现人

---

① 2006 年 8 月 27 日通过，2007 年 1 月 1 日施行的《中华人民共和国各级人民代表大会常务委员会监督法》，明确了人大对司法机关的监督机制，其中包括司法机关工作报告制度、司法解释报送备案审查制度、司法官员任免制度，以及办理人大代表建议和政协委员提案制度等。

民的主权。我国行政权与审判权和检察权的关系，实际上是行政权与司法权的关系。这种相互监督关系与西方国家的三权分立完全不同。西方国家的三权分立着眼于权力相互牵制，以求权力平衡；而我国的行政权与司法权的相互监督制约，不仅是简单的限制和约束，而且也是权力之间的相互配合。就司法权对行政权的维护保障和监督制约而言，需要检察权从程序上、审判权从实体上共同发挥作用，检察权、审判权二者的任何一方都不可或缺。

（三）审判权与检察权地位平等、职能对应

从审判权与检察权的关系看，二者法律地位平等、职能相互对应。我国审判机关与检察机关均由国家权力机关产生，体现了人民民主专政国体和人民代表大会制度政体的要求。这与西方三权分立制度模式下司法的定位是完全不同的，彰显了中国特色社会主义司法制度的最基本的特色。我国的司法制度，是马克思列宁主义人民主权理论、议行合一原则与中国国情相结合的产物。审判权与检察权是我国社会主义制度的重要组成部分，是人民民主专政的重要支柱，是国家经济社会建设的重要保障，也是人民通过人民代表大会这一国家权力机关进行相关管理活动的重要载体。明确检察权的司法定位，有利于推进司法体制改革。仅以刑事诉讼程序的改革为例，法院庭审方式的变动，就离不开检察机关的配合。若无视检察权与司法权的密切联系，非要人为地排除检察权的司法权属性，倡导狭义司法权的概念，必然使司法体制改革仅局限于审判改革或法院改革。在理论研讨中，由于一些观点不加分析地将审判改革等同于司法改革，并在司法改革的名义下仅谈审判改革或法院改革，实际上已在一定范围内造成了某些误导，误以为司法改革就是法院改革或审判改革，大大地缩小了我国司法体制改革的范围。① 这不仅无益于我国司法体制改革的整体进展，相反还可能强化两大司法机关各自为政的局面，也不利于我国统一司法体制和统一司法权威的确立。

（四）侦检审三权分工与协作

"侦检审三权分工与协作"乃我国刑事司法之基本原则，亦是我国司法

---

① 石少侠：《检察权要论》，中国检察出版社 2006 年版，第 53 页。

权配置上的特色之一。在我国现行司法制度的框架内，公检法三机关之间的关系是分工负责、互相配合、互相制约。我国《宪法》第一百四十条规定："人民法院、人民检察院和公安机关办理刑事案件，应当分工负责，互相配合，互相制约，以保证准确有效地执行法律。"据此，配合制约原则是调整我国公检法三机关关系的指导性准则，也是我国配置侦、控、审三项刑事追究权力的基本方案。①

1. 公检法三机关之协作

相互协作是指在刑事诉讼中，公检法三机关应当通力合作、协调一致，共同完成刑事诉讼中的任务。三机关之间相互协作体现了公安机关、检察机关、人民法院之间在工作上的衔接关系，在办理刑事案件的过程中，需要三机关相互配合，完成刑事司法追诉活动，以实现打击犯罪、保障人权的目的。这种协作关系表现在两方面。其一，公安机关与检察机关之间的协作关系。①公安机关要求逮捕犯罪嫌疑人的时候，应当写出提请批准逮捕书，连同案卷材料、证据，一并移送同级人民检察院审查批准。必要的时候，人民检察院可以派人参加公安机关对于重大案件的讨论；公安机关释放被逮捕的人或者变更逮捕措施的，应当通知原批准的人民检察院。②检察院对公安机关侦查终结的案件，进行审查并决定是否起诉。其二，检察机关与法院之间的协作关系：①人民法院依法受理检察机关提起公诉的刑事案件，并依法作出裁判；②人民法院依法审判由检察机关按照审判监督程序提出抗诉的案件。

2. 公检法三机关之制衡

"互相制约"是三机关关系的核心价值要求，《宪法》中的"人权条款"是"互相制约"关系的宪法规范指引，即通过合宪、合法和有效的制约，防止权力滥用，确保审判权、检察权、侦查权的规范、公正行使。② 其中，"'分工负责'的目的绝对不是为了更好地配合，而是为了更加有效地相互制约，否则就没有分工的必要"③。在刑事诉讼过程中，公安机关和检察机关的角色应更多的定位为配合与服务，而法院则应通过审判活动实现对

---

① 谢佑平、万毅：《分工负责、互相配合、互相制约原则另论》，《法学论坛》2002年第4期，第101页。
② 韩大元、于文豪：《法院、检察院和公安机关的宪法关系》，《法学研究》2011年第3期，第15页。
③ 沈德咏：《论疑罪从无》，《中国法学》2013年第5期，第15页。

公安机关和检察机关相关行为的有效制约，当然，对于法院裁判不公的行为，检察机关也有权进行监督，以保证司法的公平和正义，这不仅是我国宪法的原则要求，也是"以审判为中心的诉讼制度改革"的改革要求。具言之，侦检审三机关之间的制约关系表现为以下几个方面。

其一，检察机关与公安机关的相互制衡。①检察机关有权对公安机关的侦查活动是否合法进行监督。②对于公安机关提请批准逮捕的案件，检察机关经审查，对于不批准逮捕的，人民检察院应当说明理由，需要退回补充侦查的，应当同时通知公安机关；公安机关认为有错误的可以要求复议以及向上级人民检察院要求复核。③公安机关侦查终结后，人民检察院审查之后，需要补充侦查时，既可以决定将案件退回公安机关补充侦查，也可以决定自行侦查，必要时可以要求公安机关协助。经过补充侦查的案件，人民检察院仍然认为证据不足，不符合起诉条件的，应当作出不起诉的决定。

其二，检察机关与人民法院之间的相互制衡。①人民法院对人民检察院起诉的案件，如果认为事实不清、证据不足，可以退回人民检察院补充侦查；如果认为有违法情况，应当通知检察院纠正。②人民检察院监督人民法院的判决和审判活动是否合法，如果认为审判活动有违法情况，可以提出纠正意见；如果发现一审判决或裁定确有错误，应当向上级人民法院提出抗诉。①

当前，我国刑事诉讼过程中公检法三机关配合有余而制约不足，我们急需完善公检法相互制约的规则。就一般刑事案件而言，公安机关侦查工作的成效实际上对检法两机关的工作形成了制约，而人民检察院作为国家法律监督机关，既可以在一定程度上制约公安机关的侦查权，也可以在一定程度上制约人民法院的审判权，因此目前最需要加强的是人民法院对侦查权和起诉权的制约。在制约侦查方面，我们可以借鉴许多国家的做法，建立强制性侦查措施的司法审查规则，譬如搜查和逮捕的司法令状制度。在制约起诉方面，我们应该完善法庭的举证、质证、认证规则，通过加强律师辩护和确保法官居中裁判来达到控辩双方的平等对抗，使法庭审判真正成为刑事诉讼的中心环节。②

---

① 韩大元、于文豪：《法院、检察院和公安机关的宪法关系》，《法学研究》2011年第3期，第17页。
② 何家弘：《公、检、法之间配合有余而相互制约不足——公检法相制约方能保障公正》，《北京日报》2015年10月19日，第18版。

三、"两高"共享之司法解释权

法的解释是整个司法过程的逻辑中项。在我国，司法解释权由"最高人民法院和最高人民检察院（简称'两高'）"共享，"二元一级"的司法解释权配置乃司法实践中的基本特色，只有"两高"对法所作出的解释才可以称为严格意义上的司法解释。

我国开展司法解释实践的历史较长。早在 1955 年，全国人大常委会就下发了《关于法律解释问题的决议》，其中指出"凡关于审判过程中如何具体应用法律、法令的问题，由最高人民法院审判委员会进行解释"，把行使司法解释的权力赋予最高人民法院。1979 年《人民法院组织法》第三十三条规定了最高人民法院的司法解释权。之后，1981 年全国人大常委会又颁布了《关于加强法律解释工作的决议》，规定"凡属法院审判过程中具体应用法律、法令的问题，由最高人民法院进行解释。凡属于检察院检察工作中具体应用法律、法令的问题，由最高人民检察院进行解释"。1996 年最高人民检察院制定的《最高人民检察院司法解释工作暂行规定》，对最高人民检察院司法解释的范围、基本原则、工作程序等作出了明确规定，从而使最高人民检察院的司法解释进入了有法可依、规范发展的阶段。最高人民法院于 1997 年制定的《最高人民法院关于司法解释工作的若干规定》，其中对司法解释的类型、范围、制定及生效程序、各级法院如何适用司法解释等问题做了较为详细的说明。随着全面依法治国基本方略的实施和司法体制改革的全面推进，国家立法和司法解释工作都有长足的进步。最高人民法院在 2007 年、最高人民检察院在 2015 年重新修订了相关规定，完善了司法解释的形式、范围和工作程序，促进了司法解释的规范化，为提高司法解释的质量提供了制度保障。2015 年全国人大修订《立法法》，直接确认了最高人民法院、最高人民检察院的司法解释权。

司法解释，是"两高"为统一法律适用标准、维护司法公正，针对具体的法律条文，根据立法的目的、原则和原意，对司法工作中具体应用法律问题作出的具有法律效力的解释。在最高人民法院享有司法解释权的问题上，理论界和实践界都没有异议。相比之下，最高人民检察院是否享有司法解释权颇具争议。有学者认为，最高人民检察院行使司法解释权不仅对于促进司法办案尺度的统一、弥补立法和法律解释迟缓的不足、弥合司法机关的认识分歧都具有重要价值，而且具有坚实的理论基础。理由有以下三个方面。其一，体制合理性，即作为法律监督机关行使司法解释权。检察机关作为法律监督机关的根本使命就是维护国家法制统一，保障法律统一正确实施。列宁的法律监督思想是我国社会主义检察制度的重要理论渊源，这为最高人民检察院行使司法解释权提供了体制合理性。其二，功能正当性，即作为司法机关行使司法解释权。将国家法律应用于具体案件是司法机关的职责，但法律条文难免具有一定程度的模糊性、歧义性，或者缺乏可操作性，不同的司法官对同一法律条文可能有不同的理解和认识，或者难以具体应用法律，因而有必要对法律进行解释，统一认识，明确操作规范。其三，实践必要性，即保障依法独立行使检察权的需要。检察机关在履行职责中往往会面临大量的具体应用法律问题，譬如批捕标准、起诉标准、抗诉标准问题等。谁来解决这些问题关系到检察机关能否独立行使职权。[①]最高人民检察院作为全国检察机关的领导机关，由其作出司法解释，既是其职责所在，也是对检察独立的一种保障。

　　然而，这种"两高"共享的司法解释权确实带来了法律冲突的现象。在实体法的解释上，冲突主要涉及对同一犯罪行为罪名的定性和对某一犯罪构成要件要素的理解。如最高人民检察院于 2003 年发布的《关于相对刑事责任年龄的人承担刑事责任范围有关问题的答复》和最高人民法院 2005 年发布的《关于审理未成年人刑事案件具体应用法律若干问题的解释》，两者对刑法第十七条第二款的解释，即对实施法定八种行为的相对刑事责任年龄人是只能以刑法规定的八种罪名定罪，还是应当根据所触犯的刑法分则具体条文认定存在冲突。在程序法解释上，冲突体现在是否公诉、公诉标准与案件受理标准上。比如，最高人民法院于 1998 年颁布的《关于企业犯罪后被合并应当如何追究刑事责任问题的答复》和最高人民检察院于 2002 年发布的《关于涉嫌犯罪单位被撤销、注销、吊销营业执照或者宣告破产的应如何进行追诉问题的批复》中，对犯罪后已被合并而注销的企业是否追诉的解释便不统一。对于以上问题，都有必要对司法解释权的运作和工作机制进行相应规范。

---

① 孙谦：《最高人民检察院司法解释研究》，《中国法学》2016 年第 6 期，第 47 页。

第二节　审 控 关 系

一、审控关系之基本理论

在推进以审判为中心的诉讼制度改革中,厘清审判与起诉之间的关系,是进行诉讼程序改革的重要内容。因此, 首先我们需要对其基本理论有所了解,即诉权是启动诉讼程序的权利,是提起诉讼保障自己权利得以救济的权利。一般来说,诉权分为实体意义上的诉权和程序意义上的诉权两个部分,我们在此所谈论的诉权是程序意义上的诉权,即请求法院启动司法程序,给予司法救济的权利。

其次,我们要明确审控关系实际上是公权力与私权利或者公权力相互之间的互动制约关系。在公法诉讼当中,除了解决纠纷之外,其主要功能便在于维护公共秩序,恢复法律对公共秩序的规制。诉权的目的是救济实体权利的损害,而审判权的功能在于辨清是非、查明事实、正确适用法律,从而解决纠纷。

最后,在审判权与诉权的关系中,要坚持以审判为中心,其核心内容就是要以庭审为中心,推动庭审的实质化运行。

二、我国的审控关系制度

要处理好起诉和审判的关系,就是要在坚持二者分工负责、互相配合、互相制约的基础上加强审判, 做到"中心论"和"阶段论"的辩证统一。①十八届四中全会提出, 要"健全公安机关、检察机关、审判机关、司法行政机关各司其职,侦查权、检察权、审判权、执行权相互配合、互相制约的体制机制",在此背景之下,当前我国的审控关系制度主要是指涉及审判和起诉关系的一系列规定的总称,其主要特征表现为以下几个方面。第一,在诉讼类型上,我国主要有刑事诉讼、民事诉讼与行政诉讼。第二,在诉讼范围上,刑事诉讼的对象是犯罪,民事诉讼的对象是涉及平等主体人身

---

① 樊崇义:《以审判为中心的概念、目标和实现路径》,《人民法院报》2015 年 1 月 14 日,第 5 版。

关系和财产关系的纠纷，行政诉讼的对象是具体行政行为引起的外部行政纠纷。第三，在起诉制度上，刑事诉讼主要分为公诉和自诉，民事诉讼主要分为给付之诉、形成之诉和确认之诉，而行政诉讼主要是主观之诉。第四，在审判制度上，依照案件类型、种类和性质等方面所存在的差异，基层法院、中级法院、高级法院和最高法院都可能成为一审法院。第五，在起诉主体上，除了刑事诉讼外，民事诉讼和行政诉讼都是公民、法人和其他组织。第六，在审控关系中，法院严格实行不诉不理的原则而居中裁判，一旦裁判生效，当事人必须受判决的拘束，确有错误情形可申请再审。第七，在诉讼程序当中，当事人可以由诉讼代理人代为处理诉讼事宜。

三、我国审控关系之问题检视

随着社会的迅速发展，各类矛盾激增，社会自身纠纷解决机制失灵，大量社会矛盾涌入法院，而我国司法体制内生不足，缺少自治机制，严重依赖外部供给，加之我国司法政策的隐性影响致使司法作为公共产品供给不足，从而导致审控关系的畸形，其表现形式有以下三个方面。

其一，选择性司法的普遍存在。即法院在案件的受理、审判和执行的过程中，依据法律规则之外的因素，来作出是否受理、如何判决和怎样执行的决定。[①]这种困境实质体现了审判中心主义的缺位。在司法实践中，诉讼法被政治化、社会化和情景化了，规范性救济被情景式救济所代替，法院在诉讼中考虑多方面因素，反而忽视了最需要考虑的当事人的利益，结果导致诉讼对当事人而言充满了风险性。此困境在行政诉讼与民事诉讼中尤为明显，当事人弱势地位凸显。就理论上而言，起诉只作形式上的审查，符合起诉要件即可，但我国诉讼实务当中常进行实质审查，并将其作为诉讼开始的要件。[②]

其二，公诉权的滥用。公诉权是检察院代表国家追诉犯罪的程序性权力，其目的在于维护国家利益和公共利益，推进刑法的实施。然而，实践中的管理困境与严峻的社会治安形势等原因，迫使检察机关过于重视打击

---

① 汪庆华：《中国行政诉讼：多中心主义的司法》，《中外法学》2007 年第 5 期，第 521 页。
② 张卫平：《起诉条件与实体判决要件》，《法学研究》2004 年第 6 期，第 64 页。

犯罪。这亦形成了公诉的悖论，即原意是保障被追诉人人权的机构设置，在实践中却有侵害被追诉人人权的本能倾向。具体而言，公诉权滥用包括以下几个方面：第一，无充分嫌疑而起诉；第二，超越裁量权而起诉，如对轻微犯罪不宜追诉的追诉；第三，将可自诉的提起公诉；第四，基于违法侦查取得的证据的起诉；第五，重复起诉行为。①具体表征为我国的不起诉率偏低，一般控制在 5%以下，而德国和日本分别达 20%和 50%～60%，与此对应，我国微罪起诉与重复起诉的情况则比较常见。②

其三，协商性司法的异化。协商性司法以解决纠纷为主要目的，在法官的主导下，在法律规范的范围内通过双方当事人或控辩之间对话、协商与合作，以各方都能够接受的结果而结案。协商性司法起源于美国的辩诉交易，我国近年来也力图引进协商性司法机制，希望实现法律效果与社会效果的结合。然而在实践中，协商性司法出现了异化，主要表现为以协商之名行强迫之实，成为原告、被告和法院三方博弈的结果，法官在司法政策和解决矛盾等的影响下往往违背当事人意愿进行调解，然后以调解或撤诉等方式结案，协商性司法不但没有让当事人的合法利益通过诉讼得到保护，同时个案推动法治进程的功能也因此化为幻境。在此情形下，司法程序在某种意义上由"法律的统治"变为"权力的统治"，协商程序不透明，协商者地位不平等，法律标准不明确，实体公正被个别公正所取代，在刑事司法和行政司法领域还可能导致犯罪控制和权力制约等诉讼目的与功能的偏离，被害人和原告的利益可能被牺牲。③

四、我国审控关系之完善

（一）完善诉讼类型

完善诉讼类型主要有两个方面。其一，构建宪法诉讼。宪法诉权是指公民、法人、国家机关及其特定成员在宪法上的权利和权利关系处于非正常状态时，为寻求司法救济而享有的旨在设立、变更或终止宪法诉讼法律

---

① 冯军、卢彦芬等：《刑事司法的改革：理念与路径》，中国检察出版社 2007 年版，第 219—220 页。
② 黄文艾、黄广进：《中国刑事公诉制度的现状与反思》，中国检察出版社 2009 年版，第 46 页。
③ 马明亮：《协商性司法——一种新程序主义理念》，法律出版社 2007 年版，第 169—178 页。

关系的基本权利。^①随着社会日益多元化、动态化和复杂化，法律不可能对任何问题都作出规定，矛盾由此凸显，因此法官在法治进程中的地位也越来越重要。我国应该逐步建立宪法诉讼制度，刚开始政治化色彩可能较浓，然后再逐步诉讼化，可以考虑先在全国人大下设宪法委员会，待条件成熟再设立宪法法院。^②其二，完善行政公诉和民事公诉。行政公诉是指在没有适格原告的情况下，检察机关或其他主体认为行政机关的行为违反有关法律规定，侵害公民、法人和其他组织的合法利益，损害国家和社会公共利益，依照特定程序向人民法院提起公诉，提请法院进行审理并作出裁判的活动。从监督和维护行政机关依法行政的视角出发，我国可以以行政公诉的方式对行政机关的违法行为进行监督，通过审判权制约行政权。检察机关的行政公诉权具有补充的特征，公诉作为强制性行政诉讼司法审查程序的活动，是抗衡行政违法的最后手段。^③民事公诉是指对于特定范围内的某些涉及重大国家利益、社会公共利益与涉及公民重要权利的民事案件，与该案件没有直接利益关系的组织或个人可以提起诉讼，主动追究违法者的民事责任。我国 2017 年新修订的《民事诉讼法》第五十五条首次确立了民事公益诉讼，但在具体运作方式上还需要进一步丰富与完善。

（二）坚持实行审控分离

拉德布鲁赫说过："纠问程序的功绩在于使人们认识到追究犯罪并非被害人的私事，而是国家的职责。其严重错误则在于将追求犯罪的任务交给法官，从而使法官与当事人合为一体。如果说此前的控告程序依循的是'没有人告状，就没有法官'，此时纠问程序的本质，则允许在没有人控告的情况下，由法官'依职权'干预。如果过去的控告程序是在原告、被告人和法官三个主体之间进行，则纠问程序就只有法官和被控人两方。被控人面对具备法官绝对权力的追诉人，束手无策。对纠问程序适用的谚语是'控告人如果成为法官，就需要上帝作为律师'。"^④为解决纠问式诉讼的弊端，

---

① 胡肖华：《宪法诉讼原论》，法律出版社 2002 年版，第 46 页。
② 季卫东：《合宪性审查与司法权的强化》，《中国社会科学》2002 年第 2 期，第 16 页。
③ 孙谦：《设置行政公诉的价值目标与制度构想》，《中国社会科学》2011 年第 1 期，第 161 页。
④ 〔德〕拉德布鲁赫：《法学导论》，米健、朱林译，中国大百科全书出版社 1997 年版，第 121 页。

必须坚持控审分离的原则，限制法官依职权主动追究犯罪的冲动。

（三）构建以审判为中心之司法构造

审判权是司法权的核心，审判权的终局性和权威性理应是司法公正的源泉，然而我国法院处于司法结构的边际，公安机关和检察机关拥有许多与法院交易的砝码，法院进行终局裁决的动力不足，阻力太大。因此，必须构建以审判为中心的司法构造，建立"预审法官"或者"治安法官"制度以及令状制度。诉讼阶段论将刑事诉讼视为一个过程，而审判只是其中的一个阶段，与侦查、起诉、执行一样，有其独立的任务和目的，各自之间互不附属。[①]我国现行刑事诉讼制度正是以诉讼阶段论为基础构建起来的，从历史渊源来看，这是受苏联刑事诉讼理论及实践的影响。然而，这恰与目前大多数国家以审判为中心建构刑事诉讼制度背道而驰。根据诉讼阶段论，刑事诉讼应当按照诉讼程序的发展顺序构成一个线型结构体系。相应地，刑事诉讼的各专门机关之间是职权分工与配合制约的关系，不存在隶属关系，也没有高低之分。也正因如此，我国当前的诉讼构造被学界形象地比喻为"公安机关做饭、检察机关端饭、法院吃饭"；也有学者将此比喻为生产流水线上的三道工序，"侦查、起诉、审判都是独立的一道工序，而审判作为最后一道工序很大程度上仅是对上游工序的检验或复核"[②]。

强调审判中心主义，实际上是对诉讼阶段论的检讨。从本质上看，这也是对我国当前刑事诉讼构造的审视，对公检法三机关相互关系的重塑。推进以审判为中心的诉讼制度改革，最为重要的是理顺公检法三机关之间的关系，强化相互制约，淡化互相配合，尤其是要杜绝实践中公检法三机关联合办案的做法。为此，应当坚持检察机关、法院依法独立行使检察权、审判权，扼住权力伸向司法的任性之手；同时加强对侦查机关的引导和监督，强化检察机关审前把关以及发挥法院在审判阶段的关键性作用，规范和限制侦查权的行使。

---

① 周士敏：《刑事诉讼法学发展的必由之路——由审判中心说到诉讼阶段说》，《国家检察官学院学报》1993 年第 2 期，第 51—52 页。

② 叶青：《以审判为中心的诉讼制度改革之若干思考》，《法学》2015 年第 7 期，第 5 页。

（四）以审判为中心实现庭审实质化

以审判为中心的诉讼制度改革，要求进一步推进庭审的实质化，做到事实证据调查在法庭、定罪量刑辩论在法庭、裁判结果形成于法庭，确保庭审在查明事实、认定证据、保护诉权、公正审判中发挥决定性作用。[1]第一，庭审实质化与控方的证明责任。修改后的《刑事诉讼法》第四十九条首次强调："公诉案件中被告人有罪的举证责任由人民检察院承担。"这是为了落实尊重和保障人权的原则，进一步规范诉讼活动，保障当事人的诉讼权利，保障无辜的人不受刑事追究。推进庭审实质化，必然要求在法庭审理中检察机关为履行好法律赋予的指控犯罪职能，而落实好应当承担的证明被告人有罪的责任。为此，检察机关应当强化当庭指控，依法履行举证责任、说服责任，着力提高当庭讯问询问、示证质证能力。要配合法庭完善庭前会议制度，完善证人、鉴定人出庭制度，规范申请侦查人员出庭机制，推动重大案件关键证人出庭工作，切实解决证人出庭作证难的问题。第二，庭审实质化与控方的法庭对抗。庭审是审判的关键环节、主要方式，也是控方职能集中发挥的主要平台、典型场域。《刑事诉讼法》规定，法庭审理过程中，对与定罪、量刑有关的事实、证据都应当进行调查、辩论。经审判长许可，公诉人、当事人和辩护人、诉讼代理人可以对证据和案件情况发表意见并且可以互相辩论。要真正发挥庭审的实质作用，检察机关必须加强公诉人员出庭能力建设，着力提高发表公诉意见和辩论意见能力，提高出庭应变能力，提高运用现代科技手段出庭能力，加强对公诉主张的说理，加强对证据合法性的证明。[2]

（五）基于反思理性之审判程序构建

现代社会的司法权威来自过程的正当性。法治是社会的整体事业，法律是界定权利、化解纠纷以及分配资源的依据，是国家和社会行为的行为规则，但"现代社会对规则的确认并不是或仅是一种规范性要求，而是一个实践性问题，是一个过程"[3]。立法者和法官分别是规则的制定者和实

---

[1] 参见《中共中央关于全面推进依法治国若干重大问题的决定》。
[2] 卞建林：《解析审判中心视野下的诉审关系》，《检察日报》2015年7月29日，第3版。
[3] 苏力：《送法下乡——中国基层司法制度研究》，中国政法大学出版社2000年版，第196页。

施者，后者在具体的纠纷情境中需要理性权衡，对各种可选择的法律或条款进行选择和裁量，或在没有明确法律规定中根据法律目的和原则作出最符合法律要求的选择，而且"司法不仅要面对已出现的纠纷，更要面对未然的隐患，这就要从法律上堵塞制度的漏洞"[①]，即司法过程也要形成规则。可以说，法律是形式理性的，而司法过程是反思理性的，法律通过司法最后达至实践理性。司法程序也是审判正当性的依据之一，特别是在法官具有较大自由裁量权和法律规范竞合或缺位的情况下，因为"他们提供了一种冲突双方可以更容易接受最终结果的形式"[②]，而且对社会整体产生正当化效果。司法程序具有独立之价值，是"交涉过程的制度化"[③]，矛盾通过对话、辩论等程序使其在受到控制的条件下显露出来。因此，司法的公正首先是司法程序的公正，程序的公正也是保障裁判公正及司法具有权威性的基础。司法具有权威性的前提是必须要严格依循公正的程序进行，并在法律规定的程序内进行综合权衡，在形式的法律框架下容纳实质的裁判。因此，不仅要使诉讼当事人信赖审判活动是在独立公正的程序指导下进行的，而且要使广大民众真正相信法院是在公开的场所依据公正的程序从事着公正的审判活动。[④]

第三节　审　辩　关　系[⑤]

审辩关系主要是指在"以审判为中心"的背景下，刑事诉讼中审判机关与犯罪嫌疑人、被告人及其律师之间的权力与权利关系。刑事辩护之于刑事诉讼的积极意义主要体现在两个方面：其一，辩护律师能够为犯罪嫌疑人提供法律帮助，有效遏制公权力的滥用以及司法不公，确保被追诉人权利不受非法侵害；其二，辩护律师的实质参与，可以实现控辩平等的诉讼构造，保障控辩双方平等地位，在有效对抗的刑事诉讼程序中，提升事

---

① 廖奕：《司法均衡论——法理本体和中国实践的双重建构》，武汉大学出版社 2008 年版，第 202 页。

② 〔日〕谷口安平：《程序公正》，见宋冰编《程序、正义与现代化——外国法学家在华演讲录》，中国政法大学出版社 1998 年版，第 376 页。

③ 季卫东：《法律程序的意义》，中国法制出版社 2004 年版，第 33 页。

④ 王利明：《司法改革研究》，法律出版社 2000 年版，第 302 页。

⑤ 本部分内容曾由课题组成员叶正国以"我国审辩关系改革的途径选择"为题，发表至《南都学坛》2016 年第 3 期。编入本书时经过了部分修改，特此说明。

实认定和法律适用的准确性，切实防范冤假错案，维护司法公正。[①]

一、审辩关系之基本理论

构建"以审判为中心"的刑事诉讼制度，需要充分发挥辩护的实质作用，保障其积极、有效地参与诉讼进程。辩护权乃现代司法不可或缺的要素之一，它是指被追诉人或其辩护人根据事实和法律对公诉机关的指控，提出证明其无罪、罪轻、应当减轻或免除其刑事责任的证据，也包括在程序上其享有的合法诉讼权利，针对刑事追诉为维护自己的合法权益而进行的防御。在性质上，辩护权是保障权利的权利，即维护实体性权利的程序性权利。可以说，辩护权的保障程度和辩护律师的职业化程度是一国刑事法治文明的体现。提供切实有效的法律援助是国家的义务，世界各法治发达国家对公民的律师辩护权的保障从普遍性向实效性迈进，即实质的、有效的辩护，这是法律面前人人平等原则的真正体现。[②]

辩方参与刑事诉讼的功能主要有两方面：一是消极的防御，即形式辩护，对检察官提出的证据证伪，法律适用的质疑，从而削弱或推翻公诉方的诉求；二是积极的进攻，即实质辩护，搜集和提供有利于犯罪嫌疑人和被告人的证据和诉求，从而使判决有利于被告人。律师作为辩护人维护被追诉人权利的义务是绝对的，而对法庭的真实义务是相对的，即对被追诉人有害的证据可以对法庭不提出，但提出的知情证据都应该是真实的，这也是对其角色伦理冲突的解决。辩护律师只维护部分司法的正义即对被追诉人有利的程序正义与实体正义，坚守法律底线即辩护活动不能违法，其必须采用法律规定的方式来维护被追诉人的正当与合法利益，而非一切利益，因此辩护律师在刑事诉讼中具有一定的独立性。

二、我国审辩关系的制度概述

我国 1954 年宪法确认了被告人的辩护权，但律师辩护制度一度被废

---

① 卞建林、谢澍：《"以审判为中心"视野下的诉讼关系》，《国家检察官学院学报》2016 年第 1 期，第 40 页。

② 谢佑平、吴羽：《刑事法律援助与公设辩护人制度的建构——以新〈刑事诉讼法〉第 34 条、第 267 条为中心》，《清华法学》2012 年第 3 期，第 33 页。

除，直到 1979 年才重新确立刑事辩护制度。1996 年《刑事诉讼法》修改后，我国的辩护制度在庭审阶段加强了其功能，但律师制度具有政治嵌入性的特征，带有"国家法律工作者"的身份印记。1996 年颁布的《律师法》明确规定律师是为社会提供法律服务的执业人员，2000 年则彻底将律师及律师事务所与国家脱钩，从此律师事务所成为纯粹的社会中介机构，以合伙制的方式存在，中国律师成为推动法治建设的重要力量。

2012 年通过的《刑事诉讼法修正案》，总结了 1996 年以来我国刑事诉讼的实践经验，将"尊重和保障人权"写入总则，共有 111 条有所修改，其中 26 条涉及辩护制度的完善。其主要从以下五个方面切入：一是进一步界定了辩护人的职责；二是明确了辩护律师的地位；三是完善了律师在诉讼中的权利，在会见、阅卷、调查取证等方面实现了《刑事诉讼法》与《律师法》的有效衔接；四是完善了律师辩护权利的救济机制；五是规定了司法机关告知辩护的义务。

三、我国审辩关系之问题检视

虽然《刑事诉讼法》对辩护制度做了系统的修订，但对原有体制的路径依赖导致我国刑事司法理念转向人权保障、程序主义和形式合理性的过程异常艰难，存在诸多困境。在司法实践中，为数不少的刑事案件没有辩护律师参与，即便拥有辩护律师，要么是法律援助案件，整体质量不高，要么是聘请社会律师，受现有庭审方式所限，难以对裁判产生实质影响。"以审判为中心"的改革动向需要辩护意见发挥实质作用，从而与控方意见形成对抗，这样有利于真相的发现。因此，应当首先转变理念，从排斥辩护参与，转向正确认识辩护意见。

（一）正确辩护理念之缺失

我国辩护理念的转变需要与司法改革步伐相适应，发挥辩护的实质作用，需要在"质"和"量"上加以保障。所谓"质"的提升，首先是辩护律师应当具备在实体辩护与程序辩护中切换、在审前辩护与法庭辩护中延续、在消极辩护与积极辩护中游走的技巧和策略，表现出说服法官的艺术；其次是应当为辩护行为提供制度支撑，包括减少对辩护律师的制度限制，以及相关程序的平台建构，如庭审中保障证人出庭、规范交叉询问，为辩护技巧与策略的施展提供可能。而"量"的增加，则有赖于刑事法律援助制度的发展，2012 年修正的《刑事诉讼法》对法律援助制度进行了大幅度修改，将提供法律援助的诉讼阶段提前至侦查阶段，法律援助的范围扩大至尚未完全丧失辨认或控制自己行为能力的精神病人和可能判处无期徒刑的人[①]，但刑事法律援助案件数量的增长幅度，与修法力度、学者预估相比，前进的步伐仍显迟缓[②]，需要进一步扩大范围、增加经费、强化质量控制。

（二）辩护权之实质虚化

我国的刑事诉讼总体上采职权主义模式，主要由司法机关通过纠问推进刑事司法进程，公检法在整个过程中处于积极主动的地位。在该过程中，公诉权有整个国家的实力作为支撑，而辩护权则处于相对劣势的地位。而我国的审前程序更是一种行政化的运作程序，法院无权介入，犯罪嫌疑人没有被赋予均衡的对抗性权利。

（三）辩护律师抗争之偏激

在信息社会中，辩护律师则往往借助新媒体，向社会发布关于案件的信息，将司法聚焦于社会的关注之下，这也是我国刑事辩护律师维护被告人合法权益的蹊径。然而，通过借助社会向司法机关施加压力的做法必然导致审辩关系的恶化，刑辩律师的整体生存空间也会因此变得更加狭窄。

（四）刑事辩护之困局凸显

我国目前的刑事诉讼辩护陷入怪圈：一方面，律师数量多，但能够提供有效辩护的律师少；另一方面，辩护律师的需求强劲，但出庭辩护率不高。其根本原因在于刑事辩护律师的动力不足，前者是当事人无力按照市

---

① 参见 2012 年版《刑事诉讼法》第三十四条、第二百六十七条。
② 顾永忠、陈效：《中国刑事法律援助制度发展研究报告（1949—2011）》，见顾永忠主编《刑事法律援助的中国实践与国际视野》，北京大学出版社 2013 年版，第 27 页。

场规则支付相应的报酬；后者在于外部环境恶劣，职业满足感、荣誉感低。[1] 刑事辩护是专业性与技术性较强的工作，当今律师群体在对抗制诉讼模式下，产生了"法律技术员"的职业伦理观，竞争压力下商业化的雇佣模式，使得律师职业和商业之间的界限日益模糊，技术性的职业主义盛行。[2]

四、审辩关系之完善

辩护权和审判权的良性互动，是审辩关系完善之要义，双方制约和合作是实现刑事司法公正、走向刑事法治的关键。刑事诉讼的进步史在一定程度上可以说是审辩互动的历史，审辩关系的完善形式有三个方面。

（一）充分保护当事人辩护权

审判中心主义的改革势必将增强庭审的对抗性，使得法庭成为控辩双方证据及意见交锋最为激烈的场所。作为中立公正的裁判者，法院应该确保控辩双方平等对抗，充分保障当事人的知情权、陈述权以及最为重要的辩护权。特别是在刑事诉讼中被告往往作为十分弱势的一方，其辩护的权利必须得到保障和维护，辩护权利的实现才真正意味着，我国刑事诉讼所规定的一系列体现司法民主性的原则和重要制度在庭审中得以最为集中、充分地体现和贯彻[3]。

（二）重构刑事司法诉讼构造

"以审判为中心"并不意味着在刑事审判中，辩控双方在法庭中处于弱势地位。欲达到审辩互动，必须要遵循控辩平等，不能片面地将控方作为公共利益的代表者，而将辩护人作为"讼棍"来对待。审判中心主义追求的是控审的分离，使控审分离和控审平衡共同构成了控、辩、审三方能分工协作的刑事司法之结构，正是立基于这种结构，控、辩、审三方才能按照自己的意愿各自独立追求自己的目标，从而有利于案件事实真相的发现

---

① 冀祥德：《刑事辩护准入制度与有效辩护及普遍辩护》，《清华法学》2012 年第 4 期，第 123 页。
② 李学尧：《法律职业主义》，中国政法大学出版社 2007 年版，第 137—157 页。
③ 陈光中、步洋洋：《审判中心与相关诉讼制度改革初探》，《政法论坛》2015 年第 3 期，第 122 页。

和法律适用的准确，从而实现司法的公正。

（三）完善辩护律师执业制度

我国律师辩护环境较为复杂，一方面是刑事辩护律师团队鱼龙混杂；另一方面辩护律师面临的职业困境亟须改善。第一，我国应结合中国的实践分步骤、分层次构建刑事辩护准入制度，并且要辅之以管理、惩戒和退出机制，对其进行优胜劣汰，实现有效辩护[①]；第二，建立能够反映市场供求规律、有利于律师行业良性发展的收费制度；第三，我国应该建立刑事辩护律师的豁免制度，刑事辩护律师的人身权利和人身自由不受侵犯，在刑事诉讼中发表的言论不受法律追究；第四，我国应该构建辩护权的程序性制裁制度，被告人和刑事辩护律师可以对违反刑事司法程序的审判从程序方面提出上诉。

第四节 审 监 关 系

一、审监关系之基本理论

"以审判为中心"并不是意味着审判权不受监督。审判权的本质是裁决权，它是社会正义的最后一道防线，直接关系到公民的合法权益和司法的公正，其作为权力同样具有恣意的可能。在法理上，审判权应该保持独立，但权力的内在矛盾性和各方利益的冲突性也可能会导致权力的滥用，故而审判权必须接受监督。

审判监督权因审判权而产生，其目的在于促使审判权在法律范围内行使，维护法律秩序。按照阶段划分，对审判权的监督分为审前监督、审中监督以及审后监督，前两者主要是程序性制约，是一种预防性措施；而审后监督则基本上由监督者提起，监督权对审判权进行制约，审判权对监督权具有终局评判的权力。以监督方式为标准，审判监督制度又可分为诉讼监督、审级监督、外在监督等方式。

---

① 冀祥德：《刑事辩护准入制度与有效辩护及普遍辩护》，《清华法学》2012 年第 4 期，第 126 页。

二、我国审监关系制度之概述

我国《宪法》第一百三十一条规定："人民法院依照法律规定独立行使审判权，不受行政机关、社会团体和个人的干涉。"人民法院行使审判权的过程不受干涉，但人民法院行使审判权的独立是相对的，它必须要接受人民代表大会、检察院以及上级人民法院的监督。

我国的审判监督制度主要包括内部监督和外部监督，内部监督主要有两方面：其一，审判法院内部的监督，涵盖法院党组监督、各业务部门之间的流程监督、审委会的监督，院长、副院长和业务庭长的监督，监察部门的监督；其二，审级监督，指上级人民法院通过二审对一审的法律适用和程序进行审理，当发现违法情况时改判或发回重审，或提起再审抗诉的制度。在我国一元化的领导体制下，体制内的内生型监督发挥主导作用。外部监督主要是指检察院的监督，公诉与抗诉是其监督的主要方式。

三、我国审监关系之问题检视

（一）审监关系中监督不力

审判的内容，是判定当事人的实体权益及重大程序争议问题，即被告人刑事责任的有无轻重及涉及被告人基本权利的程序性争议等问题，而认定事实和适用法律是作出各种裁决的关键。刑事诉讼由多个阶段和环节构成，审判之所以能成为中心，很大程度上是由其解决问题的重要性决定的。无论是实体性裁判还是程序性裁判，解决的都是关涉被告人权益的重大问题，必须认真对待，在明晰事实和证据的基础上正确适用法律。但是，在司法实践中我们可以看到检察院在侦查监督上的疲软和无力，在审判中心主义之下，检察院出庭的任务和压力已经越来越大，但还要对法庭的行政、民事、刑事诉讼进行全方位的监督，而且检察院还需完善申诉控告机制，为诉讼当事人提供范围更广泛、手段更多元、效力更明确的救济，由此产生了审监关系上监督不力的问题。[1]

---

① 闵春雷：《以审判为中心：内涵解读及实现路径》，《法律科学（西北政法大学学报）》2015 年第 3 期，第 36 页。

（二）审监双方之复合依赖

复合依赖主要是指审监之间形成一种整体性的相互依赖的境况，双方的政绩考核和业务完成均受对方行为的影响，在这种情况下，外部的影响会逐渐被内部的影响所消解，造成外部的监督不能，最终损害的是整体的司法公正和被告人的合法权益。复合依赖形成的原因主要是法院和检察院内部的行政化管理。比如，检察院受制于无罪判决的控制，法官一般准许其撤诉以减少无罪判决，法官不只是顾忌到检察官的考核，而且也因为法官知道检察官对自己的抗诉会影响到自己的考核。这一举措原本是为了推进司法公正，规范法官的行为，但在实践中却导致法院采取各种手段对此予以规避。

（三）法院内部监管监督弱化

我国法院由于判决的集体化和法官的等级化，法院内部的监督形同虚设，在实际司法管理过程中，疑难复杂案件多由院长主持的审判委员会通过，法院院长及审判委员会对合议庭的监督效果可想而知。此外，我国实行两审终审制，由于上下级法院之间关系的行政化和官僚化，上级法院会对下级法院尚未审结的案件"提前介入"作指示、下指令，导致上诉机制和二审的实效大打折扣，这亦违背了上下级法院的审级独立原则。

（四）审判监督权与公诉权混淆

监督理论与诉权理论二者间存在一定的冲突，根据诉权理论可以解决的问题，如果依监督权理论论证则会造成理论与实践的混乱，也会造成法律关系的紊乱。《宪法》第一百三十四条将人民检察院定位为法律监督机关，《刑事诉讼法》亦规定人民检察院对刑事诉讼活动实行法律监督，这意味着检察机关的监督从立案程序到执行程序，贯穿于整个诉讼过程中。但是《刑事诉讼法》所确立的控辩式庭审结构，与检察院职能的双重性和审判中立、控审分离、控辩平等的诉讼模式并不兼容，检察机关由此陷入角色上的困境。

四、我国审监关系之完善

（一）促进审判监督的诉讼化

厘清上下级司法机关的监督权力关系，需要我们明确案件请示制度的内核，使下级法院在面对复杂案情时，敢于下判，真正发挥初审法院的功效，保障当事人的诉讼权益。上级法院也不应再动辄"提前介入"或"挂牌督办"，而应通过上诉审或再审程序，依法进行二审判决和再审监督，从机制上保证法律的统一适用，保障被追诉人的权益。为了保障下级法院敢于判决，有必要对司法系统普遍施行的量化考评机制进行"纠偏"，考核应当针对司法人员主观上的恶意而造成侵害公民权益的行为，而非主观过错所产生的判断失误与认识差异不应该成为被监督的对象。

（二）建立检察机关之二元化领导

对于检察权来说，法是目标，贯彻和实施法的目的是检察机关的根本任务。[1]检察机关的职权主要有侦查、起诉和监督等，可以依权力性质的不同对其领导方式进行二元化的制度配置：侦查权是基础性权力，具有浓厚的行政权色彩，可以在其中发挥检察机关的整体功能；而起诉权、批捕权和监督权则因为其裁判色彩较浓，其中裁量权较大，只要未超越职权、滥用职权，就不能作为错案处理，对其领导应另行设置一套制度，使上下级机关之间权责分明，不能由上级检察院决定下级检察机关行为之正确与否。

（三）构建合国情之最优司法独立度

任何制度的有效性均取决于其周围的社会、经济、政治环境，即制度的互补性。在当前中国的情境下，社会结构、制度与文化等还无从支持现代司法体系，所面临的国际环境以及内政任务难以包容司法独立的宪政制度建立，相关的社会意识和整体制度结构还没有生根发芽。[2]然而，法律规则和法律体系的生命力需要法官理解和解释才能延续，政策的延续性和

---

① 林钰雄：《检察官论》，法律出版社 2008 年版，第 67 页。
② 贺卫方：《中国的法院改革和司法独立——一个参与者的观察与反思》，《浙江社会科学》2003 年第 2 期，第 84 页。

实效性需要司法独立，这是"以审判为中心"的前提基础，也是实现司法公正的必然趋势。法官需要在这个过程中处理立法者、法律文本、社会情势和案件事实之间的复杂关系，在每一次规则运用中协调规则与法律价值的关系。①司法独立作为一种手段，其旨在于实现司法体系绩效的最优化。司法公正与司法独立不是一个非此即彼的概念，关键是要依照本国的国情建立最优的司法独立度。②

（四）完善司法系统之顶层设计

刑事司法体制改革已成为共识，然而改革必须要考虑体制中单位的理性选择与制度目标的激励兼容，即遵守法律成为行动者的理性选择。基于此，司法体制改革必须走均衡和竞争的进路。首先，均衡是指公检法三机关所拥有的权力和职能相互均衡，三机关内部总体均衡，以及司法机关和被追认权利之间的相对均衡。司法机关结构上的权力均衡，往往通过权力功能上的均衡体现出来，而权力功能上的均衡，则必然兑换为社会心态的平衡。③其次，目前我国的刑事司法样态是公民与司法机关甚至国家之间的抗争性司法，个人无法同国家博弈，只有将其转为竞争性的司法才使得公检法三机关各自向中央、地方和社会负责，各自为获得自身的权威和地位而执行法律，形成一种差序的竞争格局，否则刑事被追诉人人权保障将再次成为空中楼阁。其中，均衡是前提，而竞争是核心。

---

① 陈金钊：《实质法治思维路径的风险及其矫正》，《清华法学》2012 年第 4 期，第 80 页。

② 康娜：《论我国国情下的最优司法独立度：一个制度经济学的视角》，《清华法学》2012 年第 3 期，第 129 页。

③ 江国华：《权力秩序论》，《时代法学》2007 年第 2 期，第 28 页。

第三章
中国司法权运行实证研究

　　司法运行是一个动态过程，由一系列相互衔接且各自独立的程序组成。我国双核司法的运行是审判机关和检察机关行使司法权的表现形式，它与西方一元司法模式的运行有着很大差别。在三权分立的语境下，司法与诉讼同义，司法的运行就是审判权的行使。而我国一元多分的宪制框架，决定了审检并行的司法样态；决定了司法除诉讼外还包括诉讼监督和与之相关的非诉讼活动；决定了司法的运行是审判权与检察权的分别行使。通过二者的监督制约与协调配合，共同实现维护社会公平正义的司法使命。

　　司法权运行是一个动态过程，由一系列相互衔接且各自独立的程序组成。它主要包括刑事诉讼、民事诉讼、行政诉讼中的司法权运行、执行程序中的司法权运行与法律监督程序中的司法权运行等问题。就权力分类角度而言，司法权运行可分为审判权运行、检察权运行、执行权运行与司法行政权运行等方面。[①]本章拟以不同程序中的司法权运行为视角，对中国

---

① 基于政法传统，我国宪法当中并不存在司法权的直接表述。在1954年宪法草案中，曾明确中华人民共和国的司法权由最高人民法院、地方各级人民法院和依法设立的专门法院行使。最高人民法院和地方各级人民法院的组织由法律规定。由于当时的争论意见认为"权"的表述容易模糊法院与权力机关的边界，使得多数人支持采用"审判机关"的表述。（韩大元：《1954年宪法与新中国宪政》（第2版），武汉大学出版社2008年版，第152—158页。）

司法权运行之状况作一定的考察。

第一节　中国刑事司法权之运行状况

在公检法三机关分工负责，互相配合、互相制约的前提下，刑事司法的运行除自诉案件和简易程序外，一般情形下要经过侦查、起诉、一审、二审、刑罚执行等五个环节。在当事人申诉、检察机关抗诉和上级法院指令等情形下，作出生效判决后可以启动再审。在刑事诉讼的诸多环节中，侦查、起诉为审前程序；一审、二审为审判程序，再审为特殊审判程序也称救济程序；刑罚执行为审后程序。根据刑事案件的繁简、危害程度和涉嫌犯罪主体的不同等，刑事司法的运行方式可分为以下三种。

一、刑事侦查权之运行

（一）刑事侦查权之配置

刑事侦查权是一种国家权力，从属于国家刑罚权。刑罚权的暴力强制品质和"斗争、打击、惩罚"的基本功能，在侦查权中得到了集中、鲜明的体现。刑事侦查权就是以暴力强制为后盾的国家对犯罪事实经行调查的权利，一般来说，侦查权是国家公权力，属于国家所有。侦查权有自身的功能、目标和价值尺度，自由与人权，安全与秩序，都是侦查权的目的，不过刑事侦查权的自然本性决定了安全与秩序更具有内在性和优先性意义。经过长期的发展、变革，刑事侦查权的内在性质和外在形象都发生了巨大变化，而所有这些变化，归结起来，最重要的莫过于刑事侦查对象经历了被客体化和转向主体性回归的辩证过程。侦查权是国家刑事司法权力的重要组成部分，其运行状况是刑事诉讼活动能否顺利推进的关键。侦查权的合理运作可以协助法官明晰案件真相、确定犯罪嫌疑人，维护社会正义与国家安全。同时，侦查权的运行往往与公民的权利和自由息息相关，滥用侦查权会导致对基本人权的严重侵犯，造成司法不公，影响司法公信力。[①]

---

① 卞建林、张可：《侦查权运行规律初探》，《中国刑事法杂志》2017 年第 1 期，第 27 页。

根据我国法律规定，享有侦查权的机构包括各级公安机关、国家安全机关、人民检察院、监狱、军队保卫部门以及海关走私犯罪侦查机关。另外，人民法院在案件的审理过程中也享有一定的调查权，其行使基本上具有与法定侦查权同等的效力，可以视为一种准侦查权。依据 2012 年版《刑事诉讼法》第一百零六条第一款："'侦查'是指公安机关、人民检察院在办理案件过程中，依照法律进行的专门调查工作和有关的强制性措施。"刑事侦查的目的在于揭露犯罪、证实犯罪、查获犯罪嫌疑人、查明案件真实情况。因此，侦查的第一个目标就是寻找被告人或确定犯罪嫌疑人。在犯罪嫌疑人、被告人确定之后，法庭审判尚需证据证明犯罪行为系该被告人所为。因此，侦查的第二个目标就是搜集、保全证据。为顺利实现以上侦查目标，《刑事诉讼法》赋予侦查机关八种侦查措施，分别是讯问犯罪嫌疑人，询问证人，勘验、检查，搜查，查封、查封、扣押物证、书证，鉴定，技术侦查措施，通缉，以及拘传、取保候审、监视居住、拘留、逮捕等五种强制措施。

公安机关的侦查权在运行过程中涉及国家侦查权之公权力与被追诉人之私权利之激烈的冲突平衡问题，侦查权运行的不规范必然会侵害被追诉人的私权利。孟德斯鸠曾说过："从事物的性质来说，要防止滥用权力，就必须以权力制约权力。"[1]在中国现有"侦查中心主义"的超职权诉讼构造下，必须对侦查权的运行加以规范化制约才能使其运行具有正当化基础，最终达到惩罚犯罪与保障人权的理性平衡状态。我国公安机关办理刑事案件，进行刑事诉讼，行使刑事司法职权，基本上都是围绕着侦查权的行使开展的。《刑事诉讼法》第三条对公安机关在刑事侦查阶段的权力分工作出规定："对刑事案件的侦查、拘留、执行逮捕、预审，由公安机关负责。……除法律特别规定的以外，其他任何机关、团体和个人都无权行使这些权力。"可见，在我国侦查权体系中，公安机关是最主要的侦查权主体。除此之外，检察机关只对部分特殊案件（主要是职务犯罪）享有侦查权，国家安全机关、军队保卫部门、监狱等也仅仅对与自身职责相关的特殊案件享有侦查权。[2]

---

① 〔法〕孟德斯鸠：《论法的精神》（上），张雁深译，商务印书馆 1978 年版，第 154 页。

② 柯良栋：《优化侦查权配置的几点思考》，《法制日报》2008 年 6 月 23 日第 12 版；陈永生：《刑事诉讼法再修改必须突破的理论误区——与柯良栋先生〈修改刑事诉讼法必须重视的问题〉一文商榷》，《政法论坛》2008 年第 4 期，第 106—127 页。

对于公安机关侦查的案件，公安机关不仅有案件的立案权、撤销权，还有权自行决定除逮捕以外的侦查措施，除享有传唤权、对犯罪嫌疑人讯问权、对证人被害人询问权、勘验权、搜查权、检查权、扣押物证书证权、通缉权、鉴定权、技术侦查权等，还可以对犯罪嫌疑人及被告人采取拘传、取保候审、监视居住、拘留、逮捕等强制性措施，以限制或剥夺其人身自由，同时还可以采取法无明文规定的特殊秘密侦查手段，如侦查陷阱、监听等，权力范围非常广泛，自主裁量权也很大。[①]

检察机关的侦查权，是侦查权的下级定义。行使时除了拥有侦查权的一般属性外，还展现出独有的属性。检察机关的侦查权针对的是特定类型的犯罪，根据侦查权的概念与检察机关的法律监督地位，检察机关侦查权可以概括为国家检察机关及其工作人员为实现查清犯罪案件客观事实的目的，按照刑事诉讼法等有关法律规定，运用特定的侦查技术手段开展侦查活动的国家权力。检察机关的侦查权属于国家公权力，相对于私权利而言其行使时具有确定力、强制力和执行力，公权力的运行必须恪守"法无授权则禁止"的原则，检察机关行使权利时要严格遵守国家法律的相关规定，保证侦查权的合法、有效行使。我国刑事诉讼法规定，检察机关的性质是国家的法律监督机关，通过参与刑事、民事、行政诉讼活动，依法对相关机关及其工作人员行为的合法性进行监督，还和公安机关、国家安全机关、监狱及军队一起分享了特定类型案件侦查权。检察机关不仅直接享有对职务犯罪的侦查权，还通过对其他相关侦查机关所办理的刑事案件行使批准逮捕、审查起诉和监督过程中行使了部分侦查权。

（二）刑事侦查权之运行规律

在我国的刑事司法实践中，"侦查中心主义"长期占据主导地位。"重实体而轻程序"的做法使得我国侦查权的运行常常缺少必要的制约，侦查权的运行方式也日显落后，程序正义与实体正义均得不到有效的保证，侦查制度面临改革与完善。习近平同志在中共中央政治局关于深化司法体制改革、保证司法公正第二十一次集体学习中提到，深化司法体制改革，要

---

① 陈兴良：《限权与分权：刑事法治视野中的警察权》，《法律科学（西北政法学院学报）》2002 年第 1 期，第 55 页。

遵循司法活动的客观规律，坚持符合国情与遵循司法规律相结合。作为司法改革的重要一环，侦查制度的改革也必然要回归刑事司法规律，具体而言就是要求侦查权的运行必须遵循和符合自身的运行规律。

刑事侦查权作为刑事司法权的重要组成部分，既要遵循刑事司法的一般规律外，又不能忽视其具有自身特色的内生性规律。[①]前者是指侦查权的运行要坚持程序正义和人权保障的运行规律，这也是其他刑事权力的运行规律。后者是指在尊重个性的基础上，发挥出刑事侦查权的注重效率、具有主动性等特殊规律。[②]

刑事侦查权必须依法运行方能成为权力，无用或者搁置不用的权力，算不上权力。刑事侦查权的运行与侦查程序的运行直接紧密地联系着，运行侦查程序的过程就是行使侦查权力的过程，但二者差异明显，权力动用主要侧重于权力主体使用权力的规律和规则，侦查程序侧重于案件侦查的技术操作步骤。运行侦查权力，在国家的法律生活中，是时时刻刻都发生着的事情，也是随时随地都应该保持警惕的事情。侦查权的直接暴力性，要求动用的理由充足、方式合法、限度合理，不被滥用。

二、刑事检察权之运行

我国《宪法》规定，中华人民共和国人民检察院是国家的法律监督机关。[③]1986年版《人民检察院组织法》第五条规定："各级人民检察院行使下列职权：（一）对于叛国案、分裂国家案以及严重破坏国家的政策、法律、法令、政令统一实施的重大犯罪案件，行使检察权。（二）对于直接受理的刑事案件，进行侦查。（三）对于公安机关侦查的案件，进行审查，决定是否逮捕、起诉或者免予起诉；对于公安机关的侦查活动是否合法，实行监督。（四）对于刑事案件提起公诉，支持公诉；对于人民法院的审判活动是否合法，实行监督。（五）对于刑事案件判决、裁定的执行和监狱、看守所、劳动改造机关的活动是否合法，实行监督。"从以上规定可以看出，刑事检察权由人民检察院行使，检察权本身是一种复合性权利，它包括自侦权、

---

① 吴英姿：《论司法认同：危机与重建》，《中国法学》2016年第3期，第188页。
② 王德光：《侦查权原理》，中国检察出版社2010年版，第6—14页。
③ 《宪法》第一百三十四条规定："中华人民共和国人民检察院是国家的法律监督机关。"

批捕权、起诉权、法律监督权等。检察机关从法律监督的角度，其所行使的职务犯罪侦查权、公诉权、诉讼监督权和执行监督权。[①]法学家樊崇义认为，检察权可以分为两类：一类是追诉权，包括侦查和公诉；另一类是诉讼监督权，包括立案监督、侦查监督、审判监督、执行监督等。检察权的运行是检察机关依法行使权力的动态反应，检察权依法、公正、高效、权威的行使，具有重要的理论和现实意义。我国宪法规定了检察机关法律监督的地位，刑事诉讼法等法律详细规定了检察机关如何正确行使检察权，这就决定了检察权在运行过程中的基本原则。[②]

（一）人民检察院对直接受理的案件之侦查

人民检察院对直接受理的案件的侦查，是指人民检察院对自己受理的案件，依法进行的专门调查工作和有关的强制性措施。法律赋予了检察院侦查职务犯罪和对审查起诉的刑事案件自行侦查的权力，也赋予了自行侦查的职责，因此检察院在办理公诉案件的同时，也办理自侦案件。

1. 人民检察院之侦查权限

根据《刑事诉讼法》第一百六十三条的规定，人民检察院直接受理的案件中符合本法第七十九条、第八十条第四项、第五项规定的情形，需要逮捕、拘留犯罪嫌疑人的，由人民检察院作出决定，由公安机关执行。根据《刑事诉讼法》第一百六十四条的规定，人民检察院对直接受理案件中被拘留的人，应当在拘留后的二十四小时以内进行讯问。在发现不应当拘留的时候，必须立即释放，发给释放证明。对需要逮捕而证据不足的，可以取保候审或监视居住。为了提高侦查工作的效率，防止以拘代侦等违反法律规定的情形出现，《刑事诉讼法》第一百六十五条明确规定，人民检察院对直接受理的案件中被拘留的人，认为需要逮捕的，应当在十四日以内作出决定。在特殊情况下，决定逮捕的时间可以延长一日至三日。对不需要逮捕的，应当立即释放；对需要继续侦查，并且符合取保候审、监视居住条件的，依法取保候审或者监视居住。

---

① 韩大元：《宪法文本与检察机关的宪法地位》，《法学》2007 年第 9 期，第 115 页。
② 樊崇义：《法律监督职能哲理论纲》，《人民检察》2010 年第 1 期，第 17 页。

2. 侦查终结之处理

《刑事诉讼法》第一百六十六条规定："人民检察院侦查终结的案件，应当作出提起公诉、不起诉或者撤销案件的决定。"可见，人民检察院对侦查终结的案件分别有三种不同的处理方式：提起公诉、不起诉和撤销案件。根据最高人民检察院《人民检察院刑事诉讼规则（试行）》第二百八十六条、第二百八十七条、第二百九十四条的规定，人民检察院侦查终结的案件，对于符合提起公诉或不起诉条件的案件，由侦查部门制作起诉意见书或不起诉意见书，连同其他案卷材料一并移送审查起诉部门，由审查起诉部门进行审查，再根据审查起诉的程序，作出提起公诉或不起诉的决定；如果侦查终结，应当撤销案件的，侦查部门应当制作撤销案件意见书，报经检察长或检察委员会讨论决定后撤销案件。人民检察院撤销案件的决定，应当分别送达犯罪嫌疑人所在单位和犯罪嫌疑人。犯罪嫌疑人死亡的，应当送达犯罪嫌疑人原所在单位。如果犯罪嫌疑人在押，应当制作决定释放通知书，通知公安机关依法释放。公安机关应当立即释放，并发给释放证明。[①]

（二）人民检察院之批捕权

人民检察院的批捕权即人民检察院对公安机关提请逮捕的批准，具体程序如下。

1）公安机关要求逮捕犯罪嫌疑人的时候，应当经县级以上公安机关负责人批准，制作提请批准逮捕书一式三份，连同案卷材料、证据，一并移送同级人民检察院审查。

2）检察机关在接到公安机关的报捕材料后，由审查逮捕部门指定办案人员进行审查。办案人员应当查阅案卷材料，制作阅卷笔录，提出批准或者不批准逮捕的意见，经部门负责人审核后，报请检察长批准或者决定；重大案件应当经检察委员会讨论决定。必要的时候，人民检察院可以派人参加公安机关对于重大案件的讨论。

3）对公安机关提请批准逮捕的犯罪嫌疑人已被拘留的，人民检察院应当在七日内作出是否批准逮捕的决定；未被拘留的，应当在接到提请批准

---

① 王建明、詹复亮：《论检察机关的检察机关侦查权》，见孙谦、郑成良《司法改革报告——中国的检察院、法院改革》，法律出版社2004年版，第100页。

逮捕书后的十五日以内作出是否批准逮捕的决定，重大、复杂的案件不得超过二十日。

4）检察机关经审查应当分别作出以下决定：①对于符合逮捕条件的，作出批准逮捕的决定，制作批准逮捕决定书；②对于不符合逮捕条件的，作出不批准逮捕的决定，制作不批准逮捕决定书，说明不批准逮捕的理由，需要补充侦查的，应当同时通知公安机关。

5）人民检察院办理审查逮捕案件，发现应当逮捕而公安机关未提请批准逮捕的犯罪嫌疑人的，应当建议公安机关提请批准逮捕。公安机关认为建议正确的，应当立即提请批准逮捕；认为建议不正确的，应当将不提请批准逮捕的理由通知人民检察院。如果公安机关不提请批准逮捕的理由不能成立的，人民检察院也可以直接作出逮捕决定，送达公安机关执行。

6）对于人民检察院批准逮捕的决定，公安机关应当立即执行，并且将执行回执在三日以内送达作出批准决定的人民检察院。如果未能执行，也应当将执行回执送达人民检察院，并写明未能执行的原因。如果公安机关发现逮捕不当，应当及时予以变更，并将变更的情况及原因在作出变更决定后三日内通知原批准逮捕的人民检察院。人民检察院认为变更不当的，应当通知作出变更决定的公安机关纠正。

7）对于不批准逮捕的，人民检察院应当说明理由，需要补充侦查的，应当同时通知公安机关。对于人民检察院决定不批准逮捕的，公安机关在收到不批准逮捕决定书后，应当立即释放在押的犯罪嫌疑人或者变更强制措施，并将执行回执在收到不批准逮捕决定书后的三日以内送达作出不批准逮捕决定的人民检察院。对于需要继续侦查，并且符合取保候审、监视居住条件的，依法取保候审或者监视居住。

8）公安机关对人民检察院不批准逮捕的决定，认为有错误的时候，可以向同级人民检察院要求复议，但是必须将被拘留的人立即释放。如果意见不被接受，可以向上一级人民检察院提请复核。上级人民检察院应当立即复核，作出是否变更的决定，通知下级人民检察院和公安机关执行。

审查逮捕具有补充侦查的功能。法律规定在审查批准逮捕时，检察机关不另行侦查，包括不对提请批准逮捕案件以外的罪行进行侦查、不对提请批准逮捕案件进行补充侦查以及不对提请批准逮捕案件重复侦查。①但是，检察院在办理审查逮捕案件时，如果发现应当逮捕而公安机关未提请批准逮捕的犯罪嫌疑人的，应当建议公安机关提请批准逮捕。如果公安机关仍不提请批准逮捕或者不提请批准逮捕的理由不能成立的，人民检察院也可以直接作出逮捕决定，送达公安机关执行。由此可见，对于侦查机关没有提请批准逮捕的犯罪嫌疑人，检察机关有直接决定逮捕的权力，而逮捕作为最严厉的一种强制措施，属于侦查活动的一部分。因此，当检察机关在直接决定逮捕犯罪嫌疑人时，其本质上就是对公安机关侦查的案件行使补充侦查权。在司法实践中，相关的考核标准强化了检察机关此种补充侦查的功能。如在检察系统考核核心数据中，"纠正漏捕犯罪嫌疑人"被作为审查逮捕的一项重要考核内容，如果在审查逮捕时，检察机关发现了应当逮捕而侦查机关没有提请批准逮捕的，此类案件将被评为质量最高的案件。

在检察机关定位为法律监督机关、法院独立性不足的语境下，赋予检察机关批捕权具有特殊意义，其使外界对刑事案件的非法干预变得更为困难，因为案件的决定权并非仅控制在法院手中，外部干预者不仅要有能力控制检察机关而且要有能力控制法院，这对于防止对批捕权行使的非法干预具有特别的必要性。②

（三）人民检察院之起诉权

人民检察院的起诉权也称公诉权。刑事公诉权的内容是指国家公诉机关对被怀疑有犯罪行为的嫌疑人进行审查，对于不需要或不应提起公诉的犯罪嫌疑人决定不起诉，认为犯罪嫌疑人符合一定条件且有必要进入审判程序时，决定向法院提起公诉。刑事公诉权的存在和运作就是国家意志进入刑事诉讼程序的具体表现。要想这种国家意志得到正确行使，刑事公诉权必须受到合理的制约。刑事诉讼由传统的仅注重被告人权利的保护向在保障被害人诉讼权利基础上实现被害人、被告人权利与国家利益的平衡转

---

① 孙谦：《〈人民检察院刑事诉讼规则（试行）〉理解与适用》，中国检察出版社 2012 年版，第 238 页。
② 印仕柏：《职务犯罪案件审查逮捕方式的审视与重构》，《中国刑事法杂志》2008 年第 11 期，第 89 页。

变。在这一过程中，公诉权作为国家权力起着举足轻重的作用。[①]

根据我国法律规定，在刑事诉讼中，除了人民法院直接受理的告诉才处理和其他不需要进行侦查的轻微的刑事案件外，其他案件均由人民检察院提出起诉。我国公诉权的主要内容包括：审查起诉；决定起诉或不起诉；提起公诉；派员出席法庭支持公诉。审查起诉，是指人民检察院在公诉阶段，为了确定经侦查终结的刑事案件是否应当提起公诉，而对侦查机关或对检察机关自行侦查部门确认的犯罪事实和证据、犯罪性质和罪名进行审查核实，并作出起诉或不起诉决定的一项诉讼活动。人民检察院提起公诉的案件，必须具备以下条件：①犯罪嫌疑人的犯罪事实已经查清；②证据确实、充分；③依法应当追究刑事责任。人民法院审判公诉案件，除适用简易程序案件以外，应当派员出席法庭支持公诉。

提起公诉，是指人民检察院代表国家要求人民法院审理指控的被告人的行为，以确定被告人刑事责任并予以刑事制裁的诉讼活动。就其诉讼程序而言，包括对公安机关移送的案件或者自侦终结的案件，从事实和法律上进行全面审查；根据审查情况依法分别作出起诉或不起诉的决定，并制作相应的法律文书；根据作出的决定，按照法律规定对案件作出程序上的移送和处理。提起公诉，作为特定的追诉方式，可以保证国家对犯罪行为的主动追诉权，国家通过刑事司法活动，实现打击犯罪，维护社会秩序的目的。作为一个独立的诉讼阶段，提起诉讼程序的正确进行，对整个刑事诉讼活动及其结果均具有重要意义。

（四）人民检察院之法律监督权

1. 刑事立案监督权之运行

刑事立案作为刑事诉讼法赋予相关有权机关的职责，该立案而不立案是有法不依执法不严，不依法履行职责的行为不仅损害法律的尊严和权威，而且使犯罪分子逍遥法外，不利于维护社会的稳定。从司法实践来看有案不立，有罪不究，以行政处罚、经济处罚、治安处罚代替刑事追究的现象还比较突出。与此同时，公民对于侦查机关的立案或者不立案，缺乏必要

---

① 谢小剑：《公诉权制约制度研究》，法律出版社 2009 年版，第 116 页。

的救济渠道，当事人尤其是被害人的合法诉求难以得到反映。因此，在立案还作为一个独立诉讼阶段予以强调的前提下，设置法律控制程序就显得尤为必要，以避免立案活动的随意性。在我国，由检察机关专门行使立案监督职权。

（1）刑事立案监督之范围

刑事立案监督的对象，包括公安机关的刑事立案活动和检察机关自身的刑事立案活动。《刑事诉讼法》第一百一十一条规定了对公安机关的立案监督，检察机关对自己的"立案监督"源于最高人民检察院发布的《人民检察院刑事诉讼规则（试行）》第一百八十四条的规定，目前属于检察机关内部的工作机制，其监督方法和程序有别于对公安机关的监督。

刑事立案监督分为两种：对该立而不立的案件和对不该立而立的案件进行监督。实践中，对于公安机关立案后又作行政处罚或者劳动教养等降格处理，其实质是把刑事案件作为非刑事案件处理，人民检察院认为应当追究犯罪嫌疑人刑事责任的，可以按照立案监督程序办理。《刑事诉讼法》第一百一十一条只规定了对公安机关应当立案而不立案的监督，在我国刑事诉讼法的制定过程中，立法者可能认为立案是侦查机关的职权，对已经立案的案件可以由人民检察院通过审查批捕、审查起诉或者人民法院通过判决等从结果上实现监督。因此，法律只需要对那些应当立案而由于种种原因而未立案的案件，明确规定由人民检察院实施监督。然而，如果说当立而不立是不作为，那么不该立而立则是乱作为或者滥作为，其危害甚至有甚于前者，同样需要进行监督。

值得注意的是，刑事立案监督是对立案程序的事后监督，侦查机关已经立案的案件，立而不侦、侦而不结的，是采取立案监督的程序还是启动侦查监督程序，目前存在争议。从阶段性来看，立而不侦、侦而不结属于侦查阶段，应当是侦查监督事项，但是从实质来看，这种做法是对已立案案件的消极对待。实践中，如果案件本身是监督立案的，那么可以将这种情形的监督纳入对立案监督的后续监督，属于刑事立案监督的范围。如果案件本身没有经过监督立案，那么只能开展侦查活动监督，这种矛盾本身也体现了立案监督与侦查活动监督之间并没有那么泾渭分明。

（2）刑事立案监督之途径

在立案监督环节，信息是最重要的因素之一，获得线索和信息是开展刑事立案监督的前提。在德国，检察官拥有对侦查程序的主导权和最终的决定权，刑事诉讼法中也明确规定了警察机关无迟延移交案件的责任。但是即便如此，警察机关也经常不及时向检察官报告自己正在处理案件的相关信息，因为警察机关不愿意放弃他们拥有的对于相关信息的掌控权。我国检察机关不具有对公安机关侦查的主导地位，刑事诉讼法也没有要求公安机关将立案情况不迟疑地报告给检察机关，因此检察机关获取立案监督线索的途径有限。目前，立案监督的案源过分依赖于控告、申诉和举报，或者在审查批捕、审查起诉案件中去发现。要拓宽立案监督的案源，关键还是要着眼于从源头上找方法，一方面可以通过建立刑事案件信息通报或者信息共享机制，使得公安机关的立案信息能够及时全面地反映到检察机关；另一方面也是更为重要的方面，要赋予案件当事人具有立案或者不立案的知情权以及告知当事人有要求立案监督的权利，唯有如此，才能对刑事案件的当事人进行充分救济。

（3）刑事立案监督之方法

目前开展立案监督的方法是：对于应当立案而不立案的案件，可以要求公安机关说明不立案理由，理由不成立的，通知公安机关立案。其原因在于对于法律规定应由公安机关立案侦查的案件，立案和侦查的决定权还在于公安机关，检察机关作为法律监督机关，不能代替其行使权力，但是通知立案本身具有一定的法律约束力。同时，要求说明不立案理由是通知立案的前置法律程序，只有经审查不立案理由不成立的，才能通知公安机关立案，这有利于全面细致了解立案监督事由和立案监督的必要性。对国家工作人员利用职权实施的其他重大犯罪案件，公安机关在通知立案后仍不予立案的，提请省级以上检察院批准直接立案侦查。对涉嫌受贿犯罪、渎职犯罪的，将线索移交反贪反渎部门，依法立案，追究其刑事责任。对于公安机关不当立而立的案件，2010年7月26日由最高人民检察院和公安部联合制定的《关于刑事立案监督有关问题的规定（试行）》中也已经设置了与不当立而立相同的监督手段，检察机关有要求公安机关说明立案理由和通知公安机关撤销案件的权力，基本形成了完备的刑事立案监督工作机制。

2. 侦查监督权之运行

根据《刑事诉讼法》的规定，侦查是指公安机关对已经立案的刑事案件所进行的收集、调取犯罪嫌疑人有罪或者无罪、罪轻或者罪重的证据材料的过程以及采取拘留、执行逮捕等强制措施。我国刑事诉讼法将"立案"单独规定，与侦查并列，因此在刑事诉讼法意义上，侦查监督是人民检察院对侦查机关的侦查活动是否依据有关法律规定进行的监督。

侦查是探求案件事实真相的国家调查活动，如果单纯追求侦查的目的，只求发现事实真相，那么不受控制的侦查是最有效率的，但是侦查在本质上是职权主义、实体真实发现主义的，侦查行为及其伴随的强制措施极有可能对一般公民的合法权益产生威胁和侵害。发现实体真实与保障个人基本人权之间的矛盾十分突出，从保护人权的角度出发，必须对侦查行为进行法律控制。同时，侦查作为一项国家权力，也必须要合乎宪法、法律规定，遵循正当程序。因此，对侦查活动进行监督体现了发现实体真实与保障人权相结合的刑事司法目的。我国的侦查活动监督在一定程度上依附于审查逮捕、审查起诉，同时又具有一定的独立性和主动性。审查批捕、审查起诉的基本任务是对犯罪事实、犯罪性质及罪名等方面进行认定，对于侦查机关的具体侦查活动是否依据有关法律规定也一并进行审查，从而发现侦查活动监督的线索。从专门性活动来说，审查逮捕、审查起诉本身不是侦查活动监督，但是检察机关通过办理案件的审查批捕和审查起诉，一方面通过阅卷、讯问犯罪嫌疑人或者介入侦查，可以直接接触案件信息，而这些信息，除法律有明确规定可以在某些时段对某些人（主要是律师）公开外，都是视为秘密的；另一方面可以通过审查，运用非法证据排除规则排除非法证据，因而可以通过不批捕、不起诉来否定侦查成果，检察机关开展侦查活动监督具有天然的优势。

我国刑事审前程序中，刑事诉讼法或者相关联合规定、内部工作规定都要求侦查机关所有的侦查活动必须履行相应的审批手续，依据有权机关签发的文件实施。但是，除逮捕之外，所有侦查活动包括采取强制性措施如拘留、搜查、扣押、冻结、窃听等均由侦查机关自己决定并依据自己签发的文件执行。侦查在性质上表现出很强的秘密性、果敢性和自主性，侦查机关整理案卷，筛选笔录材料，不会主动将重大违法行为记录体现在案卷中，使得通过审查案件，越来越难以发现侦查违法的线索。为了拓宽线索，除了审查逮捕、审查起诉过程中认真审查外，各地检察机关在监所检察、在群众的来信来访以及检察机关提前介入、引导侦查的过程中，也努力去发现侦查违法的线索，而且随着对当事人权利保障的重视，通过控告、检举、律师信等方式发现线索的途径大大拓宽。要顺利实现侦查活动监督，就必须要对侦查活动的情况能够及时知悉，但由于法律没有赋予检察机关直接指挥或者指导侦查权。因此，要在信息渠道上确保通畅，就要加大对当事人知悉权和控告申诉权的维护，确保犯罪嫌疑人可以向侦查机关和检察机关反应，同时要确保必须有反馈。目前检察机关发现线索之后，通过调查核实，发现存在违法行为的，可以视情况通过以下方法纠正：口头通知纠正违法、发纠正违法通知书、追究相关人员刑事责任。就发纠正违法通知书这一方式而言，侦查机关没有落实书面纠正意见的，实践中一般是报告上级检察机关，由上级检察机关商同级侦查机关督促下级侦查机关落实纠正意见。其问题在于一些所谓的纠正违法对已经决定的强制措施或者已经取得的证据不会产生实质影响，除非刑讯逼供或者特别严重的侦查违法。因此，对于侦查机关的这些侦查活动，需要借鉴国外对人对物强制措施采取司法审查的做法，建立有中国特色的审查制度，唯其如此，才能建立起对侦查权的动态司法监督体制，防止侦查权的恣意与滥用，保障公民自由。

3. 审判监督权之运行

刑事审判监督是指人民检察院依法对人民法院的刑事审判活动是否合法以及所作的判决、裁定是否正确进行诉讼监督，从而确保刑事法律统一正确实施的活动。开展刑事审判监督应当坚持以事实为依据，严格依照法律法规①和司法解释的要求开展监督，维护司法公正，保障国家法律正确统一实施。在独立行使审判监督权的基础上，将依法履行审判监督职责与诉讼经济相结合、维护审判权威与促进司法公正相结合。监督中要贯彻"慎重、准确、及时"的监督方针。按照《刑事诉讼法》和检察系统的内部工作分工，刑事审判监督的范围包括对刑事裁判的监督、

---

① 本书中所涉及《人民法院组织法》，除文中另行注明年份的，其余均采用的是 2006 年 10 月修订版。

刑事审判活动的监督。

（1）刑事公诉之审判监督

表 3-1 显示，刑事审判监督五年运行中，对认为确有错误的刑事判决、裁定、检察机关按二审程序和审判监督程序共提出抗诉 942 件，年均增幅为 10.6%；对刑事审判活动中的违法情况，提出纠正意见 1692 件次，年均增幅为 50%；已纠正 1538 件次，年均增幅为 60.2%，这体现了刑事诉讼在维护刑事司法公正中的制度价值。

表 3-1 中部 H 省刑事审判监督运行状况

年份	二审（件）			再审（件）			书面提出审判活动违法（件次）	已纠正（件次）
	抗诉	撤诉	改判	抗诉	撤诉	改判		
2007	131	9	37	14	0	3	160	130
2008	127	1	40	17	0	2	188	173
2009	180	7	68	46	0	1	214	178
2010	195	12	51	39	3	4	599	567
2011	165	9	44	28	0	9	531	490

公诉部门的刑事审判监督职责，是指公诉部门负责出席公诉案件第一审、第二审和再审法庭，代表国家履行公诉职责，并对审判活动是否合法实行监督；监督并审查人民法院的刑事判决、裁定，对确有错误的判决、裁定提出监督或抗诉意见；对人民法院死刑复核和执行死刑活动实行监督；对人民法院在刑事审判活动中存在的违法违纪行为提出检察建议和纠正意见，发现确有犯罪行为的，移送给相关部门予以查办。

其一，公诉部门对刑事判决、裁定的监督。公诉部门承办人认为同级人民法院的判决、裁定有下列九种情形之一的，应当提出抗诉或提请抗诉及纠正意见，公诉部门负责人审核抗诉意见后，报检察长或检察委员会决定：①认定事实不清、证据不足的；②有确实、充分证据证明有罪而判无罪，或者无罪判有罪的；③重罪轻判，轻罪重判，适用刑罚明显不当的；④认定罪名不正确，一罪判数罪、数罪判一罪，影响量刑或者造成严重的社会影响的；⑤判决、裁定认定事实或适用法律错误，虽然未致量刑畸轻畸重，但社会影响恶劣的；⑥重要事实、法定情节认定错误而导致错误裁判，或者因判决、裁定认定犯罪性质错误可能对司法实践产生不良效应的；

⑦免除刑事处罚或者适用缓刑错误的；⑧人民法院在审理过程中严重违反法律规定的诉讼程序的；⑨对人民检察院提出的附带民事诉讼部分所作判决、裁定明显不当的。

其二，公诉部门对刑事审判活动的监督。公诉人员代表人民检察院对法庭的审判活动是否合法进行监督，发现和纠正以下违法行为：①人民法院对刑事案件的受理违反管辖规定的；②人民法院审理刑事案件违反法定审理和送达期限的；③法庭组成人员不符合法律规定的；④法庭审理刑事案件违反法定程序的；⑤侵犯当事人及其他诉讼参与人的诉讼权利和其他合法权利的；⑥法庭审理时对有关程序问题所作的决定违反法律规定的；⑦其他违反法律规定的审理程序的行为。对法庭审理案件中有无违反法律规定的诉讼程序的情况记明笔录。出席法庭的检察人员发现法庭审判过程中有违反法律规定的诉讼程序，或侵犯诉讼参与人合法权益的情形，可能影响公正审理的，应当记明笔录，并建议休庭。休庭后应当立即向本院检察长报告，建议向人民法院提出纠正意见。

（2）监所检察之审判监督

监所检察的审判监督职责，是指监所检察部门对人民法院审理、裁定减刑、假释是否合法实施法律监督；对被告人在押案件的审理期限是否合法实行监督；对决定暂予监外执行及其交付执行活动是否合法进行监督；对罪犯、劳教人员犯罪案件审查起诉和出庭支持公诉，对人民法院审判活动是否合法实施法律监督。

根据表 3-2，中部 H 省刑罚执行监督五年运行中，检察机关共发现违法超期羁押 183 人，对减刑、假释、暂予监外执行不当提出纠正 5922 人次，对监管改造场所的违法情况提出纠正 15 346 人次，从而有效保障了被监管人员的合法性，维护了监管场所管理秩序。

表 3-2　中部 H 省刑罚执行监督运行状况

年份	发现羁押超期（人）	减刑、假释、暂予监外执行不当（人次）		监管改造场所违法（人次）	
		书面提出纠正违法	已纠正	书面提出纠正违法	已纠正
2007	6	822	699	1728	1322
2008	48	952	739	3459	3216
2009	87	1916	1804	7572	7304

年份	发现羁押超期（人）	减刑、假释、暂予监外执行不当（人次）		监管改造场所违法（人次）	
		书面提出纠正违法	已纠正	书面提出纠正违法	已纠正
2010	25	1043	1046	1626	1579
2011	17	1189	1144	961	909

其一，监所检察对审理期限的监督。发现同级侦查审判机关超期羁押或超期审理的，应立即报经本院检察长批准，向办案机关发出纠正违法通知书；发现上级办案机关超期羁押的，及时层报上级办案机关的同级人民检察院；发出纠正违法通知书后五日内，办案机关未回复意见或者仍然超期羁押的，报告上一级人民检察院处理。

其二，监所检察对减刑、假释的监督。监所检察部门收到同级人民法院减刑、假释裁定书副本后，应在二十日内进行审查，发现不当的，依法提出纠正意见并督促纠正。超过二十日发现人民法院减刑、假释裁定不当的，或者认为再次裁定减刑、假释仍然不当的，应当报以检察长批准或者检察委员会决定，向作出裁定的人民法院提出纠正意见，提起人民法院另行组成合议庭重新审理。下级人民检察院监所检察部门发现人民法院未向本级检察机关送达减刑、假释裁定书的，应向上级检察院报告，上级检察院应及时与同级人民法院联系，监督人民法院送达。

其三，监所检察对暂予监外执行的监督。监所检察部门收到同级人民法院暂予监外执行决定书副本后，应当在三十日内审查完毕，发现决定暂予监外执行不当或人民法院未将暂予监外执行决定书送达罪犯户籍所在地公安机关的，应在三十日内将书面意见送交决定机关并督促纠正。对超过规定期限以后，监所检察部门发现暂予监外执行决定不当的，由作出暂予监外执行决定的同级人民检察院向决定机关提出书面纠正意见。对人民法院采取听证或者庭审方式审理减刑、假释案件的，同级人民检察院应当派员参加，发表检察意见并对听证或者庭审过程是否合法进行监督。

（3）控告、申诉检察之审判监督

控告、申诉检察刑事审判职责，是指控告、申诉部门负责受理不服同级和下级人民法院生效刑事判决、裁定的申诉；受理反映刑事案件判决、裁定的执行和监狱、看守所的活动存在违法行为的控告；受理接访人民群众对引发上访控告的刑事案件，对刑事审判人员利用审判权贪赃枉法、徇私舞弊行为，检察人员在刑事审判监督工作中滥用监督权、以权谋私等违纪违法行为的控告和申诉。

对属于本院管辖的上述信访事项，控告、申诉部门应逐件摘要录入计算机，在受理后七日内按部门职能分工转送本院有关部门办理，并应当逐件附《控告、申诉首办流程登记表》。对不服人民法院死刑终审判决、裁定尚未执行的申诉，转送公诉部门办理；对不服人民法院其他生效判决、裁定的申诉，由控告、申诉部门自行办理；对反映刑事案件判决、裁定的执行活动存在违法行为的控告，转送监所检察部门办理；对属于下级人民检察院管辖的刑事审判监督信访事项，转送下级人民检察院办理。

控告、申诉检察部门对转送本院有关部门办理的刑事审判监督信访事项，应当每月清理一次。对即将到期的应当发催办函进行催办；超过一个月未办结的，应当报分管检察长，并向有关部门负责人通报。审判监督信访事项办理结果的答复由承办该信访事项的人民检察院控告、申诉检察部门负责，除因通信地址不详等情况无法答复的以外，原则上应当书面答复信访人。重大、复杂、疑难信访事项的答复应当由承办部门和控告、申诉检察部门共同负责，必要时可以举行公开听证，通过答询、辩论、评议、合议等方式，辨明事实，分清责任，做好化解矛盾、教育疏导工作。

（4）刑事审判监督之方法

根据《刑事诉讼法》《人民检察院刑事诉讼规则（试行）》和《人民检察院法律文书格式》的规定及内容，刑事审判的监督方法包括提出抗诉、口头纠正意见或发出纠正审理违法意见书、纠正违法通知书、检察建议、停止执行死刑意见书、纠正不当假释裁定意见书、纠正不当减刑裁定意见书、纠正不当暂予监外执行决定书等措施。其中，纠正审理违法意见书是用于纠正审理活动的违法情形，纠正违法通知书是用于其他纠正违法的情形。

开展审判活动监督应当正确处理监督目的与监督手段的关系，综合运用多种监督手段，将口头监督与书面监督相结合、即时监督与事后监督相结合、个案监督与类案监督相结合。检察人员采取口头方式进行监督的，应当将监督情况记录在案。列于具体案件提出的监督意见，应当逐件跟踪，督促纠正。人民检察院发出监督意见后，承办部门应当根据审判机关的回复，监督落实情况；没有回复的，应当督促审判机关回复。人民检察院提出的纠正意见不被接受的，可以向同级人民代表大会常务委员会报告，同时应当向上一级人民检察院报告，并抄报上一级审判机关。上级人民检察院认为下级人民检察院监督意见错误的，应当通知下级人民检察院及时撤销，并通知同级审判机关。检察机关提出抗诉的案件，要按规定报同级人民代表大会常务委员会备案。对监督中遇到的共性问题可以在归纳、分析、提出针对性意见的基础上召开检法联席会、报告同级人民代表大会常务委员会、政法委员会和上级人民检察院，寻求最佳的监督效果。

4. 执行监督权之运行

刑罚执行监督，是指检察机关依照法律规定对人民法院已经生效的判决、裁定的执行和对监狱、看守所、拘役所、劳动教养机关等执行机关执行的刑罚活动是否合法进行的监督。在我国，人民法院负责死刑、罚金刑、没收财产刑、无罪判决和免除刑罚等判决的执行；公安机关负责管制、拘役、缓刑、假释、监外执行等的执行；看守所、监狱负责有期徒刑、无期徒刑、死缓等的执行。刑罚执行监督是检察机关履行其法律监督职责的内容之一，是刑事司法的重要组成部分。刑罚执行监督的内容及方式主要有以下几个方面。

（1）死刑执行监督

死刑执行监督即通常所说的"临场监督"，是人民检察院依法对人民法院负责执行的死刑立即执行案件在行刑现场进行的监督。死刑执行监督的意义在于贯彻我国死刑政策，杜绝错杀并防止意外事件的发生，保证死刑立即执行的正确实施。监督的内容有：一是监督有无核准执行死刑的命令；二是监督是否有不应当立即执行的情况；三是监督负责执行的人民法院在接到执行死刑命令后，是否在法定的期限内（七日内）交付执行；四是监督执行死刑的场所、程序、方法是否合法；五是对处理死刑犯尸体的监督——经验明确认罪犯死亡后，人民法院是否通知罪犯家属，对外国籍罪犯是否通知其外国驻华使、领馆。死刑立即执行的临场监督，由公诉部门承担，即谁起诉谁监督。实践中，由原公诉人担任，并配备书记员担任笔录，根据需要还可以拍照、摄像。

（2）监所执行监督

监所执行监督是人民检察院对负责死缓、无期徒刑、有期徒刑和拘役刑的监狱、未成年犯管教所、看守所和拘役所的刑罚执行及矫正活动的合法性进行的法律监督。监督的意义在于保证国家刑事法律的正确实施，保障被监管人及其家属的合法权利并督促罪犯履行其义务，防止监所警察违法犯罪。其主要职责有：①对监狱、看守所、拘役所执行刑罚和监管活动是否合法实行监督；②对人民法院裁定减刑、假释是否合法实行监督；③对监狱管理机关、公安机关、人民法院决定暂予监外执行活动是否合法实行监督；④对劳动教养机关的执法活动是否合法实行监督；⑤对罪犯又犯罪案件和劳教人员犯罪案件审查逮捕、审查起诉，对立案、侦查和审判活动是否合法实行监督；⑥受理被监管人及其近亲属、法定代理人的控告、举报和申诉；⑦承办检察长交办的其他事项。监所监督是刑罚执行监督的主要内容，重点开展对刑罚变更执行的监督，防止和纠正超期羁押，监督纠正侵犯被监管人合法权益的违法行为。实践中，开展监所执行监督的方法主要有：①派驻检察人员通过深入被监管人员劳动、学习、生活"三大现场"，及时了解情况和动态，开展安全防范检察；②设立检务公开宣传栏，开展法制宣传教育工作；③及时处理控告、举报、申诉材料，建立检察官接待日制度，完善检察信箱，畅通在押人员的救济渠道；④实行看守所监管信息系统与驻所检察管理信息系统联网，建立信息资源共享机制，实现对看守所监管活动的网络化管理和动态监督；⑤最高人民检察院和公安部还通过全国看守所监管执法专项检查活动，发现问题，积极督促看守所加强整改，有效防范和遏制监管事故和违法问题的发生。

（3）监外执行监督

监外执行监督是指人民检察院依法对由公安机关、司法行政机关负责执行的管制、独立适用剥夺政治权利、缓刑、假释、暂予监外执行等监外执行及变更、终止执行活动的合法性进行监督。其主要包括：①对人民法院、监狱、看守所交付执行活动是否合法实行监督；②对公安机关监督管理监外执行罪犯活动是否合法实行监督；③对公安机关、人民法院、监狱、看守所变更执行活动是否合法实行监督；④其他依法应当行使的监督职责。监外执行监督也是由监所检察部门负责的。检察人员通过登记、查阅，建立档案，了解监外执行罪犯情况；向有关单位、基层组织考察、核实有关情况，与监外执行罪犯及其家属谈话，听取意见；与公安机关、人民法院建立联席会议制度，及时通报有关情况；采取定期与不定期检察、全面检察与重点检察，会同有关部门联合检察等方式开展工作。

（4）监管活动职务犯罪监督

监管活动职务犯罪监督，是指监所检察部门对刑罚执行和监管活动中司法工作人员徇私舞弊、滥用职权、虐待被监管人员的行为进行监督，对职务犯罪案件立案侦查，开展职务犯罪预防工作。属于重大、复杂或者跨地区的职务犯罪案件，经检察长决定可以交由反贪污贿赂或者反渎职侵权部门办理。在工作中，通过设置宣传栏、举报信箱、个别谈话、召开被监管人及其家属座谈会，加强与监管机关纪检监察部门的联系，受理相关人员的举报、控告等，发现职务犯罪案件线索。

三、刑事审判权之运行

（一）刑事司法之审前终止

1. 因不构成犯罪不批准逮捕而终止诉讼

检察机关因不构成犯罪不批准逮捕的案件，是指侦查机关侦查期间或侦查后，向检察机关提请批捕，经检察机关审查，认为不构成犯罪或证据不足而不批准逮捕的情形。我国《刑事诉讼法》第三条规定，"检察、批准逮捕、检察机关直接受理的案件的侦查、提起公诉，由人民检察院负责"。需要注意的是，逮捕不是刑事司法的必经程序，因逮捕对于人身自由侵犯的严重性，检察机关或因审查逮捕必要性的同时，产生中止诉讼的结果，因此本节单列讨论。

我国《宪法》第三十七条第二款规定："任何公民，非经人民检察院批准或者决定或者人民法院决定，并由公安机关执行，不受逮捕。"该宪法条文体现出两种意涵：其一，逮捕是一种对公民自由限制的刑事活动，为保障公民的人身自由不受侵犯，逮捕必须经过法定机关决定才能对公民进行逮捕；其二，逮捕是刑事强制措施中最严厉的一种，检察机关或法院必须谨慎对待逮捕，即需要对逮捕的必要性进行考量和审查。

根据 1996 年版《刑事诉讼法》第六十条第一款的规定，对犯罪嫌疑人、被告人批准逮捕或者决定逮捕，必须符合以下三个条件：第一，有证据证明有犯罪事实；第二，可能判处徒刑以上刑罚；第三，采取取保候审、监视居住等方法，尚不足以防止发生社会危险性的。同时，第二款规定了应当逮捕的两种情形。该条文贯彻落实了《宪法》对于逮捕的法定性要求和审慎态度。逮捕除必须满足法定程序外，还必须满足逮捕的必要性，即证据、刑期和危害性。当犯罪嫌疑人满足了逮捕的三项条件或是法定的应当逮捕情形时，检察机关才能批准逮捕。然而，具体分析该三项条件时，只有证据一项能够在逮捕环节中产生终止诉讼的结果。如上文所述，逮捕不是刑事诉讼的必要环节，当刑期达不到徒刑要求、以其他强制措施能防范继续发生社会危害性、证据不足需要退回侦查时，不产生终止诉讼的效果，只是不需要采取逮捕这一最严厉的刑事强制措施，依然不影响刑事诉讼的进行，按照正常的刑事诉讼程序，需要继续侦查的应当继续侦查，侦查完结的应当提请公诉；而当检察机关审查证据时，发现并不构成犯罪或补充侦查后依然证据不足时，不予逮捕的批准会在实践中产生终止诉讼的效果，案件在此时即不在进入刑事审判环节。

以中部 H 省为例，如图 3-1 所示，2007～2011 年，检察机关不批准逮捕中年均占比情况为：无逮捕必要为 43.1%，证据不足退回补充侦查的为 39.2%，不构成犯罪为 17.7%。其中，无逮捕必要和证据不足退回补充侦查均不属诉讼终止。只有不构成犯罪案件，属于因不构成犯罪不批准逮捕而终止诉讼。这类案件在司法实践中数量虽占比不多，但对保障人权和节约司法资源，及时地保护公民的人身自由等权利，有着重要的制度价值。

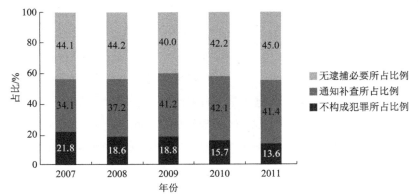

图 3-1　中部 H 省不批准逮捕刑事犯罪的具体情形

资料来源：《中国检察年鉴》，中国检察出版社 2012 年版，第 65 页

2. 因不起诉而终止诉讼

不起诉，是指人民检察院对公安机关侦查终结移送起诉的案件和自行侦查终结的案件进行审查后，认为犯罪嫌疑人的行为不构成犯罪，或依法不追究刑事责任，或没有必要起诉，或证据不足不满足起诉条件的，依法不将犯罪嫌疑人提交人民法院的一种处理决定。

图 3-2 显示，中部 H 省 2007～2011 年，检察机关不起诉的刑事案件 18 627 人中，存疑不起诉年均占比 5.8%，酌定不起诉年均占比 87.8%，法定不起诉年均占比 6.3%。

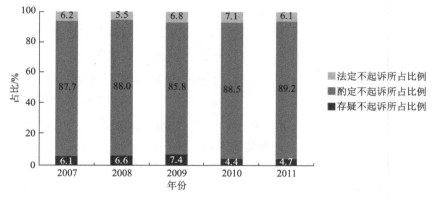

图 3-2　中部 H 省不起诉刑事犯罪的具体情形

资料来源：《中国检察年鉴》，中国检察出版社 2012 年版，第 69 页

根据刑事诉讼不起诉"三分法"法理学说，检察机关的不起诉包括法定不起诉、酌定不起诉和存疑不起诉三种情形。2012 年《刑事诉讼法》修订后，针对未成年人的保护，增加了附条件不起诉情形。法定不起诉是指《刑事诉讼法》第一百七十三条第一款规定："犯罪嫌疑人有本法第十五条规定的情形之一的，人民检察院应当作出不起诉决定。"《刑事诉讼法》第十五条规定："有下列情形之一的，不追究刑事责任，已经追究的，应当撤销案件，或者不起诉，或者终止审理，或者宣告无罪：（一）情节显著轻微、危害不大，不认为是犯罪的；（二）犯罪已过追诉时效期限的；（三）经特赦令免除刑罚的；（四）依照刑法告诉才处理的犯罪，没有告诉或者撤回告诉的；（五）犯罪嫌疑人、被告人死亡的；（六）其他法律规定免予追究刑事责任的。"酌定不起诉是指《刑事诉讼法》第一百七十三条第二款规定的："对于犯罪情节轻微，依照刑法规定不需要判处刑罚或者免除刑罚的，人民

检察院可以作出不起诉决定。"存疑不起诉是指《刑事诉讼法》第一百七十一条第四款规定的:"对于二次补充侦查的案件,人民检察院仍然认为证据不足,不符合起诉条件的,应当作出不起诉的决定。"在实践中,"三分法"法理学说下的不起诉制度主要存在以下几个问题:其一,酌定不起诉中的"犯罪情节轻微"与法定不起诉中的"情节显著轻微、危害不大,不认为是犯罪"在实践中难以区分,甚至产生混淆互用。实际上,法定不起诉标准与酌定不起诉标准的区别仅在于"情节显著轻微"和"情节轻微"[①];其二,起诉裁量权由酌定不起诉向法定不起诉和存疑不起诉扩张,"三分法"法理学说下的不起诉制度既不能有效的控制起诉裁量权,也不符合现今刑事公诉的发展。理论上讲,法定不起诉和存疑不起诉不存在起诉裁量的问题,但实践中对于是否符合法定不起诉和证据是否不足,则均由检察机关认定。加之对于不起诉率的要求,使得"三分法"法理学说下的不起诉制度越发混乱。

为加强对于未成年人的关怀和保护,2012 年《刑事诉讼法》修订后,第二百七十一条规定:"对于未成年人涉嫌刑法分则第四章、第五章、第六章规定的犯罪,可能判处一年有期徒刑以下刑罚,符合起诉条件,但有悔罪表现的,人民检察院可以作出附条件不起诉的决定。"对于附条件不起诉的未成年人,当考验期满且未发生法律规定的情形,检察机关应当作出不起诉决定。附条件不起诉的前提是符合起诉条件,即有可能经法院判决有罪。值得注意的是,"三分法"不起诉制度依然适用于未成年人刑事案件,当未成年人犯罪符合"三分法"不起诉要求时,检察机关应当依法作出不起诉决定。

(二)刑事司法之法院审理

1. 公诉

从一般刑事诉讼程序来看,当刑事案件发生后,公安机关最先介入,立案后依法进行侦查,收集有罪和无罪的证据材料,并依法采取强制措施,对于需要逮捕的犯罪嫌疑人由检察机关批准后执行逮捕,对于犯罪事实清楚,证据确实、充分的案件,在侦查终结后连同案卷材料、证据一并移送人民检察院审查;此时,检察机关开始正式介入刑事诉讼过程,由间接监

---

① 杨娟、刘澍:《论我国刑事不起诉"三分法"的失败及重构——以淮北市起诉裁量实践为实证分析对象》,《政治与法律》2012 年第 1 期,第 38 页。

督者的角色开始转变为直接的法律监督者，依法审查由公安机关提交公诉的案件，作出起诉或者不起诉的决定，对于起诉案件依法向法院提起公诉。

公诉是国家对一切违反法律的行为进行的具有法律效力的监督，是法律监督机关的基本职能。在案件未转入检察机关时，检察机关在某一具体的刑事案件中承担的是间接监督者的职责，即通过对于公安机关是否依法立案、侦查、执行强制措施等进行监督，保障刑事诉讼法的有效实施和犯罪嫌疑人人权。而当案件进入公诉阶段时，检察机关更多的是依法行使公诉职能，在查清犯罪事实的基础上，由检察机关代表国家监督《刑法》的实施和维护刑事法律秩序，这种职能是具有刑事法律效力的，将会引起法院审判犯罪嫌疑人有罪或者无罪，并追究犯罪行为人的刑事责任。

公诉相对于刑事审判来说，是一种具有主动追诉性质的国家权力。现代法院遵循"不告不理"的原则，法院的被动性决定了刑事审判是一种被动的司法权，它只有在检察机关提起公诉的前提下才能行使，即遵循一般司法规律，由诉讼引起审判。同时，遵循"不告不理"原则的延伸，即"告什么理什么"，审判权行使的范围受到刑事公诉的限制，审判机关只能对公诉机关提起公诉的被告人进行审判，对于未公诉的人员不得进行审判；也只能对公诉的犯罪事实进行审判，未公诉的犯罪不得进行审判。

公诉的主动追诉性质包含两个方面的特征。其一，主动性。与民事诉讼和行政诉讼不同，刑事案件危害的不仅是被害人的合法权益，其危害性已经严重影响到了基本的社会秩序或者重大利益。因此，为维护最后一道屏障——刑法的实施，一般情况下，由检察机关代表国家对于所有已经发生犯罪行为依法提起诉讼，这是对国家法律秩序不可侵犯性的宣示和维护。其二，广泛性。作为法律监督机关，刑法秩序规范延伸至社会的各个领域，普遍适用于任何公民。因此，刑事公诉的触角可以触及任何领域、任何范围和任何人的犯罪行为，只要违反刑法之规定，检察机关就可以依法提起公诉。公诉的主动性和广泛性不仅是检察机关刑事法律监督职能的基本特征，也是发挥法律监督职能的关键所在。

2. 审判

检察机关提起公诉后，法院依法履行案件审判职责。按照案件审理的程序，可以将法院审判分为第一审程序和第二审程序。一审法院对案件一律进行开庭审理，依据案件的性质决定是否公开审理，一审程序是法律规定最为完备、案件适用范围最广泛的一种程序，适用于公诉案件和自诉案件的第一次审理。由于案件繁简程度的不同，为避免司法资源的浪费和利益的迅速保护，《刑事诉讼法》设置了普通程序和简易程序。庭审程序可分为开庭、法庭调查、法庭辩论、被告人最后陈述评议和宣判五个阶段。需要注意的是，简易程序只是对庭审程序的简化，以达到简化诉讼、提高司法效率的目的，仍然必须开庭审理，不得进行书面审理。

当第一审判决中具有上诉权的人员向原审法院的上一级法院提出上诉时，或者各级检察机关认为一审判决确有错误提出抗诉时，第二审程序启动。由于第二审程序是在一审判决、裁定发生法律效力之前所进行的救济，不同于发生效力之后的再审程序，第二审程序又被称为普通救济程序。依据《刑事诉讼法》第二百二十二条之规定，第二审人民法院应当就第一审判决认定的事实和适用的法律进行全面审查，不受上诉或者抗诉范围的限制。需要注意的是，第二审程序不同于第一审程序，第二审程序可以选择开庭审理和书面审理两种形式，除《刑事诉讼法》第二百二十三条规定的应当开庭审理的情形外，二审法院可以选择书面审理的形式进行第二审程序。二审法院审理后，依法作出维持、改判或者发回重审的决定。

（三）刑事司法之再审救济

司法裁判是司法人员通过证据对发生在过去的案件事实的逆向认知活动[1]，也是基于证据对过去真相的认识和判断，而非对事实真相丝毫无差的还原，这符合事物认识的规律。因此，无法完全还原事实真相和尽可能逼近事实真相的证据判断，使得司法裁判在浩瀚的正确判决中总会夹杂着错案。我国刑事法律秉承着有错必纠的精神和对正义的追求，对于错案设立再审制度，再审与上文所述之二审都属于司法救济途径，但第二审是对未发生法律效力的一审判决进行的普通救济程序，救济启动较为宽松。再审是对已经发生法律效力的一审或二审判决进行重新审理，救济启动较为严格。

---

[1] 何家弘、刘译矾：《刑事错案申诉再审制度实证研究》，《国家检察官学院学报》2015年第6期，第3页。

再审启动由申诉和司法机关内部启动两种方式，所谓申诉是指《刑事诉讼法》第二百四十一条规定的："当事人及其法定代理人、近亲属，对已经发生法律效力的判决、裁定，可以向人民法院或者人民检察院提出申诉，但是不能停止判决、裁定的执行。"第二百四十三条属于司法机关内部启动再审程序，具体启动主体为各级人民法院院长、最高人民法院、最高人民检察院、各级人民法院的上级人民法院、上级人民检察院。

作为特殊救济程序，再审有其自身的特点。其一，再审不是刑事司法的必经程序，而是针对法院确有错误判决的纠正，终审判决的轻微瑕疵或者因自由裁量权产生的偏差一般不会启动再审程序。其二，审判监督程序监督的对象，限于已经发生法律效力的裁判，包括一审生效裁判、二审终审裁判、死刑与死缓复核裁判。其三，对于生效裁判提起再审程序不受时效限制，再审制度之设计本就为纠正错误，还以公平、公道，即便是迟来的正义，司法也应当忠于法律、忠于事实。

（四）刑事司法之死刑复核

随着人权保护的逐渐深入，死刑的存废成为世界关注的话题。据粗略统计，大体上已经有 139 个国家或者地区实际上不再适用死刑，与之相比，只有 58 个国家或者地区坚持适用死刑。[①]我国是保留死刑的国家，但是慎刑思想从中国传统刑法观念一直延续至今，一方面死刑是打击犯罪、保护人民的有力武器，另一方面死刑必须秉承对生命的尊重和对不可补救性的重视，谨慎适用死刑。我国法律不仅在实体法上限制适用死刑，在程序法上也体现出了限制使用死刑的理念，主要体现在 2007 年最高人民法院正式收回死刑复核权，以及 2012 年修订的《刑事诉讼法》，在第三编中将死刑复核程序作为第四章，与第一审程序、第二审程序并列。由于死刑可以分为死刑立即执行和死刑缓期两年执行，依据现行《刑事诉讼法》之规定，最高人民法院收回的是对于死刑立即执行的核准权，对于死缓的核准权依然由高级人民法院享有。

所谓死刑复核程序是指人民法院对判处死刑、死缓的案件报请有核准

---

① 李奋飞：《最高人民法院死刑复核程序新探》，《国家检察官学院学报》2014 年第 5 期，第 24 页。

权的最高人民法院、高级人民法院审查核准时应遵守的步骤、方式和方法，它是一种特别的程序。对死刑案件进行复核时，必须完成两项任务：一是查明原判认定的犯罪事实是否清楚，据以定罪的证据是否确实、充分，罪名是否准确，量刑（死刑、死缓）是否适当，程序是否合法；二是依据的事实和法律，作出是否核准死刑的决定并制作相应的司法文书，以核准正确的死刑判决、裁定，纠正不适当或错误的死刑判决、裁定。①

依据《刑事诉讼法》的规定，我国死刑复核程序是层报形式的，死刑案件最低审级为中级人民法院，中级人民法院一审判处死刑立即执行的，且被告人不上诉的，由高级人民法院复核后层报至最高人民法院核准。在层报制度中，高级人民法院若不同意判处死刑立即执行的，可以提审或发回重审，此时不再需要报至最高人民法院进行死刑复核；一审上诉，由高级人民法院二审判处死刑立即执行或由高级人民法院一审判处死刑立即执行的，直接报至最高人民法院进行死刑核准；中级人民法院判处死缓的，应报至高级人民法院进行核准；而对于由高级人民法院一审判决的死缓案件和最高人民法院一审、二审判决的死刑立即执行是否需要自行核准，由于缺少法律规定，仍存在争议。最高人民法院复核死刑案件，高级人民法院复核死刑缓期执行的案件，应当由审判员三人组成合议庭进行。进行死刑复核时为充分尊重人权和保护被告人的合法权益，应当讯问被告人，辩护律师提出要求的，应当听取辩护律师的意见，保障被告人的辩护权。

死刑复核程序意义在于以下几个方面。其一，保证死刑适用正确。针对生命的不可挽回性，死刑复核程序在我国二审终审制的基础上增加了一道屏障，以保证死刑的正确实施。其二，减少死刑立即执行的适用。通过死刑复核程序，对于不应当适用死刑的案件予以纠正；对于可以不立即执行的进行改判或重审，减少死刑立即执行的适用。其三，积累经验，统一死刑尺度。死刑复核的实施有利于积累死刑案件的审判经验，统一不同省份对于刑事死刑案件的宽严程度，保证死刑量刑尺度的统一，从而提高死刑案件的质量和保障生命权。

---

①李永良：《死刑复核中法医鉴定结论审查的特点与建议——基于 634 例统计分析》，《证据科学》2012 年第 3 期，第 354 页。

四、刑事司法权运行之困境

（一）检察引导侦查

为有效实现国家的刑事控诉职能,充分发挥检察机关的法律监督作用,检察机关应对侦查机关刑事案件受理、立案后证据的收集、侦查方向的确定等侦查活动提出建议和意见, 并对侦查活动进行相应的法律监督。[①]检察引导侦查是检警关系的一种模式,我国《刑事诉讼法》第七条规定:"人民法院、人民检察院和公安机关进行刑事诉讼,应当分工负责,互相配合,互相制约,以保证准确有效地执行法律。"按照该条规定,检警关系应当是"分工负责,互相配合,互相制约",即指侦查权与检察权分工配合、相互制约的关系,其最终目的是保证法律执行的准确性和有效性。然而,在司法实践中,侦查权在司法权中行使主动性最高,形成了"侦查中心主义"模式,公安机关只在批捕环节受到检察机关强劲制约,其侦查权行使仍享有高度的自主性,检察权难以主动地介入侦查环节。然而,侦查之目的在于收集有罪或无罪之证据,以保证检察机关通过公诉使得有罪之人得以宣判、无罪之人得以释放,此时才能达到了所谓的准确有效执行法律。侦查权和检察权的完全分离使得追诉效率并未达到立法之要求,此外,检察监督对于非法证据收集也难以达到有效的制约和纠正。因此,学界和实务界开始探讨新的检警关系,以保证法律执行的准确性和有效性。

检察权在刑事诉讼中主要分为监督和公诉,因此检察引导侦查之目的并非单一的,其目的有以下两个方面。其一,将公诉权适当地引入侦查阶段,对于侦查阶段证据的收集等进行指导和侦查方向的宏观把控,并保持一定的超然性。[②]这种超然性的要求来自我国检察机关法律监督者的角色定位,检警一体或检察机关刚性主导侦查会使得检察权涵盖了侦查权,检察机关将陷入"自己监督自己"的困境,提升追诉效率的同时却牺牲了最为重要的权力监督。因此,公诉权引入侦查权应当是适度的。其二,监督权积极引入侦查阶段,将抽象的检察监督职能转化为具体的、可操作性的

---

① 沈新康:《公诉引导侦查的探索与完善》,《华东政法大学学报》2010 年第 5 期, 第 76 页。

② 秦炳天、蔡永彤:《"检察引导侦查"机制的反思与展望》,《中南大学学报（社会科学版）》2009 年第 3 期, 第 341 页。

法律监督制度，真正发挥出检察机关作为国家法律监督机关应有的权威和职责。①

我国《刑事诉讼法》并没有对检察引导侦查进行规定，检警关系的变革也只是作为改革试点工作进行。因此，在司法实践中，检察机关引导侦查环节一般有以下几种方式。其一，依据《刑事诉讼法》第八十五条的规定："必要的时候，人民检察院可以派人参加公安机关对于重大案件的讨论。"其二，批捕阶段引导侦查。以补充侦查的方式详细阐明不足之处和补充证据方向；对于达到审查逮捕证据标准但是未达"证据确实、充分"且有条件进一步补充侦查的案件，在作出批捕决定的同时向公安机关制作《提供法庭证据意见书》送达侦查机关，引导其继续补充和完善证据。其三，公诉阶段引导侦查。对于侦查机关移送审查起诉的事实不清、证据不足的案件，公诉部门在列出详细的《补充侦查提纲》后连同卷宗退回侦查部门重新补充侦查，引导侦查机关进一步查清事实、完善证据。2016 年 10 月，最高人民法院、最高人民检察院、公安部、国家安全部、司法部联合印发的《关于推进以审判为中心的刑事诉讼制度改革的意见》中规定："完善补充侦查制度。进一步明确退回补充侦查的条件，建立人民检察院退回补充侦查引导和说理机制，明确补充侦查方向、标准和要求。"这一规定更加确定了补充侦查是检察机关引导侦查活动的重要手段。值得注意的是，补充侦查和重大案件参与机制并不能满足"审判中心主义"对于侦查权和检察权关系的要求，检警关系变革将会成为审判前程序研究的重要领域。

（二）检察启动审判

在刑事诉讼过程中，针对犯罪嫌疑人的犯罪行为，检察机关可以向人民法院提出控告，要求人民法院依法进行审判。在"侦查中心主义"模式或者是"起诉中心主义"模式下，公检法三机关的"分工负责，互相配合，互相制约"方式体现更多的是配合，而非制约。对于公检法三机关的关系有一种形象的表述，即"做饭—端饭—吃饭"。近来，又有一种新的说法，即"公安造案，检察院照办，法院宣判"。强势的侦查结论直接进入弱势的审判，

① 秦炯天、蔡永彤：《"检察引导侦查"机制的反思与展望》，《中南大学学报（社会科学版）》2009年第 3 期，第 343 页。

法官只能根据侦查起诉卷宗的内容认定被告有罪，审判被侦查绑架是"侦查中心主义"的必然结果[①]，在此种模式下庭审被形式化，取而代之的是卷宗审理。此时的检察启动审判可以简单地视为提交刑事起诉书。

随着中共十八届四中全会通过的《中共中央关于全面推进依法治国若干重大问题的决定》，并提出"推进以审判为中心的诉讼制度改革，确保侦查、审查起诉的案件事实证据经得起法律的检验"的要求，检察机关启动审判程序也进入了急需完善时期。"审判中心主义"的要求是改变原先侦查、起诉、审判的流水式刑事诉讼流程，形成以"审判居中、控辩平等""控、辩、审三方组合"的等腰三角形式诉讼结构，其中以庭审实质化为核心要件。此时，检察启动审判并不是简单地提交起诉书，检察机关在启动审判前有两项重要的改革。其一，庭审实质化后首先应当保证庭审的质量，因此检察机关在公诉审查环节应当起到案件分流的作用。依据《关于推进以审判为中心的刑事诉讼制度改革的意见》的规定："完善不起诉制度，对未达到法定证明标准的案件，人民检察院应当依法作出不起诉决定，防止事实不清、证据不足的案件进入审判程序。"充分发挥不起诉制度对于提高庭审质量的积极作用。其二，检察机关应当提高公诉水平，适应庭审抗辩。检察机关由于长期处于"起诉中心主义"的思想下，适应了案卷制作的庭审，忽视了庭审中的言词抗辩。而庭审实质化后，庭审对抗程度将会变得日趋激烈，败诉风险增大，公诉人参与庭审抗辩能力急需提高。据此，《关于推进以审判为中心的刑事诉讼制度改革的意见》提出，进一步完善公诉机制，被告人有罪的举证责任，由人民检察院承担。对被告人不认罪的，人民检察院应当强化庭前准备和当庭讯问、举证、质证。

（三）庭审定罪量刑

"庭审中心主义"是"审判中心主义"符合逻辑的推导，我国单向的流水式诉讼过程使得庭审出现虚化的现象。所谓庭审虚化，是指法官对案件事实的认定和对法律的适用主要不是通过法庭调查和辩论来完成的，而是

[①] 卢建平、王晓雪：《以审判为中心视角下检察权的定位与运行》，《浙江大学学报（人文社会科学版）》2017 年第 3 期，第 159 页。

通过庭审之前或之后对案卷的审查来完成的。[①] 庭审虚化主要由于以下几点原因：其一，公检法三机关形成的"侦查中心主义"模式，使得庭审演变为对于公安机关侦查结果的确认，即注重于定罪甚至是过场式宣判；其二，法官判断不在庭审过程中形成，而是通过庭前或庭后阅卷得出，庭审过程中的意见容易忽视；其三，证人、鉴定人出庭率低，且由侦查获得的证人证言、鉴定意见通过非出庭方式即被采纳，违反直接言词原则；其四，庭审法官作为案件的亲身经历者，却往往出现"审理者不裁判、裁判者不审理"现象，使得庭审缺乏实质性意义。为解决这些问题，对庭审提出了"保证庭审在查明事实、认定证据、保护诉权、公正裁判中发挥决定性作用""实现诉讼证据质证在法庭、案件事实查明在法庭、诉辩意见发表在法庭、裁判理由形成在法庭"的要求。

为了解决庭审虚化的问题，实现庭审实质化转变，首先应当解决"审理者不裁判、裁判者不审理"的问题，现今司法改革的主要目标便是实现"让审理者裁判、让裁判者负责"，只有亲身经历案件的审理才具有发言权，不经历庭审，不进行言词辩论、质证则只能依靠卷宗审理。由此可以看出，"审理者不裁判"与"卷宗中心主义"紧密相关，而"裁判者负责"是保障庭审质量的关键，以追责的形式倒逼审理者注重庭审质量，使其认真对待法庭审理，不敢玩忽懈怠。其次，纠正庭前会议功能错误的观念或重新构建庭前会议制度。《刑事诉讼法》第一百八十二条第二款规定："在开庭以前，审判人员可以召集公诉人、当事人和辩护人、诉讼代理人，对回避、出庭证人名单、非法证据排除等与审判相关的问题，了解情况，听取意见。"法律以"例举+概况"的方式对庭前会议审议的内容进行规定，从回避、出庭名单、非法证据排除这三项列举来看，概况"与审判相关的"问题也应当属于程序性问题，其处理的事项只能限于相关程序性事项，而不应涉及实体性问题的处理，证据的证明力、案件事实的认定以及法律适用等与定罪量刑直接相关的问题只能在庭审环节通过法庭审理的方式加以裁决。[②] 然而在实践中，对于非程序性问题甚至涉及举证、质证、认证都可能出现在庭前会议环节，这不仅使得法官在审理案件之间就对案件有了先

---

① 熊秋红：《刑事庭审实质化与审判方式改革》，《比较法研究》2016 年第 5 期，第 36 页。
② 汪海燕：《论刑事庭审实质化》，《中国社会科学》2015 年第 2 期，第 117 页。

入为主的观念，对后续庭审意见势必会产生影响，也使得应当属于庭审的内容被庭前会议占据。因此，有学者提出庭前会议的召集者应当与案件审判人员相区分。[1]最后，提高证人、鉴定人出庭率。《刑事诉讼法》第五十九条规定："证人证言必须在法庭上经过公诉人、被害人和被告人、辩护人双方质证并且查实以后，才能作为定案的根据。"该条规定的证人证言包含了直接言词性的和非直接言词性的证人证言。在实践中，非直接言词性的证人证言多表现为公安机关询问证人时的笔录。对于该种形式的证人证言如果控辩双方均没有异议的话，可以被认证为定案证据，但双方有异议而没有证人到庭的情况下，质证环节则形同虚设，缺少实质性质证便可能作为定案证据，与五十九条之立法目的规定相违背。此外，证人是否出庭由法庭决定，依据《刑事诉讼法》第一百八十七条之规定："公诉人、当事人或者辩护人、诉讼代理人对证人证言有异议，且该证人证言对案件定罪量刑有重大影响，人民法院认为证人有必要出庭作证的，证人应当出庭作证。"依照该条规定，出庭作证必须满足异议、重大影响和人民法院认定三项条件，而在实践中，由于证人出庭作证耗时耗力，出于功利性因素的考量，证人、鉴定人出庭率普遍偏低，使得直接言词原则大打折扣，庭审又回到了对案卷笔录的审理。

（四）申诉再审救济

依据《刑事诉讼法》第二百四十二条对于申诉启动再审的规定，包括新证据的出现、原裁判证据不确实充分、非法证据未经排查、主要证据存在矛盾、法律适用错误、影响公正审判的诉讼程序问题，以及司法腐败问题。这些情形均可由申诉人启动再审程序。而司法机关内部启动再审程序的情形几乎局限于错案情形，即认定事实上或者适用法律上确有错误。这也就意味着申诉启动和内部启动的情形可能会不同，例如案件审判人员在审理该案件的时候有贪污受贿情形，但不必然的导致认定事实或法律适用的错误，此种情形下，出于对法院公信力的维护和重塑，申诉可以启动再审程序，而法院内部不会因此自主启动再审，而是以法官追责的方式进行

---

[1] 汪海燕：《论刑事庭审实质化》，《中国社会科学》2015年第2期，第117页。

处理。由于是否启动再审程序最终由法院确定，而内外部启动条件的不一使得审判监督程序中出现"申诉难"和"滥申诉"的局面。

"申诉难"指的是现实中人们通过申诉启动再审程序以纠正错误裁判的目标往往不易实现，具体表现在以下几个方面：①法律上关于再审事由的规定宽泛模糊，申诉立案与再审立案界限不清，当事人申诉立案难，而申诉立案是指对于申诉人进行申诉的立案登记，而非进入再审程序的再审立案；②申诉审查时限不明、审查程序不透明，当事人的申诉能否启动再审难以获得及时回复，缺乏程序法上的具体规定；③当事人申诉获准进入再审程序后，最终获得改判的难度也相当大。①据何家弘教授研究统计，在 20 个具有较为重大影响的再审错案中，得以再审立案的关键因素为"本人及家人的申诉"仅占 17%，而申诉时长 5 年以上占据申诉总量的 60%（图 3-3）。②

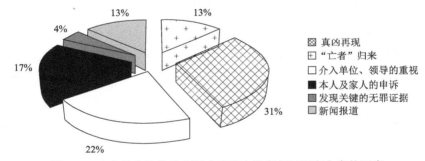

图 3-3　20 个具有较为重大影响的再审错案得以再审立案的因素

值得注意的是，错案追究制度不完善和概念的模糊也是"申诉难"的重要成因，由于实践中对案件启动再审意味着该案势必面临着改判，对于错案的界定不明使得法院对案件启动再审保持着更加谨慎的态度，加之法院的错案考核机制对于错案率的扭曲和人为因素的干扰，错案追究制度在一定程度上妨碍了再审申诉的功能。为此，2015 年 9 月最高人民法院出台的《关于完善人民法院司法责任制的若干意见》，明确了司法责任制的内容，确定了七种应当依纪依法追究相关人员违法审判责任的情形，并明确八种案件司法责任豁免的情形，即因审判监督程序而启动再审改判，不得作为

---

① 江必新：《完善刑事再审程序若干问题探讨》，《法学》2011 年第 5 期，第 61 页。

② 何家弘、刘译矾：《刑事错案申诉再审制度实证研究》，《国家检察官学院学报》2015 年第 6 期，第 7 页。

错案进行责任追究。其中，最具有重要意义的规定是：①因法律条文理解和认识不一致的，在专业知识范围内能够合理解释的不是错案；②因事实认定存在争议或不一致的，在证据规制之下能够合理解释的不是错案。在此否定了改判即追责的司法现象，使得因"认定事实上或者在适用法律上确有错误"的内部启动阻力大幅度降低。

所谓"滥申诉"，是指对于当事人的申诉毫无限制，只要是人民法院作出的生效裁判，均有可能受到申诉的质疑，无论生效裁判由哪一级法院作出，无论生效裁判作出已过多长时间，无论已作出生效裁判的案件被进行过多少次的再审和反复处理。[①]我国刑事司法审判遵循"实事求是""有错必纠"的方针，对于再审的定位与该方针严丝合缝，这也是再审程序性质决定的，于是对于再审申诉次数和时效均没有约束，只要发现已判案件确有错误，随时可进行申诉，无论以前是否存在同一案件申诉失败的情况。本着刑罚慎重和对于人权充分保护的理念，再审不设终审制度、时效制度有其合理性存在，但也正因为这种特性的存在，人们出于自然天性会选择"缠诉""滥诉"。刑罚涉及人身、财产等关键性利益，本着趋利避害的天性即便是没有错误，也试图通过申诉的方式博得一线希望。在缠诉不止的当事人中，甚至还出现了借申诉、上访让法院解决一些与诉讼完全无关的事项，借申诉谋取非法利益。最为严重的是造成"终审不终"现象，使得刑事司法权威和国家追究犯罪的职能大打折扣，刑事判决的稳定一旦受到挑战，将会使得社会秩序的最后屏障——刑法难以执行，损害刑法稳定社会的基础性作用。

第二节　中国民行司法权之运行状况

民行诉讼是指民事诉讼和行政诉讼。前者是调整平等主体之间财产关系和人身关系，定纷止争，化解社会矛盾的司法活动。后者是通过审判行政案件，监督保障行政机关及其工作人员依法行政的司法活动。二者虽为两大不同领域，但诉讼方式即司法的运行模式基本相同。民事诉讼和行政

---

① 江必新：《完善刑事再审程序若干问题探讨》，《法学》2011 年第 5 期，第 61 页。

诉讼在运行中的主要区别是：前者实行谁主张谁举证的证据裁判原则；后者则实行举证责任倒置原则，即要求被告人提供有关证据，以证明被诉具体行政行为的合法性。此外，法律规定民事诉讼可适用调解结案，而行政诉讼一般不适用调解结案。

一、民行审判权之运行

（一）审判权启动

在现代法治国家权力配置下，不告不理是审判权力的基本特征。从法院在解决民事纠纷的作用来看，其基本定位应当是消极和被动的。如同市场的管理者只维持市场的秩序，当事人在合法交易的范围内，管理者不能干涉如何进行交易、交易什么。这种消极性和被动性是由法院作为中立的第三者的地位所决定的，裁判者只能是中立的第三者。这种消极性和被动性在诉讼上主要体现为，诉讼的启动权在当事人，当事人没有行使诉权、提起诉讼时，法院不能主动开始诉讼程序；当事人没有提出的请求和主张，法院不能主动进行审查和判断。①当然，诉讼作为一种行使国家裁判权的程序，不是由当事人双方完全控制的程序，程序的启动，不能仅由当事人起诉或上诉就当然启动，当事人提出请求之后，还须由代表国家裁判权的法院来加以控制，由法院决定适用何种程序、根据案件和当事人的情况决定程序是否启动。因此，审判权的启动是当事人请求和审判权控制的合力的结果。

（二）审判权运行

审判权启动以后，人民法院就享有程序控制和裁决，事实认定和裁判的权力，也就是法院对民事诉讼程序的发展、终止以及程序进程的方式和节奏的决定权。纠纷的解决不仅要公正，同时还要尽量做到低成本和时间上的快捷。为了做到这一点，法院必须要有相应的职权。法院有权决定适当的时候进行证据交换、何时开庭审理、讼争案件焦点的归纳、辩论时间

---

① 张卫平：《论人民法院在民事诉讼中的职权》，《法学论坛》2004 年第 5 期，第 11 页。

的安排、诉讼是否应当予以合并或分离、是否应当追加被告、是否同意变更诉讼请求、是否同意被告提起反诉、是否延期审理、是否中止或终结诉讼等，以提高民事诉讼的效率。①审判权审理程序包括：①调查取证②；②事项释明③；③事实认定。由于当事人利益的对立，受利益的影响，当事人的事实主张必然有真有假，法院必须通过审查最终认定其真实的事实，并以该事实为基础适用法律，对实体争议作出裁判。因此，对案件事实认定的权力是法院裁判权的重要组成部分，当事人不可能享有这项权力，其他机关也不应过分干预。法官为准确认定案件事实，就必须适当地运用自由裁量权，对于法官自由裁量的范围，检察机关即使有不同的意见，一般也不干预。

（三）庭审判决

民事诉讼最终要对当事人之间的实体问题，主要是实体权利义务的争议作出裁判，这是民事诉讼的实质问题。法院对实体权利义务裁决的职权是法院民事诉讼职权中最重要的一项权力。实体争议裁决权的实质问题是法院如何适用实体法的问题。法院对这项权力的行使是通过判决书来体现的。判决书与其他裁判文书相比，主要差别就在于判决书解决的是实体问题，而其他裁判文书裁决的是程序性问题。关于实体权利义务裁判的规范，构成了民事诉讼的裁判制度。④通过上述程序的运行，审判权的行使可能

---

① 刘秀明、王涛：《论民事审判权的消极性与能动性》，《湖北社会科学》2012 年第 2 期，第 172 页。

② 依据我国现行《民事诉讼法》的规定，当事人及其诉讼代理人因客观原因不能自行收集的证据，或者人民法院认为审理案件需要的证据，人民法院应当调查收集。赋予了人民法院依职权调查事实的权力，法院主动依职权所进行的调查取证在范围上主要包含两种情形：一是属于法院程序控制的事项；二是涉及实体权利义务争议的事项。

③ 人民法院的释明权是指法官将一些不明确的事项向当事人予以明确和关于诉讼请求变更的释明。其包括①当事人的声明和陈述不充分时，使当事人的声明和陈述变得充分。②当事人的声明和陈述不适当时，法院促使当事人作适当的声明和陈述。③促使当事人提出证据。在我国民事诉讼法规范中，比较明确地规定释明内容的主要是《最高人民法院关于民事诉讼证据的若干规定》关于当事人举证的释明。这种释明只是一种抽象的要求，与告知当事人如何举证是完全不同的。当事人根据自己的事实主张将提出什么证据，怎样加以证明是当事人及律师的事情，法院不能干预。其中第三十五条规定："诉讼过程中，当事人主张的法律关系的性质或者民事行为的效力与人民法院根据案件事实作出的认定不一致的，不受本规定第三十四条规定的限制，人民法院应当告知当事人可以变更诉讼请求。"该条规定关于法院释明的意图在于节约诉讼资源。因为如果不告知当事人变更诉讼请求，法院必定判决当事人主张的诉讼请求因为主张的法律关系性质错误或民事行为效力有问题而不能成立。

④ 张卫平：《论人民法院在民事诉讼中的职权》，《法学论坛》2004 年第 5 期，第 20 页。

达到全面认定事实、正确适用法律的目的，从而对案件作出裁判，一级审理就意味着告一段落。如果当事人未在规定的期限内提出上诉，该裁判就为生效裁判。当事人如认为下一级法院在认定事实、适用程序存有问题时，应在规定期限内向上一级人民法院提出上诉，从而启动新的审判权运行，即第二次审理。一般情况下，上一级人民法院通过前述程序运行后所作出的裁判即为最终裁判，因为我国民事诉讼法实行二审终审制，不实行三审终审，只是例外的实行审判监督。

（四）判决后的救济

为了防止错误案件的发生和审判权的滥用，世界各国都设置了为纠正已经发生法律效力的错误裁判而对案件再次进行审理的程序，一般国家直接称为再审程序，我们国家则笼统称作审判监督程序。审判监督程序是民事诉讼程序制度中的一项补救制度，是对当事人诉讼权利的一种救济，也是民事诉讼程序制度中不可缺少的组成部分。我国民事诉讼法规定的审判监督程序的启动途径相对宽泛，包括当事人申请再审、人民法院依职权启动再审、人民检察院抗诉启动再审。其中，当事人申请再审和检察机关启动抗诉的事由没有任何差别，只要符合《民事诉讼法》第二百条的规定，就可启动再审，只是当事人申请再审应当在判决、裁定发生法律效力后六个月内提出，而检察机关抗诉启动再审并未有相应的限制。法院依职权启动再审，民事诉讼法对其启动的事由和期限都未有非常明确的规定。《民事诉讼法》第一百九十八条只规定，"各级人民法院院长对本院已经发生法律效力的判决、裁定，发现确有错误，认为需要再审的，应当提交审判委员会讨论决定"。

二、民行检察权的运行

表 3-3 和表 3-4 显示，中部 H 省民事、行政案件四年运行中，人民法院共受理案件 660 954 件，审理 706 499 件，人民检察院受理不服法院裁判的民事、经济和行政申诉案件 7326 件，占法院审理数的 1%，立案 5170件，向法院提出抗诉 1027 件，占法院审理数的 1‰。双核司法结构运行，既维护宪法与法律权威，又关注民生，维护公民和法人的合法权益。

表 3-3　中部 H 省民事案件运行状况

年份	人民法院（件）		人民检察院（件）				
	受理	审理	受理	立案	抗诉	改判	支持起诉
2008	136 990	149 015	1 449	1 153	249	139	70
2009	150 467	159 532	1 743	1 407	267	108	164
2010	166 618	179 884	1 962	1 234	295	127	438
2011	184 033	195 364	1 812	1 187	194	73	391

资料来源：《中国检察年鉴》，中国检察出版社 2012 年版，第 74 页

表 3-4　中部 H 省行政案件运行状况

年份	人民法院（件）				人民检察院（件）			
	一审受理	二审受理	再审受理	审理	受理	立案	抗诉	改判
2008	2489	855	67	3440	56	26	9	1
2009	4223	1052	70	5178	94	63	4	2
2010	5226	1377	35	6639	104	45	7	2
2011	6452	962	38	7447	106	55	2	3

检察机关在民事、行政诉讼中的运行方式与其在民事、行政诉讼中的地位密切相关。我国学界关于检察机关在民事、行政诉讼中的地位存在多种学说，较有影响的有"国家监诉人说"和"国家公益人说"。"国家监诉人说"认为，检察机关在民事、行政诉讼中处于监督机关的地位，主要负责监督审判权的运行；而"国家公益人说"则认为，检察机关参与民事、行政诉讼是代表公益干预民事法律关系的具体体现，检察机关不仅监督审判权的运行，以促进法律统一正确实施，还需代表公益提起诉讼，部分地方的检察机关在司法实践中也在探索这一模式。我国民事诉讼法明确规定，检察机关有权对民事审判活动进行监督，实际上采用的是监督说。

（一）检察权的启动

民事、行政诉讼中检察权的启动与审判权的启动方式存有明显的差别。审判权的启动具有消极、被动的特点，不告不理，法院不能依职权启动。而民事、行政诉讼中检察权的启动则与属性相关，具有一定的主动性。《人民检察院民事行政抗诉案件办案规则》第四条规定："人民检察院受理的民事、行政案件，主要有以下来源：（一）当事人或者其他利害关系人申诉的；（二）国家权力机关或者其他机关转办的；（三）上级人民检察院交办的；

（四）人民检察院自行发现的。"由此可以看出，民事诉讼中检察权的启动，不仅可以由当事人申诉启动抗诉，还可以由检察机关依职权启动抗诉。

（二）检察权的运行

民事、行政诉讼中检察权启动后，民事、行政诉讼检察对象主要包括结构性权力和功能性权力的运行，结构性权力主要包括调卷权、调查取证权，功能性权力有抗诉权和检察建议权等。检察机关受理当事人申诉立案后，通过调阅法院案卷和调查取证，认定二审判决适用法律有误，依法提起抗诉启动法院再审，既行使了调卷、调查取证等结构性权力，又行使了抗诉这一功能性权力。所谓调卷权，是指检察机关要对审判权力的运行进行监督，就必须对案件事实和审理过程有较全面的了解，而了解案件事实和审理过程的重要途径就是调阅法院的案件卷宗，这是行使其检察权的前提，也是最基本的知情权。检察机关在审查民事行政申诉案件的过程中，需要调取人民法院的有关卷宗，人民法院应予配合。《人民检察院民事行政抗诉案件办案规则》第十七条规定："人民检察院审查民事、行政案件，应当就原审案卷进行审查。非确有必要时，不应进行调查。"所谓抗诉权，是指检察机关发现下级人民法院已经生效的裁判，有《民事诉讼法》第二百条规定的情形，向同级人民法院提出抗诉启动再审的权力。检察机关提出抗诉后，人民法院在收到检察机关抗诉书后一个月内，应当裁定再审，并中止原裁判的执行。

司法实践中，通过申诉检察调卷调查后，也可以采取向法院提检察建议的方式启动再审，但检察建议对法院再审的启动具有不确定性。检察建议一般指检察机关在履行民事检察权的过程中，根据已经发现的违法情况，向审判机关发出建议，要求其纠正违法或者改进工作，以保障法律正确实施和防止违法情况再次发生的权力。建议权应当包括三个方面的内容，即纠错建议权、整改建议权、处置建议权等，民事、行政检察实践中用得较多的是再审检察建议和纠错检察建议。

民事、行政诉讼中，检察权的功能性权力还包括支持起诉和督促起诉。支持起诉是指支持起诉主体为维护国家利益、社会公益和个人民事权益而以支持原告起诉的权力。《民事诉讼法》第十五条规定："机关、社会团体、企业事业单位对损害国家、集体或者个人民事权益的行为，可以支持受损害的单位或者个人向人民法院起诉。"该条规定了普通的机关、社会团体、企业事业单位都享有支持起诉权。检察机关作为法律监督机关，在当事人不敢起诉或难以起诉的情况下，可以支持一方提起诉讼有助于实现法律的正确统一实施。民事督促起诉是指针对正在流失或即将流失的国有资产，监管部门不行使或懈怠于行使自己的监管职责,检察机关以监督者的身份，督促有关监管部门履行自己的职责，依法提起民事诉讼，保护国家和社会公共利益。该种监督方式是法律监督的延伸，体现为对有关国家和社会公共利益的监管部门的直接监督、有限监督。其主要监督范围包括：①国企改制中的国资流失；②国有资产拍卖、变卖过程中的民事违法导致国资流失；③土地出让、开发中的不法行为，损害国家和社会公共利益；④公共工程招标、发包过程中的违法行为；⑤其他因有关监管部门监管不力或滥用职权，造成损害国家利益、公共利益的民事违法行为发生的。因此，督促起诉不仅有利于充分发挥监管部门的自主性和能动性，也有利于节省诉讼成本，提高监管效率。

（三）检察权的救济

检察机关享有上述功能性权力和结构性权力的同时，负有依法监督、谨慎监督和客观监督的义务。首先，检察机关必须依照法律规定的范围和程序进行监督，提出抗诉意见或检察意见。如果检察机关的监督程序违法，人民法院可以不予受理。其次，检察监督应慎重进行，不宜给生效裁判造成过大的冲击。最后，检察权虽可依职权启动，但检察机关不是任何一方当事人的代理人，而应客观公正地行使权力。检察监督意见不当的，相关当事人可要求检察机关撤回或撤销检察监督意见。

三、民事司法权运行之困境

民事诉讼是原告的诉权行为把原告、被告和法院三方汇聚到诉讼程序之中的司法活动。人民法院审判民事案件和经济纠纷案件，并且通过审判活动及检察监督，调整平等主体之间的财产关系和人身关系，解决当事人双方之间的纠纷，制裁民事违法行为，保障公民的合法权益，服务于社会主义和谐社会的建立。我国《民法通则》第二条规定："中华人民共和国民法调整平等主体的公民之间、法人之间、公民和法人之间的财产关系和人身关系。"这从实体法上明确了人民法院审理民事、经济案件的内容和调整对象，即调整发生在平等主体的公民之间、法人之间、公民和法人之间的财产关系和人身关系。

民事审判职能的价值基础是民事权益的司法诉求。现阶段我国合法的民事权利和其他被法律所确认的合法权利一样，都受国家强制力量的保护。任何人的民事权利受到他人侵犯时都有权向法院提起诉讼，请求保护。人民法院通过裁判，使当事人履行某种行为、确定某种法律关系是否存在、使其形成新的权利或变更或消灭原有的权利义务关系等，或责成义务人履行某种行为以满足权利人的要求。如义务人拒不履行裁判时，法院即可依强制执行程序，予以强制执行，以恢复公正的财产关系和人身关系。

民事审判活动的根本目的是保障经济社会健康发展。现阶段从经济关系的主体看，不仅有国有、集体、个体、民营经济和外资经营企业，而且有国有资产占主体的股份制经济、个体与外资合营的股份经济。从经济法律关系领域看，不仅有消费市场、生产资料市场，还有金融、劳务、技术信息、房地产开发等市场；不仅有购销权利义务，还有借贷、抵押、劳务、技术转让、产品专卖、房地产开发等各种新型权利义务关系。特别是我国加入世界贸易组织后，国内经济与国际经济接轨，越来越多的外国企业进入中国市场，中国的企业也越来越多地走入国际市场，涉外经济法律关系日益增多。随着政府职能的转变，行政调节的作用逐渐弱化，法律调整的作用日趋加强。这一系列新情况、新问题，给人民法院的民事审判工作提出了更高的要求，人民法院服务于经济建设的职能日益突出。调整经济关系就是为了保障社会主义市场经济的健康发展，保护经济合同当事人的合法权益，维护社会经济秩序，促进社会主义现代化建设。

民事诉讼应完善庭前准备程序。当前我国民事审判运行效率不高，常常一案多庭，其主要原因是审前准备程序带有浓厚的职权主义色彩。[①]整

---

① 我国《民事诉讼法》专门列有"审理前的准备"，共有9条（第一百二十五条至第一百三十三条），规定了四项审理前的准备工作：①发送起诉状和答辩状副本；②向当事人告知有关的诉讼权利义务；③向当事人告知合议庭的组成人员；④审核诉讼材料和调查收集必要的证据。从这几项规定的内容看，《民事诉讼法》"审理前的准备"还保留着"纠问式"审理模式"重调查、轻举证"的特点。

个审前准备活动以法官为主导，而不是以当事人为主导。从准备内容看，没有证据交换、归纳争议点等实质性准备活动，基本处于虚设状态，与其说是"准备程序"还不如说是民事诉讼法对人民法院在审前阶段的工作要求。这导致了以下两个后果：一是当事人之间庭前缺乏信息和证据交换而易造成庭审中的"突袭"；二是案件争议点不明而导致庭审盲目、拖沓，从而既与诉讼公正的理念不合，又与诉讼效益原则相悖。实质意义上的准备程序应包含双重效力：一是失权效力，二是对庭审的拘束力。[①]而我国民事诉讼法对上述两种效力均未作明确的规定，实践中又十分强调当庭举证，于是就产生了以下实际问题：①当事人为求出奇制胜，对某些诉讼资料常常秘而不宣，等一审将要结束或二审时才突然提出，使对方猝不及防，而难以进行充分的攻击和防御；②某些当事人为拖延诉讼，往往一点一滴地提供诉讼资料，甚至将一些关键性的诉讼资料留到二审提出，这样使一审作为事实审的功能难以充分发挥，甚至成为二审的"审前准备"，对方当事人的合法权益也难以得到有效保护，完善庭前准备程序可以考虑设立专门的预备庭，由非庭审法官主持，各方当事人将所有能够证明各自主张的证据进行交换，促进案件的和解。

　　民事诉讼应坚持调解优先。诉讼调解又称法院调解，即在人民法院审判人员的主持下，双方当事人就民事争议通过自愿协商，达成协议，解决纠纷，从而终结诉讼程序的诉讼活动。它是法院对民事案件行使审判权和当事人对自己的民事诉讼权利及民事权利行使处分权的结合。[②]民事调解在我国有较为深远的历史渊源，"和为贵"在中国传统社会有着深刻的哲学基础以及思想根源。中华人民共和国成立以后，"调查研究，调解为主，就地解决"曾是人民法院审理民事案件的重要方针。此后，最高人民法院出台了一系列司法解释，设定了调解前置程序，强调审判过程中着重调解的原则，使调解在法院审判活动中的优先地位逐步建立起来。除当事人明确

---

　　① 赵晋山：《论审前准备程序》，见《诉讼法论丛》，法律出版社2001年版，第515页。

　　② 首先，从参与人的地位上说，当事人双方是相对方，处于相对的地位。调解法官处于两者之间，是一个中间人，充当调和者的角色。这一角色决定了他不应是争议的裁判者，也不是协议内容的决定者。其次，从程序上来看，法院调解的启动、进行是双方当事人的意思一致。法律明确规定了法院调解的自愿原则，即是否进行调解，要双方当事人自愿，有一方当事人拒绝调解，法官就不能强行调解；在调解过程中，有一方当事人不愿继续调解，调解即告终止。再次，从达成协议上看，完全是当事人权利自治的结果。（常怡主编：《民事诉讼法学》，中国政法大学出版社1999年版，第200页。）

拒绝与对方进行调解之外，人民法院审理民事案件之初均应先对当事人之间的纠纷进行基本调解，佐之以程序与费用的保障，以达到解决当事人争议的预期目的。"调解优先、调判结合"作为一种民主审判理念，在司法改革进程中得到不断深化推广。由于调解较之审判有更为明显的优势，其已经成为法官审理案件首选方式，有的法院调解率甚至达到 100%。当事人在法院调解过程中自由处分自己的权利，这种处分不受外来力量的干涉，包括调解法官也不能将自己的处理意见强加给当事人，达成的协议是当事人真实意思的自主表示。在诉讼调解中，由于国家审判权的介入，就赋予了当事人调解协议以权威性和强制力。因此，诉讼调解是由审判组织代表国家主持的一种调解，是国家公力救济见之于社会的一种救济。

四、行政司法权之运行困境

行政诉讼是随着我国民主法制建设而诞生的一项新的诉讼制度。行政诉讼与刑事诉讼、民事诉讼共同构成了我国三大诉讼体系。法律规定人民法院审理行政案件，并且通过审判活动，监督和保障行政机关及其国家工作人员依法行政，保护行政相对人的合法权益。

行政审判职能的价值基础是权力制约，行政诉讼为国家机关行使权力提供了一种相互制约的机制。根据国家管理和历史经验，国家权力不能过分集中，过分集中的权力必然导致专制、腐化和滥用权力。因此，国家权力必须在不同的国家机关之间作适当划分，使之既互相配合，又互相制约。根据我国宪法的规定，我国国家权力适当划分和制约的体制是：全国人民代表大会及其常委会行使国家立法权；各级人民政府行使国家行政权；各级人民法院行使国家审判权；各级人民检察院行使国家检察权。行政机关、审判机关、检察机关都由人民代表机关产生，向人民代表机关负责，受人民代表机关的监督；而行政机关、审判机关、检察机关之间又存在着一定的相互监督和制约关系，特别是审判机关、检察机关对行政机关的监督和制约。从监督、制约方式看，行政诉讼制度是一种更实际、更具体的监督、制约方式，而且这种监督制约方式是防止行政专制、保障现代民主所必不可少的。人民法院通过审理行政案件，揭露和追究行政机关及其工作人员的违法、越权和滥用权力的行为；人民检察院通过参与行政诉讼，发现和促成职权设置障碍，干扰行政权的行使。在行政诉讼中，对行政机关监督和制约的意义在于：第一，通过行政审判，撤销、变更违法或不当的行政行为，保障行政行为的合法性和准确性；第二，通过判决维持合法、适当的行政行为，支持行政机关依法行使职权；第三，通过强制不履行行政机关合法决定的当事人履行行政机关的决定，保障行政职能的顺利实现；第四，及时处理行政争议和纠纷，提高行政管理效率。

行政审判活动的根本目的是保障相对人合法权益。行政诉讼为行政管理相对人提供了监督国家行政机关及其工作人员，保护其自身合法权益不被行政机关及其工作人员违法失职行为侵犯的重要法律手段。在行政法律关系中，行政机关及其工作人员是代表国家行使行政权的管理者，作为行政管理相对人的公民或组织是被管理者。根据宪法和法律，行政机关可以向被管理者发布命令，采取行政措施，必要时可以实施行政强制或制裁。行政机关为维护社会秩序，保障人们正常生产、工作和生活秩序而实施各种行政管理行为是必要的。另外，在行政法律关系中，被管理者可以依法对管理者实施监督，防止管理者违法、越权、滥用权力，侵犯被管理者的合法权益。监督的方式和途径有很多，如批评、建议、申诉、控告、检举等；但最重要、最有效的方式和途径之一就是行政诉讼。其理由在于：首先，行政诉讼是受相应行政行为直接影响的公民或组织因其自身权益被行政行为侵犯而提起，故他们特别具有监督的主动性和积极性；其次，行政诉讼有严格时限要求，不能拖延或不了了之，从而使监督不致流于形式；再次，行政诉讼使行政机关及其工作人员要为其违法失职行为承担法律责任，包括撤销、变更行政行为、赔偿损失等，使监督具有实际效果；最后，行政诉讼实行公开审理，为公民和组织提供陈述意见和为自己辩护的机会，使他们与行政机关的争议能得到公正处理，被侵犯的权益能得到实际补救。

行政案件审判应坚持被告负举证责任的原则。这一原则体现了行政诉讼的特征，区别于民事、刑事诉讼，是从事行政审判的人员必须牢牢把握的核心内容。关于被告的举证责任，应该强调以下几个方面。一是被告方作为定案的证据，都必须完成于具体行政行为形成之前。在具体行政行为作出后，再行收集或补充的证据不能作为定案的依据。二是无论是原告提供的证据还是被告提供的证据，都必须经过当庭质证，而且所有的证据，法官在法庭的调查、辩论过程中或结束后都应当作出认证。法院的裁判结果，是基于法官在法庭上依据有效证据确认的事实作出的。因此，凡是未经质证、认证的证据不能作为定案的依据。三是凡是维持被诉具体行政行为或确认被诉行为合法、有效的判决，其所依据的证据都必须出自被告之手即由被告所举证。四是在行政不作为或行政赔偿案件中，虽然原告负有一定的举证责任，但并不能免除被告的举证义务，被告仍应承担举证责任即对其行为的合法性向法庭作出说明。五是在一审时被告不举证，而到了二审时再予举证，应按被告不能举证对待。因为二审审查的重心是原审裁判是否合法。六是原告无论是在一审还是在二审都有举证的权利。一旦原告举证，除非由法庭确认原告的证据无效，否则被告仍应举证说明自己行为的合法性。如果被告的证据不能对抗原告的证据，则应承担败诉的责任。

第三节　中国司法权运行之问题检视

司法权运行机制如何构建，是当前司法改革亟待解决的重大现实问题。对此，各方面在认识上存在着重大分歧，而分歧的背后则隐藏着对我国司法工作现实状态的不同判断以及对我国司法改革的不同主张和期待。司法改革的主要目的是解决司法实践中存在的主要问题，只有对司法实践中的具体问题有清晰的认识，才能克服一系列挑战，走向司法运作文明。

一、选择性司法之过度应用

选择性司法主要是指法院在案件的受理、审判和执行的过程中，依据法律规则之外的因素，来作出是否受理、如何判决和怎样执行的决定。[①]通过分析我国诉讼的立案、审判和执行，发现诉讼法在实际过程中被政治化、社会化和情景化了，规范性救济被情景式救济所代替，法院在诉讼中考虑多方面因素，反而忽视了最需要考虑当事人的利益，结果导致诉讼对当事

---

① 汪庆华：《中国行政诉讼：多中心主义的司法》，《中外法学》2007 年第 5 期，第 521 页。

人而言充满高风险性。[①]诉权在行政诉讼和民事诉讼中经常得不到保障，"起诉难"已经成为我国一个亟须解决的司法难题。"起诉难"虽然在行政诉讼和民事诉讼中有不同的表现，但是都反映了我国司法相同的问题，即司法机关在诉讼当中面临的境遇和当事人的弱势地位。一般来说，法律要求对起诉只要求做形式上的审查，符合起诉要件即可，但我国的《民事诉讼法》和《行政诉讼法》对起诉条件的规定基本相当于实体判决要件和诉讼开始的条件，这也相当于法律要求对实体要件的审查放在起诉前，进行"诉前审理"[②]。有学者将行政诉权分为基本权形态的行政诉权、制度形态的行政诉权以及实践形态的行政诉权，现实状况是基本权形态的行政诉权缺位，制度形态的行政诉权大于实践形态的行政诉权。[③]

　　除此之外，我国还存在着一种真正的"起诉难"情形，即虽然符合起诉条件，却难以进入立案程序。这种"起诉难"背后有复杂的成因，主要有两个方面。首先，司法人员不正当的动机和目的以追求个人不正当利益，特别是为完成管理任务而限制起诉，如河南某法院院长为追求 100%结案率竟然规定法院从 10 月份就开始不受理案件，司法改革是把双刃剑，提高结案率是为了保障当事人诉权实现，而为了实现结案率，法院势必会采用多种方法来完成工作任务，通过限制起诉提高结案率，反而限制了诉权的实现。其次，"法律效果和社会效果相统一的司法政策，鼓励了非法律因素合理、合法、制度性地进入司法过程"[④]。法院还通过内部规定和司法文件等来对符合起诉条件的案件进行限制，这些文件多是根据当时的社会情势而私自作出的隐性司法政策。如"外嫁女案"[⑤]"拆迁案"等。我国的司法政策总是在法律和司法解释规定的范围内对起诉条件进行"合法性限制"[⑥]。这主要是法院内嵌于地方政权，需要协助地方政府处理好纠纷，

---

① 应星、汪庆华：《涉法信访、行政诉讼与公民救济行动中的二重理性》，《洪范评论》第 3 卷第 1 辑，生活·读书·新知三联书店 2006 年版，第 242 页。

② 张卫平：《起诉条件与实体判决要件》，《法学研究》2004 年第 6 期，第 63 页。

③ 孔繁华：《行政诉权的法律形态及其实现路径——兼评最高人民法院法发〔2009〕54 号文件》，《法学评论》2011 年第 1 期，第 39 页。

④ 汪庆华：《中国行政诉讼：多中心主义的司法》，《中外法学》2007 年第 5 期，第 521 页。

⑤ 贺欣：《为什么法院不接受外嫁女纠纷——司法过程中的法律、权力和政治》，见苏力主编《法律与社会科学》，法律出版社 2008 年版，第 66—97 页。

⑥ 张卫平：《起诉难：一个中国问题的思索》，《法学研究》2009 年第 6 期，第 67 页。

维护社会安定，为当地的经济发展保驾护航，为社会治安综合治理添砖加瓦。其重要原因是司法机关在我国宪政国家中的地位。尽管法院和行政机关都产生于人大，对人大负责，受人大监督，但二者的实质地位却不一样。行政机关掌握着财政、人事等权力，直接、间接对司法机关施加影响；在行政级别的配置上，同一级行政机关普遍高于司法机关，行政机关采用各种方式将自己作为被告的案件在立案阶段就解决掉。地方党委、政法委协调会改变法院判决的事项多有发生，在行政诉讼中限制起诉的方式解决纠纷，侵犯行政相对人的诉权。

"起诉难"已经成为基层社会司法实践中的一个重要问题，严重影响着司法行为公信力。通过对以基层司法工作人员为对象的调研发现，依法可起诉而实际难起诉的问题大多是由法院为避免与行政机关的冲突所引起的。具体数据如图3-4所示。

1）如何看待我国目前的依法可起诉而实际难起诉的问题？

A. 法院缺乏此类案件的审判经验

B. 担心案件审理触动行政机关或引起社会连锁反应

C. 法院体系内部司法文件等对其限制

D. 法院基于息诉减诉及替代性纠纷的指导思想对诉讼进行控制

本题主要涉及"起诉难"的原因，题目的四个选项要求按照关联性由强到弱排列，选项中提供的原因包括可能受案的法院自身缺乏此类案件的审判经验，法院体系内部文件对其限制以及行政机关的介入和社会反响等。[①]

据图3-4可知，"起诉难"的主要原因不在于法律法规的滞后、司法腐败或职业道德底等，而是基于司法体制和司法政策。"起诉难"涉及多方面、深层次的社会问题，对其的宏观决策需要建立在信息对称的基础上，司法机关的作为不能，是以法的安定性和司法的权威性为代价的，压制了司法

---

① 在回收的问卷中，排序为 BDCA 的占 49%，BCDA 的占 25%，CDBA 占 20%，DBCA 占 16%。其中，没有把 A（法院缺乏此类案件的审判经验）列为第一位的，所有问卷都把 A 放在了最后一项；把 B 选项列为首要因素的占 74%，列为第二要素的占 16%，列为第三要素的占 20%，没有列为最后一项的；把 C 列为首要因素的占 20%，列为第二要素的占 25%，列为第三要素的占 65%，没有列为最后一项的；把 D 列为首要选项的占 16%，列为第二项的占 69%，列为第三项的占 25%，没有列为最后一项的。

在社会中的功能，无益于法治建设。可见，选择性司法只会破坏法律的预期性和权威性，以司法之名行政治之实。

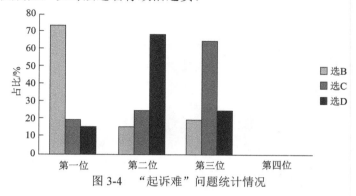

图 3-4　"起诉难"问题统计情况

除了立案阶段的选择性司法以外，在司法过程中程序适用也同样存在选择性适用的问题。如在基层法院，出于案件数量过多与法官程序意识等原因，正常的庭审程序往往无法落实。程序的选择性适用主要表现为，对于社会热点案件或者原被告双方冲突特别激烈的案件一般适用正常的庭审程序，而一般案件往往会被"程序简化"。有关庭审程序无法落实的影响因素，相关数据如图 3-5 所示。①

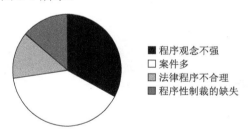

图 3-5　庭审程序无法落实的影响因素

法院判决的作出，可能会受到很多因素的影响，这既是我国司法运行状况的现实挑战，在一定程度上也是选择性司法现象的归因。通过对基层法院的司法工作人员进行调研发现，影响司法判决的因素是多元的，影响程度各异。

___

① 在回收的问卷中，根据庭审根据调查问卷，把四个选项排在第一位的票数分别是 405 票，491 票，164 票，172 票。认为司法人员程序观念不强为首要原因的人数占 33%；认为主要是因为案件过多导致庭审程序无法落实的人数占 40%；认为法律程序不合理是主要因素的占 13%；认为程序性制裁的缺失为主要原因的人数占 14%。

2) 下列各种因素对审判人员的影响程度是?

本题主要涉及的内容为各种因素对审判人员的影响程度调查,主要调查对象为基层法院的审判人员。影响因素分别包含错案追究制、审结率、绩效工资、法官惩戒制、法官级别和司法伦理等。

本题共涉及六项因素对审判人员的影响程度的调查,相应的数据分析可从图 3-6 看出。①

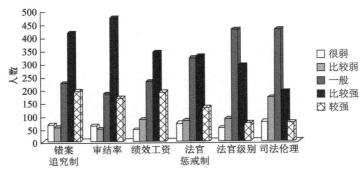

图 3-6　影响审判人员的因素

司法实践中对基层法院审判人员影响因素的情况,结合问卷数据的分析和相关的理论,我们得出以下几项主要结论。①在我国基层司法机关,

---

① 在回收的问卷中,关于错案追究制对审判人员的影响程度调查显示,共有 950 份有效作答,其中,65 人选择"影响程度很弱",54 人选择"比较弱",223 人选择"一般",414 人选择"比较强",194 选择"较强"。其中,选择"比较强"的人数最多,占总人数的 43.57%,若加上选择较强选项的人数,则占总人数的 64% 之多。关于审结率对审判人员的影响程度调查显示,共有 934 份有效作答,其中,61 人选择"影响度很弱",49 人选择"比较弱",183 人选择"一般",471 人选择"比较强",167 人选择"较强"。其中,选择"比较强"的人数最多,占总数的 50.42%,若加上选择"较强"选项的人数,则占总人数的 68.3% 之多。关于绩效工资对审判人员的影响程度调查显示,共有 889 份有效作答,其中,45 人选择"影响度很弱",84 人选择"比较弱",229 人选择"一般",341 人选择"比较强",190 人选择"较强"。其中,选择"比较强"的人数最多,占总数的 38.35%,选择"一般"的人数其次,占总数的 25.75%,选择较强的人数再次,占总数的 21.31%。关于法官惩戒制度对审判人员的影响程度调查显示,共有 924 份有效作答,其中,70 人选择"影响度很弱",80 人选择"比较弱",318 人选择"一般",325 人选择"比较强",131 人选择"较强"。其中,选择"比较强"的人数最多,占总数的 34.41%,选择"一般"的人数其次,占总数的 34.41%,选择"较强"的人数再次,占总数的 14.17%。关于法官级别对审判人员的影响程度调查显示,共有 926 份有效作答,其中,52 人选择"影响度很弱",87 人选择"比较弱",426 人选择"一般",290 人选择"比较强",71 人选择较强。其中,选择"一般"的人数最多,占总数的 46%,选择"比较强"的其次,占总数的 31.31%。关于司法伦理对审判人员的影响程度调查显示,共有 930 份有效作答,其中,76 人选择"影响度很弱",168 人选择"比较弱",425 人选择"一般",190 人选择"比较强",71 人选择"较强"。其中,选择"一般"的人数最多,占总数的 45.69%,选择"比较强"的其次,占总数的 20.43%,选择"比较弱"的再次,占总数的 18.06%。

对审判工作影响力最大的要素在于上级人民法院或本级人民法院下达的考核指标。从图 3-6 涉及的几项指标看，包括涉及审判效率问题的审结率和涉及司法公正问题的错案追究制。法院体系内部行政管理式的考核对于法官的影响已经超过了法律直接规定的法官惩戒制度，这一现象值得关注。②相对而言，只涉及法官收入问题的绩效工资对审判工作的影响程度相对较低一些，而制度运行存在缺漏的法官惩戒制对审判工作的影响力亦不如直接的考核指标。③在图 3-6 涉及的几项指标中，司法伦理和法官级别对审判工作的影响力最弱。其主要原因可能在于司法伦理的外部强制力较弱，主要依靠法官内心的自我约束；而法官级别并不绝对与法官职务相关，其与法院内部管理、法官的上下级关系并不绝对相关，因而影响力较弱。

综上所述，我们认为在司法实践中，由最高人民法院下达的主要的法官考核指标对审判人员的影响程度最大，而仅由《法官法》规定的，运行程序较为松散的法官惩戒制的影响反而较小，绩效工资的影响亦较小，而法官级别和司法伦理对审判人员的影响较之于对其利害直接相关的考核指标和经济收益而言影响力最小。结合相关的理论分析，我们认为，本题的作答情况较多地反映了当前司法实践中出现的行政化趋向，行政管理式的考核体系直接影响着基层人民法院的审判工作，泛行政化的趋势可能在逐步强化，这对我国人民法院审判权的行使，对于诉讼中相对人权益的保护可能出现许多影响，这一影响值得我们进一步关注。

二、公诉权之违规使用

公诉权是检察机关的基本权能，请求人民法院行使审判权追求被追诉人刑事责任和刑罚的一种权力。公诉权包括起诉裁量权、审判请求权和刑罚请求权等。公诉权是代表国家追诉犯罪的权力，是一种程序性权力，最初的价值和目的是高效及时的打击犯罪行为，稳定社会秩序，增强控制社会的能力，避免被害人因为某种原因而不能起诉，减少或恢复受侵法益，维护国家利益和公共利益，从而推进刑法的实施。因此，公诉权应该秉持客观义务进行追诉，但实践中的管理困境和社会严峻的治安形势等原因又迫使检察机关过于重视打击犯罪，只有将涉案人员定罪量刑才能使得自身利益最大化。这也是公诉的悖论，原意是保障被追诉人人权的机构设置，在实践中却有侵害被追诉人人权的本能倾向。检察机关提起公诉权也实现了对审判权和警察权的制约,抗诉权是起诉权的延伸,当然也可以将其归为审判监督权,二者通过控制刑事审判程序的启动和关注判决的合法性以制衡审判权和警察权。在刑事诉讼上不存在"起诉难、审判难和执行难"的问题,但仍然存在违规使用起诉权的情况,使我国刑事司法不堪重负,主要是证据不足,没有达到法定的证明标准,但依然受到起诉,法院对起诉的审查比较松散,没有起到制约公诉权的作用,一般只要提起公诉就必然会引起审判。在实践中,起诉权违规使用主要包括以下几个方面:①无充分嫌疑而起诉;②超越裁量权而起诉,包括对轻微犯罪不宜追诉的追诉;③将可自诉的提起公诉;④基于违法侦查取得的证据的起诉;⑤重复起诉行为。①显而易见,公诉权违规使用的危害是多方面的。我国的不起诉率偏低,微罪起诉和重复起诉的情况比较常见,一般控制在 5% 以下,而德国和日本分别达 20% 和 50%~60%。②这主要是我国在打击犯罪的理念的指导下,整个审查起诉程序封闭式运作,司法权难以介入,轻易启动审判程序等原因。

检察官违规使用不起诉权违背了现代刑事司法的以下三项原则。其一,法院或法官是最终的裁决者,当事人有罪或无罪、罪轻或最重应有法官进行审理而裁决,如果不起诉的决定单独由检察官作出,则检察官实质上具有裁决权,而检察官亦可能违规使用不起诉权。法院审理案件的过程带有一定的主观性,但只要能够说明理由,此判决就不是妄判,检察院应该尊重,而不应该屡次提起抗诉,置判决即判力于不顾,使被告人处于双重危险之中,特别是再审的抗诉程序应该更加审慎。其二,控审分离原则是现代刑事司法的基石,以权力制约的原理防范法官的恣意,各负其责,原则上检察官和法官以达成共识为结案前提,检察官违规使用不起诉权破坏了权力分立制衡的原则,检察机关通过行使起诉权为实现社会正义和追究犯罪固然重要,但也要追求司法程序的正义以及判决公正性和稳定的关系。其三,保障被害人的权益,现代刑事司法以国家权力代替私人权利控诉,在维护国家和社会秩序的同时能够更好保障被害人的合法权益,如果违规使用不起诉权,被害人亦无能力提出证据时,实质是对被害人的双重伤害。

---

① 冯军、卢彦芬:《刑事司法的改革:理念与路径》,中国检察出版社 2007 年版,第 219—220 页。
② 黄文艾、黄广进:《中国刑事公诉制度的现状与反思》,中国检察出版社 2009 年版,第 46 页。

对再审抗诉应区别两种情况：有利于被告人的再审和不利于被告人的再审分别作出规定。对前者无限制，对后者限制一定的次数，现代法治社会必须确立一种为维护特定价值和利益而使刑事追诉权有所节制的观念，使实体法的实施和程序自身价值的实现被控制在一定的限度和范围内。①

实践中对检察官违规使用公诉权的控制，最有效的还是"动态的诉讼监督机制"，即法官和检察官在诉讼上相互制衡，德国的检察官在侦查中有主动权，但其实施侦查及终结侦查的重大处分需受法院的审查和监督，主要有中间程序、强制起诉程序和强制处分审查程序三大部分组成，与检察官起诉、不起诉及强制处分等权限相对应。②

三、协商性司法之不良走向

协商性司法是指以纠纷的解决为主要目的，在法官的主导下在法律规范的范围内通过双方当事人或控辩之间对话、协商与合作，达致各方都能够接受的结果而结案。协商性司法兴起于美国的辩诉交易，随后传至其他国家，目前协商性司法的类型也逐渐多样化，我国近年来也力图引进协商性司法机制，已经成为一项司法政策。最高人民法院出台专门文件推动"和谐司法"与"大调解"，实行"调判结合，调解优先"，协商性司法在我国主要表现为民事调解、行政诉讼和解和刑事诉讼和解。通过对基层司法工作人员对调解态度的调研发现，在较长一段时期的司法实践中，调解率被作为考核法官绩效的指标，一定程度上形成了以调解为核心的民事司法运行模式：问卷题目为此从人的认识可能性出发设定了四个选项，分别表明"调解为主，审判为辅""审判为主，调解为辅""自己对该问题认识不清，或认为二者不相上下""其他的可能性，如根据实际案件的情况而定"，调研统计结果参见图 3-7。③

---

① 李征：《中国检察权研究——以宪政为视角的分析》，中国检察出版社 2007 年版，第 176—177 页。
② 林钰雄：《检察官论》，法律出版社 2008 年版，第 136 页。
③ 在回收的问卷中，有 1564 份对该问题作出了有效回答。其中认为在民事审判中应以"调解为主，审判为辅"有者 713 人，占总数的 45.59%；认为应以"审判为主，调解为辅"有者 626 人，占总数的 40.03%；认为"说不清"者有 146 人，占总数的 9.34%；对二者关系有"其他"认识者有 79 人，占总数的 5.05%。

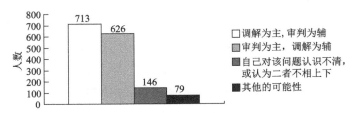

图 3-7　审判和调解作为解决纠纷重要手段的情况

从图 3-7 中的数据可以看出，在受访地区的上千名法官中，有接近半数的法官认为"调解"是解决民事纠纷的重要手段。虽然认为应以"审判"为重要手段的人数与之只相差五个半百分点，但是却充分说明当下鼓励调解的政策已经影响到了法官群体。虽然行政诉讼法要求不能够调解，但在实践中法官常常居中斡旋，最后原告常以撤诉之名撤销诉讼，实质上也是一种协商性司法。协商性司法本来就对解决纠纷有重要的作用，追求法律效果与社会效果的结合，在转型的现代社会有着特殊的优势，是诉讼各方都想追求的方案，协商性司法的前提是各方和平、理性地对待诉讼，尊重对方的诉权。而司法实践中的"大调解"政策，在一定程度上也未起到应有之社会效果。本次调研发现，大部分司法工作人员认为调解"基本达到案结事了的社会效果"，而非"能达到案结事了的社会效果"。

问卷主要针对目前司法改革中，"司法调解"又被重新强调起来的情况，调查诸多举措对解决实际案件的效果。四个选项将"大调解举措"对"案结事了"的效果分为"能达到、基本达到、不能达到、出现负面效果"。显然人们设计某种制度都希望它可以达到良好的效果，而在这四个程度中只有"能达到"才是人们满意的结果。数据统计如图 3-8 所示。[①]

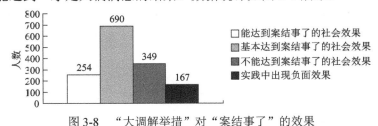

图 3-8　"大调解举措"对"案结事了"的效果

───────────

① 在回收的问卷中，有 1460 份对该问题作出了有效回答。其中认为"能达到案结事了的社会效果"的有 254 人，占总数的 17.40%；认为"基本能达到案结事了的社会效果"者有 690 人，占总数的 47.26%；认为"不能达到案结事了的社会效果"者有 349 人，占总数的 23.90%；认为"出现负面效果"者有 167人，占总数的 11.44%。

考虑到中国人表达习惯是较含蓄的，所以在认为"能达到效果"的情况会较"基本达到效果"的情况低。但是，正反对比则可以忽略这种含蓄。不容忽视的是，对比"能达到效果"与"不能达到效果"以及"出现负面效果"，我们可以发现这些举措所达到的效果不尽如人意（显然不能达到效果，甚至出现负面效果都是所不期望发生的）的总比例是 35.34%，远高于满意效果的比例的 17.4%。人们推举一个制度，能达到的基本效果是尝试该制度的保险系数，而其实施的正反效果对比中何者占比更高，以及与同目的的制度相比何者更优，才是是否值得推行的考量因素。由于未能与"审判"效果做对比，我们只能单方面观察以上数据，但从中可以确定的是，该种举措并未使调解发挥更大的作用，其对案件的解决仅仅发挥了基本的作用。

协商性司法在我国最先的推动力来源于基层实务部门，是出于其在加强当事人之间协商、消除对抗情绪、及时解决矛盾纠纷方面的价值考量。本节所述协商性司法是指广义的协商性司法，包括传统的恢复性司法。协商性司法的本质是一种合作的司法模式，内在特征是互惠互利的合作关系。[1]协商性司法中法官的裁量权比较大，使得司法程序在某种意义上由"法律的统治"变为"权力的统治"、协商程序不透明、协商者地位不平等、法律标准不明确、实体公正被个别公正所取代，在刑事司法和行政司法领域还可能导致犯罪控制和权力制约等诉讼目的和功能的偏离，被害人和原告的利益可能被牺牲。[2]

在实践中，协商性司法却出现了不良走向，主要表现为以协商之名行强迫之实，是原告、被告和法院三方博弈的结果，法官在司法政策和解决矛盾等的影响下往往违背当事人意愿进行调解，然后以调解或撤诉等方式结案，协商性司法不但没有让当事人的合法利益通过诉讼得到保护，个案对推动法治进程的功能也因此化为泡影。这尤其体现在行政诉讼中，《行政诉讼法》第六十条规定了行政诉讼不适用调解原则，却没有禁止和解。第六十二条规定："人民法院对行政案件宣告判决或者裁定前，原告申请撤诉的，或者被告改变其所作的具体行政行为，原告同意并申请撤诉的，是否准许，由人民法院裁定。"和解是指在行政诉讼中，当事人就有关诉讼标的

---

① 马明亮：《协商性司法——一种新程序主义理念》，法律出版社 2007 年版，第 57—58 页。
② 马明亮：《协商性司法——一种新程序主义理念》，法律出版社 2007 年版，第 169—178 页。

之事达成协议，经人民法院认可后全部或部分的终结诉讼。诚然，行政诉讼中的和解制度对于解决行政纠纷有重大作用，有助于减少司法机关的诉累，以保护当事人的利益，但这种司法边缘性的纠纷解决方式，不可避免地会产生侵犯诉权的情况。1987 年非判决结案率只有 26.8%，此后一路上扬，到 2010 年达到 71.8%的最高值，在一审各种非判决的结案方式中，原告撤诉始终占较大比例，高于驳回起诉、移送、终结诉讼等其他结案方式的总和，如 2010 年我国行政诉讼的撤诉率为 44.5%。① "撤诉率高的真正原因在于当前行政诉讼缺乏良好的制度环境，行政权缺乏制约，原告缺乏基本的安全，法院缺乏独立性和权威性。结果是，作为原告的公民、法人或者其他组织的权利无法通过行政诉讼得到理想的保护，限制撤诉的法律规定被弃置或规避。"②

在司法实践中，大部分司法工作人员认为刑事和解与行政和解能够切实起到了促进纠纷解决的功效，具体数据如图 3-9 所示。③

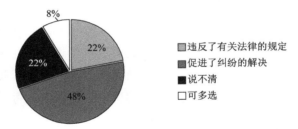

图 3-9　司法工作人员对刑事和解与行政和解的评价情况

综合来看，有 48%接受调查的人员认为刑事和解和行政诉讼和解促进了纠纷的解决，反映了在司法实践中这两种制度在纠纷解决中所起到的作用受到了较广泛的认可。从调查的数据来看，认为刑事和解与行政诉讼和解违反了相关法律规定的比例占到了总数的 22%，也说明我国的司法实践中运行的一些制度缺乏法律依据，没有形成规范的运行制度，在司法实践

---

① 何海波：《困顿的行政诉讼》，《华东政法大学学报》2012 年第 2 期，第 89 页。
② 何海波：《实质法治：寻求行政判决的合法性》，法律出版社 2009 年版，第 69 页。
③ 在回收的调查问卷中，共有 1513 份有效问答，对于本题的四个选项中，有 333 人选择了刑事和解和行政诉讼和解"违反了有关法律的规定"，占到总调查人数的 22%；有 720 人选择了"促进了纠纷的解决"，占到总调查人数的 48%；有 334 人选择了"说不清"，占到总调查人数的 22%，和选择"违反相关法律规定"的比例一样；126 人选择了"其他"的选项，占到总调查人数的 8%。

中，可能会影响到公正审判的结果。"说不清"选项的占比和这一比例持平，也就是说22%的被调查的审判人员中，对于这两种新型制度的了解不是很清楚，没有对其进行深入的了解和剖析。

2006年9月4日，中央办公厅、国务院办公厅下发了《关于预防和化解行政争议、健全行政争议解决机制的意见》。2008年1月，最高人民法院发布的《关于行政诉讼撤诉若干问题的规定》，以司法解释的形式对行政诉讼协调做了全面而正式的肯定。其中第一条规定："人民法院经审查认为被诉具体行政行为违法或者不当，可以在宣告判决或者裁定前，建议被告改变其所作的具体行政行为。"2008年8月18日，最高人民法院下发了《行政审判工作绩效评估办法（试行）》。该评估体系把上诉率、申诉率作为负面考评指标之一，而把撤诉率作为正面考评指标，进一步鼓励了法官运用协调方式处理行政案件。实行协调和解率、执结率、息诉率（简称"三率"）综合考核与落实奖惩制度挂钩，变"软任务"为"硬指标"，切实增强行政审判人员做好多元协调工作的积极性和主动性。坚持协调处理的合法、自愿、有限原则，避免滥用协调权，禁止"以权促撤""以拖压和"的做法。

伴随协商性司法一起出现的，是检察机关的量刑建议权。协商性司法要求公诉机关拥有必要的裁量权，量刑建议是协商性司法的前提和基础。协商性司法的提出，是与和解制度紧密相关的，从法律规定来看，2006年最高人民检察院颁行的《人民检察院办理未成年人刑事案件的规定》明确"制作起诉书，应当依法建议人民法院对未成年被告人予以从轻或者减轻处罚"。此外，在实践中，根据轻微刑事案件和解制度的相关规定，当犯罪人向被害人支付了一定的补偿之后，被害人会表示谅解，检察机关会据此向人民法院提交从轻处理的意见书，这一做法体现了协商性司法与量刑建议的相互关系。通过调研发现，我国大部分检察院对于量刑建议制度处在推行的阶段，如图3-10所示[1]。

---

[1] 针对我国目前检察院推行量刑建议制度的情况，课题组做了以下调研，在总共1460个检察院中，"大力推行"量刑建议制度的有365个，"有所推行"的有786个，"基本没有推行"的有174个，"不知道"的有135个。"大力推行"的占25%，"有所推行"的占54%，"基本没有推行"的占12%，"不知道"的占9%。就数字统计本身来看，有不少检察院正在大力推行这一制度，究其原因，量刑建议制度有利于检察院行使对犯罪分子的追诉权以及对审判机关的监督权，还有利于提高司法效率并有利于保障人权，实现公平正义。

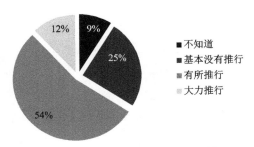

图 3-10 检察院量刑建议制度推行情况

在被调查的检察院中，"有所推行"量刑建议制度的占绝大多数，然而实施力度不大，很大程度上流于形式，达不到应有的效果。其主要原因在于法院方面的消极应对，造成检察院的量刑建议权无法得到实现，被采纳的概率较低。长久以来，检察机关的检察权与法院的审判权处在相互博弈的过程当中，审判机关严守其审判领地，唯恐检察权入侵；而检察机关一直在寻求如何能够更好地行使其法律监督职能。二者的博弈在某种程度上是有益的。但这也造成了法院对于检察院量刑建议制度的热情不高。另外，对于实施量刑建议的地方，法院采纳其建议的概率也不高，这样一来，严重打击了检察机关进行量刑建议的积极性。检察院的量刑建议制度是为了限制审判机关的自由裁量权而设计的，然而作为监督机关的检察院本身也可能在权力扩张本性的支配下，发生检察机关滥用职权的现象，由于没有统一的程序性规范，也难以对其进行有效制约。

四、多中心主义司法之迷失

多中心主义司法主要表现在诉讼法没有对启动、审理案件的权力和判决的效力进行明确细分，或虽然有细分实践中却被模糊化处理，在实践中审判权力往往由多个主体行使，一个案件形成多份互相矛盾判决的情况，形成无人负责亦无人担责的境况，从而隐性的侵害了当事人的诉权。多中心主义司法主要包括审级事项多中心、审判权力程序的多中心、再审启动权力的多中心以及判决的多中心等。我国各级人民法院都有一审的职能，但在二审和一审中并没有明确区分法律审和事实审，不同级别的法院之间受理案件的标准存在模糊空间，法院会因某种因素如案件复杂，借此来推卸司法责任，上下级法院之间相互推诿，造成整个司法机制的僵化和失灵。

审判权力的多中心主要体现在我国法院内部的权力结构中，承办法官、合议庭、审判庭、审判委员会、主管副院长、院长在每个案件中都有自己的权力。我国原有的合议庭与审判委员会是被监督与监督的关系，并没有赋予审判委员会审判权，而在现实中审判委员会和合议庭是领导与被领导的关系，一个案件可能经过几道流水线，但每个节点的权力和责任是什么并没有一个很明确的规定，导致法院判案过程中对责任的推脱。再审可以由案件审理法院的院长、上级法院、检察院以及当事人单独启动，形式上看似很完备，多管齐下，实际上使得有些案件该启动再审却迟迟启动不了（如聂树斌案），而有一些案件不需要启动反而随意启动。此外，我国的判决即判力缺乏，虽然是二审终审制，但是对再审没有设定限制，所以在实践中有的案件被反复再审，这样的代价是司法的权威受损。法院在一国的宪政结构中具有一定的保守色彩，法院对现行法秩序的维护是其重要功能，而为了实现这一职能则应该将实现法院之间的相互独立，避免各级法院之间成为一个利益共同体。例如，我国传统司法对案件的审理不可谓不慎重，曾实行"六级六审"制，死刑案件还需要皇帝的复核，但仍然存在诸多问题，司法机制的多中心便是其中的一个重要原因，司法人员很容易沆瀣一气。应星和徐胤通过华北 T 市和 L 市基层法院行政庭的个案研究发现，法院行政案件的立案中，形式上是由立案庭负责，但实际上还是由行政审判庭决定，这实际上造成了立审分离的形式主义。[1]然而，在一些地方的案件中则是立案庭、审判庭和执行庭分离导致当事人的诉权受到多次侵害，也是导致立而不判、判而不执的重要原因。

司法多中心还包括司法目标的多中心，每年的《最高人民法院工作报告》便是对此的观察窗口之一，"化解矛盾、案结事了、促进和谐、确保公正"和"保发展、保民生、保稳定"一直是我国法院所追逐的工作目标，除了在审理具体个案中要按照相关司法政策做好服判息诉、回应社会要求、维护社会秩序外，同时也要配合和支持行政机关等相关部门依法行使职权，"配合有关部门妥善处理""维护和支持行政机关依法行使职权""协助做好……工作"等语句在历年的报告中不断出现。在多重目标的激励下，法

---

① 应星、徐胤：《"立案政治学"与行政诉讼率的徘徊——华北两市基层法院的对比研究》，《政法论坛》2009 年第 6 期，第 115 页。

院在社会中承担的定位也转向多元化，超出了宪法所规定的"审判机关"的范围。韦伯将理性分为目的理性和价值理性，法院在判决还没有作出之前为追求司法目的的公正，应竭力追求目的理性。然而，一旦终审判决作出，则应追求价值理性，保持对司法的信仰。如果法院本身的目的是维护地方稳定和促进经济发展，这样的"实质理性"换来的是对"价值理性"的践踏和牺牲。在我国审判目标多中心的指导下，只能导致审判工作的迷失。

第四章
中国司法权规约制度实证研究

作为国家权力的一种，司法权之具体运行也是一种具有潜在危险性的权力形态。比较立法权、行政权而言，司法权所具有的危险性更值得我们予以关注。其间的原因不仅在于司法权运行的个案正义运作机理，更在于司法的最终解决特性。司法权作为国家权力的一种，如果其具体运行所应遵循的技术制度不充分外显，则在实践中无疑会较易出现逾越法治仪轨之司法权运行失范现象。比较其他国家权力而言，由于司法最终解决之特性，有关司法权运行失范之规制手段相对孱弱，其所造成的宪政损失可能至为重大。有鉴于此，从司法权发展演变的一般规律出发，构建适宜的司法权规约体系，无论是从国家权力体系之创设，还是公民权利的保护来说，都具有重要的理论和实践意义。

第一节　中国司法权规约之体系①

从公民权利保护的角度来说，任何形态的权力都存在一定程度的危险

---

① 本节部分内容由课题组成员和中心研究员吴展完成，其并以此形成了博士论文《司法权规约体系研究》，编入本书时进行了部分修改，特此说明。

性，国家权力自然也不例外。从其运行来看，如果国家权力基于其较强的侵犯性和强制性行使，忽视乃至无视权力运行对象的利益，就会对公民的合法权益构成显著威胁。同时，国家权力比较其他形态的权力而言，其所具有的危险性可能引致的后果更为可怕：一方面，在一国宪政体系之下，国家权力所具有的强制性和普遍性对公民权利的侵犯具有更强的整体性，任何人都无法完全排除被侵犯的可能性；另一方面，国家权力的所有者和行使者之间的分离，国家权力的具体运行有可能背离国家权力所有者事先设定或者期望权力依此运行的法治仪轨。因此，作为国家权力之一种，司法权之具体运行也是一种具有潜在危险性的权力形态。

此外，比较立法权、行政权而言，司法权所具有的危险性更值得我们予以关注。其间的原因不仅在于司法权运行的个案正义运作机理，更在于司法的最终解决特性。如果作为正义最后屏障的司法不能正当运作的话，它对公民权利的整体保护可能带来一种无妄之灾。比较其他国家权力而言，由于司法最终解决之特性，有关司法权运行失范之规制手段相对孱弱，其所造成的宪政损失可能至为重大。有鉴于此，从司法权发展演变的一般规律出发，构建适宜的司法权规约体系，无论是从国家权力体系之创设，还是公民权利的保护来说，都具有重要的理论和实践意义。就我国的司法权运行实践来说，通过党、人大、人民检察院以及人民法院自身对司法审判进行规约，一直以来都被认为是必要的。由于我国司法制度中存在法官专业能力的不足、司法腐败以及司法或地方保护主义等问题，通过上述多种形式的规约，有助于纠正司法中的不公正行为，最终确保司法公正。

在我国，司法权主要由人民法院行使的审判权和人民检察院行使的法律监督权构成。从规范的角度来说，《法官法》《检察官法》从微观层面对以上两个司法机关行使司法权之法律框架进行了设定；三大诉讼法对司法权进行了程序性规制。现行宪法则从根本法的角度对司法权运行的基本原则，以及其与国家权力体系之中其他种类权力的关系予以宏观构建。这是我国司法权规约的基本法律框架，在这一框架下，又可分为司法权运行的政治性规约、司法权运行的功能性规约和司法权运行的自律性规约。

一、我国司法权规约体系之政治性规约

政治性规约，即政党政治的法治化运作对司法权运行之规约。政治性规约的要义在于，它以一种间接、隐性的方式作用于司法官、司法权运行主体，从而对某一时期国家宪政建设应有司法宗旨和司法理念之型塑产生实质影响。在我国司法改革进程中，中国共产党作为执政党，肩负着实现国家现代化和民族复兴的历史使命，其对司法工作的领导，不仅具有历史的政治正当性，而且存在宪法等制度基础。就其实际而言，坚持中国共产党对司法权及其运行之领导乃人民司法的一项基本原则。此基本原则存在之目的在于确保司法之人民性，并贯彻以人为本之司法理念。从此角度来说，党的领导实际上构成了我国独具特色的司法权规约形式之一，其在司法宗旨与司法理念等层面的规约功能之发挥程度直接左右着人民司法之政治方向。执政党对司法活动的规约主要体现在以下几个方面。

（一）执政党对司法活动的宏观指导

中国共产党是中国特色社会主义事业的领导核心，司法机关作为国家机关的组成部分也必须坚持党的领导，这一点在宪法和法律中有明确规定，因而也是实施宪法和法律的必然要求。党在长期的革命和建设实践中，在领导方式上进行了大量的探索和创新，最终形成目前这样一套完善、完整的领导方式，成为政党建设和国家建设的一条基本历史经验。大致来说，党对所有政府机关大都采取相同的领导体制，即政治领导、思想领导和组织领导。党对司法工作的领导亦是通过这三种方式实现党对司法活动的宏观指导，将执政党制定的具体方针政策在司法领域贯彻执行。执政党通过制定路线方针政策领导各级司法机关依法开展活动，通过司法机关内的党组织贯彻执行党的路线方针政策，通过党的组织程序推荐党员干部到司法机关担任领导职务代表党行使执政权力。

1. 政治领导

党对司法工作的政治领导是党的领导在司法领域的根本体现。党制定司法工作的路线、方针、政策，通过一定的形式由司法机关贯彻执行，以保证司法工作的政治方向，发挥执政党对司法工作的宏观指导作用。如十八届三中全会《中共中央关于全面深化改革若干重大问题的决定》、十八届

四中全会《中共中央关于全面推进依法治国若干重大问题的决定》中关于司法改革方向的意见，在接下来的一段时期内，都会通过相关立法，将执政党的意志转化为具体的法律规范，并对司法活动产生直接影响。尤其党的十八届四中全会第一次就全面推进依法治国专门作出《中共中央关于全面推进依法治国若干重大问题的决定》，对加强和改进党对司法工作的领导高度重视，作出了很多新的规定，提出了明确要求，体现了我们党对这一重大问题的理论创新和制度创新，对于确保司法工作的正确方向、保证司法公正、提高司法公信力，意义十分重大。

就人民法院而言，一是要根据《中共中央关于全面推进依法治国若干重大问题的决定》对党领导全面依法治国的总体部署，自觉地把党的领导作为司法工作的根本要求，把党的领导贯彻到司法工作的各方面和全过程，把党的路线方针政策落实到司法工作的各个环节之中。二是要自觉向党委汇报人民法院的工作，为党委发挥促进公正司法作用、作维护法律权威的表率创造条件、提供平台。三是要推动落实《中共中央关于全面推进依法治国若干重大问题的决定》提出的各级党政机关和领导干部要支持法院、检察院依法独立公正行使职权，建立领导干部干预司法活动、插手具体案件处理的记录、通报和责任追究制度，落实任何党委机关和领导干部都不得让司法机关做违反法定职责、有碍司法公正的事情等规定，坚决反对和防止领导干部以权压法，影响公正司法。四是要大力加强人民法院党的建设，充分发挥人民法院党组织的政治保障作用和党员先锋模范作用，坚决贯彻党的理论和路线、方针、政策，领导和监督本单位模范遵守宪法法律，坚决查处执法犯法、违法用权等行为。五是要自觉坚持在党委政法委员会的领导下开展司法工作，使各级党委政法委员会着力发挥把握政治方向、协调各方职能、统筹政法工作、建设政法队伍、督促依法履职、创造公正司法环境等重要职能。

《中共中央关于全面推进依法治国若干重大问题的决定》作出了关于党领导法治建设及司法工作的一系列规定，为如何坚持党对司法工作的领导和司法机关如何在司法工作中坚持党的领导，明确了思路，完善了制度，统一了思想，指明了方向。人民法院在学习贯彻党的十八届四中全会精神的过程中，首先要在思想上、理论上弄清楚我们的法治建设和司法工作为什么必须坚持党的领导，从而不断增强坚持党的领导的自觉性和坚定性，及时消除在这个重大原则问题上的迷惑和杂音，切实增强在这个问题的道路自信、理论自信和制度自信。①

2. 组织领导

党对司法工作在路线、方针、政策方面的宏观指导需要通过组织领导的形式加以保证。虽然按照我国宪法和相关组织法的规定，我国的司法人员都必须经人大或人民代表大会常务委员会选举和任免程序，但由于党对人大工作的领导以及依据党管干部的原则，司法机关所在地的党的委员会及其党组织在法官的选任上，尤其是担任重要职务的法官的选任上有实际的权力。（当然，这种权力的实现是通过法律程序实现的。）执政党通过对司法官员的任命来使其政策和主张得以更好贯彻执行的方法，这一方法在西方政党政治制度中也有体现，尽管其实现方式与我国有所不同。如美国历届总统为贯彻其政策并使其政策和主张在他卸任之后能继续发生影响，总是尽量任命本党党员或支持其政策和主张的人担任法官和大法官，任命本党的成员占法官总数的百分比，最低的是塔夫特总统的 82.2%，最高的是威尔逊总统的 98.6%，总统任命的联邦低级法官中本党党员平均占 90%以上。中国共产党也是通过任命与本党信仰和主张一致的人来担任司法官员，以此确保党的政策和方针得以在司法领域贯彻执行。

党对司法机关的组织领导的另一重要内容是对司法机关中的党员干部进行监督，发现有违法违纪的予以纪律处分或建议国家机关予以罢免。党还专门成立了一个组织来领导司法工作，即各级党委领导下的政法委员会，它是党基于司法工作的特殊性而设置的一个功能性的协调机构。党委对司法工作的领导主要是通过政法委员会组织实施。政法委员会委员的书记通常是党委常委，政法委员会委员的其他成员是公、检、法、司法行政等机关的领导。政法委员会委员专司对公、检、法、司、安主要五大政法机关工作的领导和协调。

（二）政法委员会对司法活动的协调监督

政法委员会是党委领导和管理政法工作的职能部门。其主要任务是宏观指导、协调、监督、检查人民检察院、法院、公安机关、司法行政、国

---

① 胡云腾：《始终坚持党的领导　保证独立公正司法》，《红旗文稿》2014 年第 23 期，第 4 页。

家安全等部门开展工作，维护社会稳定。政法委员会委员的主要职责有以下几个方面。①贯彻执行党的路线、方针、政策以及党委的有关决策和部署，统一政法各部门的思想和行动。②组织政法工作中有关法律及重大政策的调查研究；指导政法工作改革，对依法治理工作提出意见、建议。③研究处理政法工作的重大问题并及时向同级党委提出建议；对一定时期的政法工作作出全局性部署并检查落实。④维护政法各部门依法独立行使职权；依法组织开展执法监督；指导、协调政法各部门的工作；组织研究和讨论有争议的重大、疑难案件。⑤组织调查、协助处理抗法的重大事件，确保政法各部门正常开展工作。协助同级党委组织部考检查督促政法队伍的纪检、干部和人事工作。⑥组织、协调、指导本级维护社会稳定工作、社会治安综合治理工作、禁毒工作、防范与处理邪教问题工作等。调查掌握社会治安综合治理方面的新情况、新问题，制定并检查落实社会治安综合治理的重大措施。⑦研究和指导本级政法队伍建设，协助党委组织部考察、管理政法部门领导班子和干部队伍。⑧承办党委和上级政法委员会、维护稳定及社会治安综合治理委员会交办的其他事项。

党委政法委员会对公检法三机关工作的领导和协调，同样构成了一种对司法机关有约束力的权威。当具体的个案处理在公检法三机关之间存在不同意见和做法时，政法委员会的协调作用变得非常重要。然而，三机关从意见分歧到协调行动，意味着其中某个机关要作出让步，全部或部分放弃自己的主张。如果放弃自己的主张在具体的个案中意味着放弃法律的原则，那么政法委员会的协调实际上削弱了司法的独立。协调的过程，既是矛盾的解决过程，也是党领导与司法独立的紧张关系的产生过程。①

（三）纪律检查委员会对司法工作人员廉洁性的规约

纪律检查委员会（简称纪检委），党的中央纪律检查委员会在党的中央委员会领导下进行工作。党的地方各级纪律检查委员会和基层纪律检查委员会在同级党的委员会和上级纪律检查委员会双重领导下进行工作。党的各级纪律检查委员会的主要任务是：①维护党的章程和其他党内法规；

---

① 李建明：《论党领导下的司法独立》，《政治与法律》2003 年第 2 期，第 37 页。

②检查党的路线、方针、政策和决议的执行情况；③协助党的委员会加强党风建设和组织协调反腐败工作。党的纪检部门对司法工作中司法工作人员的贪污腐败、违纪违规等情况进行查处。

纪检部门派驻至司法机关的纪检组，也在司法运行过程中起到了重要的监督作用。纪委派驻法院的纪检组一般和法院的监察室合署办公，履行两种职能，负责法院系统的纪检监察工作。其主要工作职责是：①监督检查各级法院及其法官和其他工作人员贯彻执行党的路线方针政策和决议，遵守和执行国家法律、法规、政策及工作纪律的情况；②监督检查各级法院党组（党委）和行政领导班子及其成员维护党的政治纪律、贯彻执行民主集中制、选拔任用领导干部、贯彻落实党风廉政建设责任制和廉政勤政的情况；③制定和完善人民法院廉政制度，检查人民法院及其法官和其他工作人员执行廉政制度的情况；④受理对人民法院及其法官和其他工作人员违纪违法行为的控告、检举；⑤调查处理人民法院及其法官和其他工作人员违反审判纪律、执行纪律及其他纪律的行为；⑥受理法官和其他工作人员不服纪律处分的复议和申诉；⑦协助法院党组组织协调法院的党风廉政建设和反腐败工作；⑧组织协调、检查指导纠正审判工作、执行工作和法院其他工作中损害群众利益的不正之风；⑨组织协调、检查指导预防腐败工作，开展对法官和其他工作人员司法廉洁和遵纪守法的教育。

二、我国司法权规约体系之功能性规约

功能性规约，即借助宪法配置不同国家权力，使得此种国家权力之运行，对于此种国家权力功能之发挥构成某种意义上的规约。无论是何种法系之国家，均在权力配置及其运行领域存在相应的分权制约。以上分权制约对于司法权之具体运行而言，可以构成某种程度上的功能性规约。

在任何国家，司法权运行主体均拥有一定程度的自由裁量权。就不同国家权力之间的关系型构而言，以上自由裁量权的大小通常与立法权的运行存在密切的关系。如徐国栋教授所言，此处存在一个权力量守恒定律，"法律规定的数量与法官自由裁量权的大小成反比；法律的模糊度与法官

权力成正比；法律的精确性与法官的自由裁量权成反比。这就是权力量守恒定律，它是设计立法—司法关系，决定立法文件条目数量规模的基本圭臬"①。立法权运行主体借助法律这一媒介，在与司法权的互动中达致一种动态平衡。

在立法—司法关系的制度设计方面，我国与奉行"三权分立"的西方国家存在显著的不同：司法是从属于立法的。根据现行宪法的规定，国家审判机关、检察机关都由人大产生，且需对人大负责，并接受其监督，这也是人民司法之重大特色。某种意义上，人大的这种功能性规约对于行使其他国家权力的主体而言，是一种他律式规约。司法权作为国家权力之一种，其与其他国家权力之间的关系通常借由宪法予以制度设定，而现代宪法设计国家权力的基本要义即在于遵循分权与制约原则。就此而言，一种国家权力的制度存在构成对其之外国家权力的他律式规约力量。无论何种国家，其宪法都存在一定程度的分权与制约，"但由于各国国情不同，其宪法中的分权与制约模式存在着某些必然的差异；这种差异性，在相当程度上决定了各国宪治体制的特殊本质"②。在人大制度下，司法权运行主体必须遵循人大制定的法律和所决定的大政方针。因此，在我国，作为立法机关的人大及其常委会与相应的司法权运行主体之间不是平行、相互牵制的关系，而是组织者与被组织者、监督者与被监督者的关系。司法权之运行必须处于权力机关的监督之下，权力机关的监督是我国宪法规定的最高形式的法律监督，而司法机关必须自觉地服从此种监督。③

换言之，作为立法机关的各级人大及其常委会，遵照既定立法规范制定规制各种社会关系的法律规范，而作为司法机关的法院、检察院则遵循以上法律规范处理具体案件所涉纠纷。从保障社会正义的角度来说，立法机关和司法机关的目标显然是一致的。但从国家权力体系的角度来看，立法机关的地位要高于司法机关，其在保障社会正义方面居于更重要的位置，且对司法机关能否正确适用法律规范裁判案件负有监督责任。

---

① 徐国栋：《民法基本原则解释——以诚实信用原则的法理分析为中心》，中国政法大学出版社 2004 年版，第 385 页。

② 江国华：《中国宪法中的权力秩序》，《东方法学》2010 年第 4 期，第 68 页。

③ 何华辉：《人民代表大会制度的理论与实践》，武汉大学出版社 1992 年版，第 55 页。

在我国司法实务领域，人大监督借助近年来逐渐产生的"个案监督"模式，在某些案件审理过程中大有替代司法权运行之趋向，而司法领域亦存在不尊重既有权限，僭越立法权的具体表现。①有效地回应以上冲突，既需要遵守前述权力量守恒定律，又需要对人大监督司法的具体模式作出制度上的细化。

（一）功能性规约之本源

1. 中华人民共和国成立初期人大监督司法之缺位

中华人民共和国成立以来的我国司法权，是在告别国民党旧法统的基础上建构起来的。②由于执政不久且处于政权更替之际，中国共产党在彼时具有典型的革命党特性，对司法权的认知亦带有浓厚的政治色彩。这种浓厚的政治色彩表现在无论是对法律的理解，还是对司法权运行法则的要求，都强调与国民党旧法统的彻底割裂，"反动的法律和人民的法律没有什么'蝉联交代'可言"，"……各级司法机关办案，有纲领、条例、命令、决议等规定的从规定；没有规定的，照新民主主义的政策办理。应该肯定，人民法律的内容，比任何旧时代统治者的法律，要文明与丰富，只需加以整理，即可臻于完备……各级人民政府，特别是司法工作者要和对国民党的阶级统治的痛恨一样，以蔑视与批判态度对待国民党六法全书及欧美、日本等资本主义国家一切反人民的法律，用革命精神来学习马列主义、毛泽东思想的国家观、法律观。学习新民主主义的纲领、法律、命令、条例、决议，来搜集与研究人民自己的统治，制作出新的较完备的法律来"③。

在某种意义上，强调与国民党旧法统的割裂是证明新政权合法性的必要举措。但在建构政权的过程中，中国共产党还制定了一些基本的法

---

① 在具体司法审判领域，较为典型的如河南"种子案"；在非审判领域，各种带有明显立法性质的司法解释多存在曲解乃至逾越立法本意的表现。

② 《共同纲领》第十七条规定"废除国民党反动政府一切压迫人民的法律、法令和司法制度，制定保护人民的法律、法令，建立人民司法制度"。

③ 董必武签署，董必武、蓝公武、杨秀峰以华北人民政府主席、副主席名义发布的训令"废除国民党的六法全书及其一切反动法律"。（董必武：《董必武法学文集》，法律出版社2001年版，第15页，转引自张仁善：《百年中国司法权体系的发展进程及现实反思》，《河南省政法管理干部学院学报》2007年第4期，第16页。）

律规范。以上法律规范之中，起基础作用的莫过于《中国人民政治协商会议共同纲领》（简称《共同纲领》)、《中华人民共和国中央人民政府组织法》和《中国人民政治协商会议组织法》。《共同纲领》规定了国家各领域的最根本问题，不仅涵盖国体、政体等国家权力配置的根本问题，而且包括经济、文化、教育、民族、军事、外交等国家生活各领域的总原则、总政策，实际上成为当时的根本大法，发挥着临时宪法的作用。[①]《共同纲领》由于其临时性，对国家权力体系的建构相对抽象、笼统，仅仅在第十二条[②]、第十三条[③]对国家性质和国家政权组织形式作了一般规定，并未直接[④]涉及司法权力的配置问题。由于彼时全国人民代表大会尚未成立，而中国人民政治协商会议的会议时间又短，中央人民政府的职权至关重要。在具体内容方面，确定中央人民政府职权的《中央人民政府组织法》涉及其与司法机关之间的关系处理问题。根据《中央人民政府组织法》第七条第一款的规定，中央人民政府拥有制定并解释国家的法律、颁布法令，并监督其执行的权力，而在第七条第九款所规定的任免政府人员名单中，具体包括最高人民法院的院长、副院长和委员，最高人民检察署的检察长、副检察长和委员。

当然，与国家权力体系设计中司法权被囊括于行政权类似，司法权在具体运行领域也具有浓厚的政治意涵。为了实现人民民主专政的政治任务，司法权的运行是以如何应当时的政治情势而非以应有的司法技术特性为基

---

① 周叶中、江国华主编：《在曲折中前进——中国社会主义立宪评论》，武汉大学出版社 2010 年版，第 302 页。

② 《共同纲领》第十二条规定："中华人民共和国的国家政权属于人民。人民行使国家政权的机关为各级人民代表大会和各级人民政府。各级人民代表大会由人民用普选方法产生之。各级人民代表大会选举各级人民政府。各级人民代表大会闭会期间，各级人民政府为行使各级政权的机关。"

③ 《共同纲领》第十三条规定："中国人民政治协商会议为人民民主统一的组织形式。其组织成分，应包含有工人阶级、农民阶级、革命军人、知识分子、小资产阶级、民族资产阶级、少数民族、国外华侨及其他爱国主义分子的代表。在普选的全国人民代表大会召开以前，由中国人民政治协商会议的全体会议执行全国人民代表大会的职权，制定中华人民共和国中央人民政府组织法，选举中华人民共和国中央人民政府委员会，并付之以行使国家权力的职权。在普选的全国人民代表大会召开以后，中国人民政治协商会议就有关国家建设事业的根本大计及其他重要措施，向全国人民代表大会或中央人民政府提出建议案。"

④ 《共同纲领》在其十九条间接提及司法权问题，强调司法机关为人民和人民团体行使控诉权，监督国家机关及其公务人员是否违法、失职的法定机关之一，规定："在县市以上的各级人民政府中，设人民监察机关，以监督各级国家机关和各种公务人员是否履行其职责，并纠举其中之违法失职的机关和人员。人民和人民团体有权向人民监察机关或人民司法机关控告任何国家机关和任何公务人员的违法失职行为。"

础在运作。比如，在中华人民共和国成立之初的 1949—1953 年，司法权的运行就完全由当时的军事管制委员会主导。之所以如此，是因为按照当时的认识，司法权之运行是实现人民民主专政的重要武器之一，对司法权运行的政治考量要多于法律考量。一定程度上，这也是中国共产党运作司法权的长期传统，比如产生于陕甘宁革命根据地时期，并在当代仍然具有重要价值影响的"马锡五"审判方式，主要就是出于巩固革命根据地、稳定根据地社会秩序的政治需要的考虑而逐步确立并兴起的。①遵循上述理路，司法权运行的优先考虑在于政治上的正确性。在权力的行使方面，司法权只能交由那些政治上可以信赖而非表面上具备司法技能的人来运作。其原因在于，以政治考量来审视司法权之运行，如果将司法权交给那些只会"坐堂问案"、写些冗长的"判决"但政治上不可信任的人，无异于非常危险的自杀政策。②

　　总体上看，中华人民共和国成立初期国家权力的配置遵循的是一种"议行分离"的模式：由中国人民政治协商会议承担议事职能，中央人民政府负责具体执行。作为负责具体执行的部门，中央人民政府又下辖诸多部门，不仅包括政务院、中央人民政府委员会此类重要机构，还包括人民革命军委员会、最高人民法院及最高人民检察署。从权力体系的角度观察，中华人民共和国成立初期所形成的是一个行政权囊括司法权，并与立法权相分离的国家权力体系。但是，这里应当说明的是，在以上"议行分离"的国家权力体系中，立法机关尽管在形式上居于更高地位，也在某些方面对囊括司法权的行政权构成监督，但其与行政权的关系由于行政权从其内容来看更为广泛，并非一个简单的产生与被产生关系。根据《共同纲领》第十五条的规定，人民政府委员会向人民代表大会负责并报告工作。③

---

① 陈馨：《是否应当回归"马锡五"——兼评司法改革的前进方向》，《黑龙江省政法管理干部学院学报》2010 年第 5 期，第 117 页。

② 董必武：《关于改革司法机关及政法干部补充、训练诸问题》，《董必武法学文集》，法律出版社 2001 年版，第 121 页，转引自张仁善：《百年中国司法权体系的发展进程及现实反思》，《河南省政法管理干部学院学报》2007 年第 4 期，第 16 页。

③ 《共同纲领》第十五条规定："各级政权机关一律实行民主集中制。其主要原则为：人民代表大会向人民负责并报告工作。人民政府委员会向人民代表大会负责并报告工作。在人民代表大会和人民政府委员会内，实行少数服从多数的制度。各下级人民政府均由上级人民政府加委并服从上级人民政府。全国各地方人民政府均服从中央人民政府。"

这意味着行政机关产生于立法机关，向其负责并报告工作。立法机关尽管在规范层面拥有制约行政机关的地位和权力。但由于中央人民政府职权范围过于宽泛，立法机关的以上制约力量并不强大。其原因在于以下几个方面。其一，在人员产生机制层面，中央人民政府的人员当中，仅有主席、副主席、委员由立法机关产生[①]，而其他部门如军事委员会、政务院、最高人民法院及最高人民检察院相关人员则由中央人民政府之下的政务委员会产生。其二，在人员任免层面，立法机关仅拥有选举以上中央人民政府成员的权力，而不具有罢免权。从权力监督的角度来说，并不发挥主导作用。其三，在立法权的配置层面，由于在实际方面立法机关的运作尚存在诸多困难，立法权限的配置偏重于政府、而非立法机关。在具体立法权限方面，立法机关只行使为中央人民政府的组织设置进行立法的权力，但在事关中央人民政府运作的具体法律乃至其他法律方面，均由中央人民政府委员会直接制定或者讨论通过。[②]比较而言，国家立法机关所行使的立法权是十分有限的。从具体立法的角度来说，该时期一些重要法律如《婚姻法》《土地改革法》就是由强大的中央人民政府委员会讨论通过的。[③]因此，中华人民共和国成立初期人大监督司法之制度设置，实际上是借助立法权与行政权之间的关系实现的。而基于当时的政治状况，立法权与行政权乃至司法权实际上无法进行科学的区分，

[①] 《中央人民政府组织法》第六条规定："中国人民政治协商会议的全体会议选举中央人民政府主席一人，副主席六人，委员五十六人。"

[②] 《中央人民政府组织法》第七条规定："中央人民政府委员会，依据中国人民政治协商会议全体会议制定的共同纲领，行使下列的职权：一、制定并解释国家的法律，颁布法令，并监督其执行。二、规定国家的施政方针。三、废除或修改政务院与国家的法律、法令相抵触的决议和命令。四、批准或废除或修改中华人民共和国与外国订立的条约和协定。五、处理战争及和平问题。六、批准或修改国家的预算和决算。七、颁布国家的大赦令和特赦令。八、制定并颁发国家的勋章、奖章，制定并授予国家的荣誉称号。九、任免下列各项政府人员：甲、任免政府的总理、副总理，政务委员和秘书长、副秘书长，各委员会的主任委员、副主任委员、委员，各部的部长、副部长，科学院的院长、副院长，各署的署长、副署长及银行的行长、副行长。乙、依据政务院的提议，任免或批准任免各大行政区和各省市人民政府的主席、副主席和主要的行政人员。丙、任免驻外国的大使、公使和全权代表。丁、任免人民革命军事委员会的主席、副主席、委员，人民解放军的总司令、副总司令，总参谋长、副总参谋长，总政治部主任和副主任。戊、任免最高人民法院的院长、副院长和委员，最高人民检察署的检察长、副检察长和委员。己、筹备并召开全国人民代表大会。"

[③] 因该时期人民代表大会制度尚未正式确立，法律的制定程序是先由中国人民政治协商会议提出法律草案，后由中央人民政府委员会讨论通过，再由国家主席以颁布中央人民政府令的形式公布施行。

"法律不是通过司法审判这种独立的、理性的、专业化的、保障不受偏见的技术来捍卫民主政治的最后成果，而是将民主政治中的利益争夺直接带到法律实践中，它意味着阶级政治从立法领域不加改变地直接地延伸到司法审判的领域。立法与司法之间的区分不见了，司法成为立法的新形式，是阶级斗争的新形式"①。在此背景下，行使国家最高行政权的中央人民政府成为一种复合性的制度设置——既是立法机关、监督机关，又是执行机关。如同立法权与行政权之间的关系一样，司法权在中华人民共和国成立初期也处于强大的行政权驾驭之下，并借助彼时强大的政治动员力量"被整合为政治力量，被动员为维护新政权、镇压敌对势力的专政工具"②。在强大的行政权面前，立法权、司法权相对弱小。中央人民政府作为国家权力的最高行政机关，基本上领导和监督其他主要国家机关，组织政务院、人民军事委员会、最高人民法院③和最高人民检察署。

出于完成专政这一中国共产党首要政治任务的考虑，司法机关彼时的主要任务集中于行使各自职权完成镇压反革命的政治任务。同时，由于彼时民间的经济交往基本上不存在，且基本上所有个体都处于一种组织化的运转体系之中，绝大多数民事纠纷都可以通过组织内部来解决，借助司法来解决民事纠纷的需要基本上不存在，司法权运行的技术化要求相对比较低。由于该时期行使国家立法权的全国人民代表大会制度尚未正式确定，立法权监督行政权的制度设置仅在理论层面存在，人大监督司法更是无从谈起。

2. 1954 年宪法时期人大监督司法制度的初步确立

作为中华人民共和国第一部宪法，1954 年《中华人民共和国宪法》（简称"五四宪法"）"秉承了横向和纵向分权的理念"④，对不同国家权力之

---

① 强世功：《法制与治理——国家转型中的法律》，中国政法大学出版社 2003 年版，第 125 页。

② 翁子明：《司法判决的生产方式——当代中国法官的制度激励与行为逻辑》，北京大学出版社 2009 年版，第 43 页。

③ 1951 年 9 月生效的《中华人民共和国人民法院暂行组织条例》第十条第二款规定："各级人民法院（包括最高人民法院、分庭）为同级人民政府的组成部分，受同级人民政府委员会的领导和监督。"

④ 周叶中、江国华主编：《在曲折中前进——中国社会主义立宪评论》，武汉大学出版社 2010 年版，第 332 页。

间的权限进行了界分。从其内容来看，"五四宪法"的贡献在于：它一方面确立了中华人民共和国宪政的基本框架，对国家权力设置的一些根本问题，如国体、政体、国家结构形式、国家的根本政治制度、公民基本权利和义务等进行了制度设定；另一方面也为中国宪法未来的发展指明了道路和方向。而在不同国家权力之间的关系方面，"五四宪法"借助相应的制度安排，使得不同国家权力之间能够保持相对分离与独立的关系，"即使是作为最高国家权力机关的全国人民代表大会，其'最高'也不是绝对的、无限的，而是必须以承认司法与行政机关的独立为前提，并必须接受选民的监督。尽管它可以对行政与司法机关构成一种单向的制约从而超越于其上，但不可能越俎代庖而代行司法与行政权力"①。因此，"五四宪法"所确立的人大监督司法的有关制度可以概括为如下几个方面。首先是产生机制的确立。人大作为国家权力机关，其是司法权运行主体重要的产生来源。各级法院、检察院行政领导及主要司法官，均由各相应级别的人大或其常委会选举或任免。根据"五四宪法"第二十七条②第七款、第八款的规定，最高级别司法机关的正职领导均由全国人民代表大会选举产生。根据"五四宪法"第三十一条③第九款、第十款的规定，最高级别司法机关的副职领导及主要司法官都由全国人民代表大会常委会任免。此外，根据"五四宪法"第五十九条第二款的规定④，地方各级司法机关也由地方各级人大选举产生。其次是司法机关向立法机关负责并报告工作的规定。立法机关作为各级司法权运行主体的产出来源，拥有监督相应级别司法权运行主体的权力。在宪法所确立的国家权力框架下，各级别的司法权运行主体应当分别向各自级别的人大或其常委会负责并报告工作。"五四宪法"第八十条对此作出了明确的规定。当然，由于检察权及其运行具有不同于审判权之处，"五四宪法"对检察权运行的规定与其对审判权的

---

① 占美柏：《在文本与现实之间：关于"五四宪法"的回顾与反思》，《法商研究》2004 年第 1 期，第 44 页。

② "五四宪法"第二十七条规定："全国人民代表大会拥有选举产生最高人民法院院长、最高人民检察院检察长的职权。"

③ "五四宪法"第三十一条规定："全国人民代表大会常务委员会拥有任免最高人民法院副院长、审判员和审判委员会委员以及任免最高人民检察院副检察长、检察员和检察委员会委员的职权。"

④ "五四宪法"第五十九条规定："地方各级人民代表大会选举并且有权罢免本级人民委员会的组成人员。县级以上的人民代表大会选举并且有权罢免本级人民法院院长。"

规定存在细微的差别：其仅在第八十四条①规定最高人民检察院向最高立法机关负责并报告工作，但对于地方各级人民检察院，却在第八十三条②规定检察院独立行使检察权、不受地方国家机关干涉。此处的地方国家机关具体涵盖何种机关，至少在宪法层面不如其对审判权的规定明确。最后是对人大监督司法的形式予以正式明确。人大监督司法的形式可以是听取报告，相应人员的任免，也可以是组织特定问题的调查委员会。根据"五四宪法"第八十条、第八十四条的规定，各级人民法院要向同级人民代表大会及其常务委员会负责并报告工作，最高人民检察院要向全国人民代表大会及其常务委员会负责并报告工作。根据"五四宪法"第二十七条、第二十八条、第三十一条、第五十九条的规定，立法机关拥有任免司法机关主要负责人及相关人员的职权。而根据"五四宪法"第三十五条之规定，立法机关在认为必要的情形下，可以组织对于特定问题的调查委员会。对于以上调查工作，包括司法机关在内的其他主体均负有予以配合的义务。③

3.1982 年宪法时期人大监督司法之发展

当下我国对司法的功能性规约的制度架构主要是由 1982 年宪法确定的。"八二宪法"作为"中华人民共和国成立后第一部宪法的继承和发展"④，"既是中华人民共和国成立后宪法发展的集大成之作，也是在经历了极为曲折的宪政立法进程之后，种种经验与教训的深刻总结"⑤。就此而言，"八二宪法"的制定是从我国的实际国情出发制定的，整体上是一部具有中国特色、适应新的历史时期社会主义现代化建设需要的宪法。

在人大监督司法制度方面，"八二宪法"对"五四宪法"的继承体现为以下几个方面。首先，人大监督司法的制度设置再次予以明确。根据"八

---

① "五四宪法"第八十四条规定："最高人民检察院对全国人民代表大会负责并报告工作；在全国人民代表大会闭会期间，对全国人民代表大会常务委员会负责并报告工作。"

② "五四宪法"第八十三条规定："地方各级人民检察院独立行使职权，不受地方国家机关的干涉。"

③ "五四宪法"第三十五条规定："全国人民代表大会认为必要的时候，在全国人民代表大会闭会期间全国人民代表大会常务委员会认为必要的时候，可以组织对于特定问题的调查委员会。调查委员会进行调查的时候，一切有关的国家机关、人民团体和公民都有义务向它提供必要的材料。"

④ 周叶中主编：《宪法》，高等教育出版社、北京大学出版社 2003 年版，第 97 页。

⑤ 周叶中、江国华主编：《在曲折中前进——中国社会主义立宪评论》，武汉大学出版社 2010 年版，第 529 页。

二宪法"第六十七条①第六项、第一百零四条②的规定，在中央层面，全国人大常委会拥有监督国务院、最高人民法院和最高人民检察院工作的职权；在地方层面，县级以上的人民代表大会常务委员会拥有监督本级人民政府、人民法院和人民检察院工作的职权。其次，产生机制得以维续。根据"八二宪法"第六十二条第七款、第八款的规定，全国人民代表大会选举最高人民法院院长和最高人民检察院检察长。③根据"八二宪法"第六十七条第一款、第十一款的规定，全国人民代表大会常务委员会拥有任免最高级

---

① "八二宪法"第六十七条规定："全国人民代表大会常务委员会行使下列职权：（一）解释宪法，监督宪法的实施；（二）制定和修改除应当由全国人民代表大会制定的法律以外的其他法律；（三）在全国人民代表大会闭会期间，对全国人民代表大会制定的法律进行部分补充和修改，但是不得同该法律的基本原则相抵触；（四）解释法律；（五）在全国人民代表大会闭会期间，审查和批准国民经济和社会发展计划、国家预算在执行过程中所必须作的部分调整方案；（六）监督国务院、中央军事委员会、最高人民法院和最高人民检察院的工作；（七）撤销国务院制定的同宪法、法律相抵触的行政法规、决定和命令；（八）撤销省、自治区、直辖市国家权力机关制定的同宪法、法律和行政法规相抵触的地方性法规和决议；（九）在全国人民代表大会闭会期间，根据国务院总理的提名，决定部长、委员会主任、审计长、秘书长的人选；（十）在全国人民代表大会闭会期间，根据中央军事委员会主席的提名，决定中央军事委员会；（十一）根据最高人民法院院长的提请，任免最高人民法院副院长、审判员、审判委员会；（十二）根据最高人民检察院检察长的提请，任免最高人民检察院副检察长、检察员、检察委员会委员和军事检察院检察长，并且批准省、自治区、直辖市的人民检察院检察长的任免；（十三）决定驻外全权代表的任免；（十四）决定同外国缔结的条约和重要协定的批准和废除；（十五）规定军人和外交人员的衔级制度和其他专门衔级制度；（十六）规定和决定授予国家的勋章和荣誉；（十七）决定特赦；（十八）在全国人民代表大会闭会期间，如果遇到国家遭受武装侵犯或者必须履行国际间共同防止侵略的条约的情况，决定战争状态的宣布；（十九）决定全国总动员或者局部动员；（二十）决定全国或者个别省、自治区、直辖市进入紧急状态；（二十一）全国人民代表大会授予的其他职权。"

② "八二宪法"第一百零四条规定："县级以上的地方各级人民代表大会常务委员会讨论、决定本行政区域内各方面工作的重大事项；监督本级人民政府、人民法院和人民检察院的工作；撤销本级人民政府的不适当的决定和命令；撤销下一级人民代表大会的不适当的决议；依照法律规定的权限决定国家机关工作人员的任免；在本级人民代表大会闭会期间，罢免和补选上一级人民代表大会的个别代表。"

③ "八二宪法"第六十二条规定："全国人民代表大会行使下列职权：（一）修改宪法；（二）监督宪法的实施；（三）制定和修改刑事、民事、国家机构的和其他的基本法律；（四）选举中华人民共和国主席、副主席；（五）根据中华人民共和国主席的提名，决定国务院总理的人选；根据国务院总理的提名，决定国务院副总理、国务委员、各部部长、各委员会主任、审计长、秘书长的人选；（六）选举中央军事委员会主席；根据中央军事委员会主席的提名，决定中央军事委员会其他组成人员的人选；选举最高人民法院院长；（七）选举最高人民检察院检察长；（八）审查和批准国家的预算和决算国民经济和社会发展计划和计划执行情况的报告；（九）审查和批准执行情况的报告；（十）改变或者撤销全国人民代表大会常务委员会不适当的决定；（十一）批准省、自治区和直辖市的建置；（十二）决定特别行政区的设立及其制度；（十三）决定战争和平的问题；（十四）应当由最高国家权力机关行使的其他职权。"

别司法机关副职及主要司法官的职权。①在地方层面，根据"八二宪法"第一百零一条②第二款的规定，县级以上的地方人民代表大会拥有选举、罢免本级人民法院院长及本级人民检察院检察长的职权。再次，司法机关向立法机关负责的具体机制更加细化。根据"八二宪法"第一百二十八条③的规定，在法院系统内的负责机制是最高人民法院向最高国家权力机关全国人民代表大会及全国人民代表大会常务委员会负责，地方各级人民法院分别向产生它的地方国家权力机关负责。检察系统由于其领导体制方面的特点，具体负责机制与法院系统存在细微的差别。根据"八二宪法"第一百三十三条④的规定，最高人民检察院向最高国家权力机关全国人民代表大会及全国人民代表大会常务委员会负责，而地方各级人民检察院需遵循双重领导体制，分别向产生它的地方国家权力机关及上级人民检察院负责。

此外，如果与"五四宪法"进行比较，则可以发现"八二宪法"在人大监督司法的制度设置方面亦存在一些更新之处。其一表现为人大监督司法的体系更加立体化、综合化。由于仅对中央层面全国人大常务委员会监督国务院、最高人民法院和最高人民检察院的宪法地位予以确认，但对地方层面的相应制度设置未作规定，"五四宪法"在人大监督司法的体系构建方面存在明显的缺失。"八二宪法"通过明确地方各级人民代表大会常务委员会监督地方司法机关的宪法地位，一定程度上弥补了以上缺失，并且使得人大监督司法的体系更加立体、全面，从而覆盖司法权运行的各个层级。其二是人大监督司法的形式更加多元化、具体化。"五四宪法"所确立的人大监督司法的方式主要有罢免司法机关工

---

① 在职权行使的程序上，全国人民代表大会常委会要根据最高级别司法机关正职领导的提请予以任免。任免的人员范围具体包括最高人民法院副院长、审判员、审判委员会委员和军事法院院长、最高人民检察院副检察长、检察员、检察委员会委员和军事检察院检察长。此外，基于检察系统的双重领导体制，全国人大常委会还拥有批准省、自治区、直辖市人民检察院检察长人选的职权。

② "八二宪法"第一百零一条规定："地方各级人民代表大会分别选举并且有权罢免本级人民政府的省长和副省长、市长和副市长、县长和副县长、区长和副区长、乡长和副乡长、镇长和副镇长。县级以上的地方各级人民代表大会选举并且有权罢免本级人民法院院长和本级人民检察院检察长。选出或者罢免人民检察院检察长，须报上级人民检察院检察长提请该级人民代表大会常务委员会批准。"

③ "八二宪法"第一百二十八条规定："最高人民法院对全国人民代表大会和全国人民代表大会常务委员会负责。地方各级人民法院对产生它的国家权力机关负责。"

④ "八二宪法"第一百三十三条规定："最高人民检察院对全国人民代表大会和全国人民代表大会常务委员会负责。地方各级人民检察院对产生它的国家权力机关和上级人民检察院负责。"

作人员①和听取工作汇报②两种,"八二宪法"在此基础上增加了工作视察③、质询④、特定问题调查⑤、受理群众的申诉和意见。⑥以上规定使得人大监督司法在其实际运作方面的具体制度设置更加具体化、多元化,有助于弥补实践当中人大监督司法的规范性不足。其三是确立了人大监督司法的主导地位。如前文所述"五四宪法"尽管确立了人大监督司法的宪政地位,但也存在一些瑕疵。其比较突出的表现在于:"五四宪法"在人大监督检察机关的制度设置方面仅仅对县级以上人民代表大会选举并且有权罢免本级

① 根据"五四宪法"第二十八条的规定,全国人民代表大会有权罢免最高人民法院院长、最高人民检察院检察长。根据宪法第五十九条第二款的规定,地方县级以上的人民代表大会选举并有权罢免本级人民法院院长。

② 根据"五四宪法"第八十条的规定,最高人民法院对全国人民代表大会、在全国人民代表大会闭会期间对全国人民代表大会常务委员会负责并报告工作;根据"五四宪法"第八十四条的规定,最高人民检察院对全国人民代表大会、在全国人民代表大会闭会期间对全国人民代表大会常务委员会负责并报告工作。

③ 根据《全国人民代表大会和地方各级人民代表大会代表法》第十九条、第二十条、第二十一条的规定,县级以上的人大常委会组织本级人大代表,可以对本级或者下级国家机关和有关单位的工作进行工作视察。在进行工作视察过程中,有关代表可以发表建议、批评和意见,但不直接处理问题。

④ 有意思的是,"八二宪法"仅仅规定全国人民代表大会代表和全国人大常委会组成人员对国务院或者国务院各部、各委员会的质询案,对地方各级人民代表大会代表和人大常委会组成人员相应的质询权未作出规定,而《全国人民代表大会和地方各级人民代表大会代表法》一定程度上弥补了以上缺失。根据"八二宪法"第七十三条的规定,全国人民代表大会代表在全国人民代表大会开会期间,全国人民代表大会常务委员会组成人员在常务委员会开会期间,有权依照法律规定的程序提出对国务院或者国务院各部、各委员会的质询案。受质询的机关必须负责答复。根据《全国人民代表大会和地方各级人民代表大会代表法》第十四条的规定,在全国人民代表大会会议期间,一个代表团或者三十名以上的代表联名,有权书面提出对国务院和国务院各部、各委员会、最高人民法院、最高人民检察院的质询案。县级以上的地方各级人民代表大会代表有权依照法律规定的程序提出对本级人民政府及其所属各部门、人民法院、人民检察院的质询案。乡、民族乡、镇的人民代表大会代表有权依照法律规定的程序提出对本级人民政府的质询案。质询案应当写明质询对象、质询的问题和内容。质询案按照主席团的决定由受质询机关答复。提出质询案的代表半数以上对答复不满意的,可以要求受质询机关再作答复。

⑤ 根据"八二宪法"第七十一条的规定,全国人民代表大会和全国人民代表大会常务委员会都可以在认为必要的时候,组织关于特定问题的调查委员会,并有权根据调查委员会的报告作出相应的决议。在以上调查委员会进行调查的时候,一切有关的国家机关、社会团体和公民都有义务向它提供必要的材料。

⑥ 从我国现行法律规范来看,受理群众的申诉和意见是各级人民代表大会代表同人民保持密切联系的必要制度设置,也是各级人民代表大会代表工作的具体方式之一。根据"八二宪法"第七条的规定,全国人民代表大会代表必须模范地遵守宪法和法律,保守国家秘密,并且在自己参加的生产、工作和社会活动中,协助宪法和法律的实施。全国人民代表大会代表应当同原选举单位和人民保持密切的联系,听取和反映人民的意见和要求,努力为人民服务。根据《全国人民代表大会和地方各级人民代表大会代表法》第二十五条、第二十八条的规定,在各级人民代表大会闭会期间,人民代表大会代表应当采取多种方式听取人民群众的意见,回答原选区选民或者原选举单位对代表工作和代表活动的询问,协助本级人民政府推行工作。乡、民族乡、镇的人民代表大会代表分工联系选民,依法组成代表小组,反映群众的意见和要求,协助本级人民政府推行工作。

人民法院院长作了规定①，而对相应检察机关则未作规定。"八二宪法"借助第一百零一条②的规定对以上疏漏进行了修正。以上修正使得司法官的产生，必须由相应级别的人民代表大会或其人民代表大会常务委员会决定，人大监督司法的主导地位更加明确。

当然，由于"八二宪法"确立了我国司法独立的主要内容③，这里还应当明确人大监督司法与司法独立实际上并不冲突。首先，人大监督司法主要是一种法律监督，其并不是一种单向的执行立法机关意志的活动，而是从整体上通过监督司法保障宪法和法律正确实施的行为。有鉴于此，人大监督司法的目的在于，确保宪法和法律得到正确实施，确保行政权和司法权得到正确行使，确保公民、法人和其他组织的合法权益得到尊重和维护。而要确保司法权得到正确行使，显然不应当损害司法独立。其次，人大监督司法是一种依法监督，必须遵循法定程序。人大监督司法应当依法进行，不能逾越既有法律规范的规定，对于未遵循法定范围、法定程序的人大监督，司法权运行主体有权予以拒绝。最后，人大监督司法存在明确的范围和界限，应当在尊重司法独立的前提下主要以事后监督的方式进行。④整体上，人大监督司法作为宪法、法律赋予人大的重要职权之一，其目标在于最大限度地保障和促进司法公正，从而实现创设良好法律秩序的社会目标。在实现应然法律向实然法律的转化方面，如果说司法权运行主体是主要的操作主体的话，人大则是从法律价值层面规约司法权运行主体对法律的理解不违背立法原意的重要力量。因此，我国宪法中所规定的司法独立只是一种相对意义上的独立，它实际上是在党的领导下、人大监督下的功能性独立，而非结构性独立。于此而言，人大对司法权的监督本

---

① "五四宪法"第五十九条规定："地方各级人民代表大会选举并且有权罢免本级人民委员会的组成人员。县级以上的人民代表大会选举并且有权罢免本级人民法院院长。"

② "八二宪法"第一百零一条规定："地方各级人民代表大会分别选举并且有权罢免本级人民政府的省长和副省长、市长和副市长、县长和副县长、区长和副区长、乡长和副乡长、镇长和副镇长。县级以上的地方各级人民代表大会选举并且有权罢免本级人民法院院长和本级人民检察院检察长。选出或者罢免人民检察院检察长，须报上级人民检察院检察长提请该级人民代表大会常务委员会批准。"

③ "八二宪法"所确立的司法独立内容主要强调司法机关的独立，分别规定在第一百二十六条、第一百三十一条。第一百二十六条规定："人民法院依照法律规定独立行使审判权，不受行政机关、社会团体和个人的干涉。"第一百三十一条规定："人民检察院依照法律规定独立行使检察权，不受行政机关、社会团体和个人的干涉。"

④ 唐莹莹、陈星言：《构建人大对司法的类案监督制度》，《人大研究》2007年第11期，第6—7页。

质上是一种基于社会分工所衍生的功能性规约形式。

（二）功能性规约之类型

以司法权为监督核心，人大对司法权的规约大致可以分为以下三类。①

1. 法律监督

此处的法律监督与检察机关的法律监督是两种不同性质的监督，各级人大及其常委会的法律监督是指对人民法院和人民检察院贯彻宪法、法律、法规、司法解释等情况的监督，主要监督人民法院和人民检察院是否依法办案，是否严格适用法律法规。其具体包括如下内容。①对人民法院和人民检察院制定的与宪法、法律、行政法规、人大及其常委会的决议、决定相抵触的规范性或指导性文件进行监督，提出相应意见，督促其作出合法合理的解释、依法予以纠正或直接撤销。需要说明的是，实践中，通常还有不以规范性文件形式下发，但起指导性、参考性作用的会议纪要、工作问答、业务通知、办案指引等文件，也应一并纳入监督范围。②对司法机关适用法律情况进行监督，主要监督是否正确适用法律，如对应当适用特别法而适用一般法的行为提出意见，但不对个案裁判过程和结果进行干涉。也就是必须遵循不包办代替的原则，人大及其常委会监督人民法院、人民检察院的工作，但不代替其行使职权，而是监督、督促和支持其更好地依法行使职权。对于第①项的具体内容，目前《监督法》第五章规定的司法机关对规范性文件的备案审查仅仅限于"两高"的司法解释，而实践中，除此之外的各级司法机关出台的规范性文件数量庞杂，尤其是省级法院和检察院的规范性文件对于司法系统适用法律发挥着直接的指导和规范作用，必须加强对此类文件的法律监督，以维护社会主义法制的统一、尊严和权威。

2. 工作监督

对司法的工作监督是指对司法机关工作运行情况进行监督，此处的"工作"并不是指人民法院和人民检察院的日常工作——适用法律的具体活动，而是对人民法院和人民检察院在司法权配置、上下级监督等相关司法工作

---

① 杨炎辉：《论人大监督司法的类型化及其发展方向》，《重庆大学学报（社会科学版）》2015年第5期，第148—149页。

机制和制度方面进行监督，是对人民法院和人民检察院宏观工作的监督。其具体包括以下几个方面。①对工作制度改革的监督，如对审判管理、司法送达、"繁简分流"、"六难三案"、公诉人出庭制度改革等方面的监督。②对人民法院审判委员会、人民检察院检察委员会的议事制度和议事工作的监督，如对审判委员会、检察委员会讨论何类案件进行监督，提出纠正建议；再如，对检察长列席审判委员会的监督。③对影响司法公正、关系公民诉讼权利的人民法院、人民检察院内部的职权配置、管辖分工等进行监督，如对派出法庭设置立案点、庭室内部设立专业化审判组等工作进行监督。其总的原则是，工作监督的核心内容将围绕司法权的配置、运行等工作进行宏观层面的监督，而不涉及对人民法院、人民检察院具体工作的监督，如对审判委员会决议某一个案进行监督。

3. 人事监督

人事监督是针对具体行使司法权的主体（法官、检察官）的工作业绩、司法作风、职业操守等任职条件、履职情况进行的监督。如果说法律监督、工作监督均是对"事"的监督，那么人事监督就是专门对"人"的监督，是一种最严厉的监督手段。人事监督主要包括如下内容。①对任职条件的监督。一类是对选举的院长、检察长的任职资格的监督；另一类是对提请任命的人民法院副院长、庭长、副庭长、审判委员会委员、审判员，人民检察院副检察长、检察委员会委员、检察员的任职资格的监督。目前对于这一种事前监督往往流于形式，需要切实得到加强。②对工作作风的监督。也就是对在选举或任命后的任职期间的工作行为、廉政作风进行监督，对违法违纪的人员进行罢免、撤职、处分等追责或者惩戒。③对助理审判员和助理检察员的人事监督。由于目前该两类人员的任命由本院院长或检察长掌握，并不报请同级人民代表大会常委会审查，而该两类人员一经任命其职权范围与审判员和检察员无实质差异，都行使一定的审判权或检察权，因此也同样需要得到有效的监督。

上述三个方面的监督内容各有所指，但三者之间还存在着内在的密切联系。一方面，三者都统一于司法权的行使，共同组成被监督者行使司法权的全部内容。另一方面，三者互相影响，法律监督对应的法律适用活动与具体的人分不开，与具体的工作制度也分不开；工作监督对应的具体工作制度是围绕法律适用或者人员管理的工作制度；人事监督对应的是行使司法权的具体的人，是在具体的工作制度下进行法律适用的活动。

三、我国司法权规约体系之结构性规约

在我国，司法权是一个聚合性概念，它由审判权、检察权以及侦查权等不同部分构成。构成司法权的各分子之间，基于其所处空间的相对确定性所产生的牵制效应，是一种典型的结构性规约模式。

（一）检察权对司法权之规约

在人大制度中，审判机关和检察机关均由人大产生，对它负责，受它监督。同时，在人大制度下产生的行政机关、检察机关、审判机关之间又形成分工负责、相互制约的关系。检察机关作为国家专门的法律监督机关，负有维护法制统一的职责，因此有权对审判机关的审判权进行监督。其监督的方式也是多样的。对审判权的检察监督是中国特色社会主义司法制度中规约审判权的重要手段。法律赋予检察机关独立的法律监督权最早体现在以苏联为模式的社会主义国家中，它们集中规定了对司法权进行监督的权力属于国家最高权力机关及其授权的专门机构，这表明检察机关代表国家对司法权的监督具有确定的法律效力。我国《宪法》第一百三十四条规定，人民检察院是国家的法律监督机关。根据《人民检察院组织法》《刑事诉讼法》《民事诉讼法》和《行政诉讼法》等有关法律的规定，人民检察院对司法活动的监督主要体现在以下几个方面。

1. 侦查监督权

揭露犯罪是侦查机关的专门工作，这项工作直接涉及被告人的人身自由与财产。因此，为防止侦查机关滥用职权，保证侦查机关活动合法性与准确性，各国都对侦查权加以限制和监督。而对侦查机关的侦查活动实行监督则是检察机关的一项重要职权。从各国的实践情况来看，检察机关对侦查机关监督的方式主要有如下几种。其一，在案件侦查过程中，有权向侦查机关调阅案卷以及有关的资料，以审查其是否合法和有无根据（如蒙古国、法国等）。

其二，对侦查机关发出必须遵守的指令（如中国等）。其三，改变对刑事案件的侦查权。检察机关有权将案件从一个侦查人员移交给另一个侦查人员办理，或者将案件从一个检察机关移交给另一个侦查机关办理，在必要时可以由检察机关自己进行直接侦查。其四，对侦查活动中的违法情况提出抗议或作出处理。其五，决定刑事案件是否立案，决定是否逮捕犯罪嫌疑人，决定是否将案件移送法院进行审理。针对检察机关侦查监督权的实施状况，我们以基层司法工作人员为对象做了以下问卷调研。

1）检察机关在实践中对公安机关的监督情况

A. 能够按照法律规定进行监督

B. 一般可以按照法律规定进行监督

C. 完全不监督

D. 其他

统计数据如图 4-1 所示。[①]

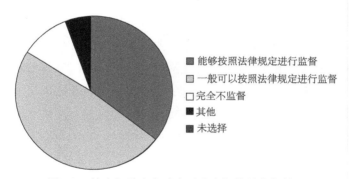

图 4-1 检察机关在实践中对公安机关的监督情况

2）您所在地区的检察院是否会对公安机关的一些违法行为提出检察建议

A. 经常有

B. 偶尔有

---

① 在回收的问卷中，关于检察机关在实践中队公安机关的监督情况显示，共有 1771 份有效作答，其中620 人选择"能够按照法律规定进行监督"，864 人选择"一般可以按照法律规定进行监督"，187 人选择"完全不监督"，95 人选择"其他"，5 人"未选"。其中，选择"一般可以按照法律规定进行监督"的人数最多，占总人数的 48%，若加上选择"能够按照法律规定进行监督"选项的人数，则占总人数的 83%之多。

C. 没有

D. 其他

统计数据如图 4-2 所示。①

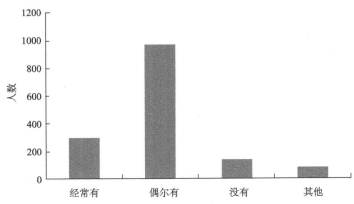

图 4-2　检察机关对公安机关的一些违法行为提出检察建议的情况

2. 抗诉监督

抗诉监督，是指检察机关依照法定程序对刑事诉讼、民事诉讼和行政诉讼中的执法和司法审判的合法性进行法律监督的职能活动。其中，对司法审判的监督主要有两种方式：①在刑事诉讼中对一审判决、二审判决提出抗诉，在民事诉讼和行政诉讼中对已经生效的判决或裁定提出抗诉或检察建议；②对法院在庭审中违反法定程序的行为提出纠正意见。②

3. 判决执行监督

判决执行监督，是指检察机关对法院的生效判决是否得到正确执行以及执行法院判决场所的活动是否合法所进行的监督。具体而言，对死刑犯，我国法律要求人民法院在交付执行死刑前，必须通知同级人民检察院派员临场监督，检察机关临场监督主要是审查死刑判决的执行是否依法定程序

---

① 关于检察院是否会对公安机关的一些违法行为提出检察建议的调查显示，共有 1489 份有效作答，其中 299 人选择"经常有"，969 人选择"偶尔有"，136 人选择"没有"，85 人选择"其他"。其中，选择"偶尔有"的人数最多，占总数的 65.08%，若加上选择"经常有"选项的人数，则占总人数的 85% 之多。

② 谢鹏程：《抗诉监督对司法公正的影响》，见蔡定剑主编《监督与司法公正——研究与案例报告》，法律出版社 2005 年版，第 175 页。

进行，审查死刑判决是否正确。另外，对判处无期徒刑、有期徒刑、拘役判决的执行，检察机关也有监督权，监督被判处上述刑罚的已决犯是否被依法定程序和期限送达指定的建议或劳动改造场所；对减刑、假释的裁定是否合法进行监督，对根据死刑缓期两年执行的罪犯的表现所作出的减刑或必须执行死刑的裁定进行监督；对监狱、劳动改造机关对服刑期满的罪犯是否依法释放等实行监督；监督看守所收押的犯罪嫌疑人或释放的犯罪嫌疑人是否符合法定条件，对犯罪嫌疑人的羁押期限和程序等是否合法；监督看守所的监管活动是否合法。此外，我国的检察机关对包括监狱、劳动改造管教队、少年犯管教所、拘役所在内的劳动改造机关实行法律监督，主要监督它们的活动是否合法，是否切实有效执行了国家的法律和有关劳动改造工作方针政策，同时检察机关对刑事判决、裁定的执行的法律监督范围和内容是多方面的，比英美法系国家检察机关的同类职权范围要宽泛得多。

1986 年版《检察院组织法》第五条中则明确规定了各级人检察院对于刑事案件判决、裁定的执行和监狱、看守所、劳动改造机关的活动是否合法，实行监督。据此构建的拘留所检察员制度一定程度对执行活动有规约作用。我们针对驻看守所检察员制度的实际运行情况做了以下问卷调研。

驻看守所检察员制度的实际运行情况

A. 能够发挥一定的监督作用

B. 偶尔能够发挥一些监督作用

C. 不起监督作用

D. 有一些负面作用，如贪污

数据统计如图 4-3 所示。[①]

---

① 在回收的问卷中，关于驻看守所检察员制度的实际运行的情况数据调查总共有 1683 份有效，其中有 851 人认为驻所检察员制度"能够发挥一定的监督作用"，占有效数据的 51%；563 人认为"偶尔能够发挥一些监督作用"，占 33%；觉得"不起监督作用"的有 181 人，占 11%；而有 5% 的人则认为该制度"有一些负面作用"，如贪污，这一项有 88 人。若将 A、B 两项相加，则有 84% 的人认为这一制度在实际运行中"能够发挥或偶尔能够发挥监督作用"，而认为"不起监督作用"或者"有一些负面作用"的占 16%。

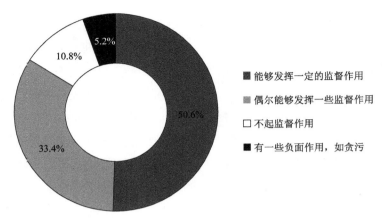

图 4-3　驻看守所检察员制度的实际运行情况

由图 4-3 统计情况可知，绝大多数的受访者都认为驻看守所检察员制度能够发挥监督作用，而无论这种作用是经常的或者偶尔的；只有16%的人认为该制度在实际运行中起不到其相应的作用或者会带来一些负面的影响。当然，一种制度的设计并不是尽善尽美的，退一步讲，即便其设计得非常完美，但是在实际操作中也难免会有很多的疏忽和漏洞，而这一统计数据有力地说明了在实际运行中，我国的驻看守所检察员制度能够有效发挥着其作用。同时，也可以从一个侧面反映出其他的看守所检察制度，比如巡回检察制度、专项检察制度等在实践中运行的基本情况，这也从整体上反映出了我国的驻看守所检察制度运作和执行的概况。

（二）审级制度对司法权之规约

相较于其他追求惩治司法腐败，实现个案公正之目的的监督与制约而言，法院系统对审判权的层级监督更注重通过审判程序内的机制来纠正错误判断。从世界各国情况来看，审判程序内的纠错程序与过滤机制主要体现为法院之间的层级监督，即上级法院的法官根据当事人的请求运用自己的法律专业知识和审判经验对下级法院法官的司法判断行为进行监督，使不妥当的司法判断行为得到纠正。从逻辑上讲，案件经过的审理法官和审理次数越多，发生错误的可能性就越小。在不同的法官进行反复审理的过程中，事实认定和法律适用的错误逐渐被发现、被过滤、被纠正，裁判错误最终越来越少。可以说，法院对民事审判权的层级监督可以使当事人更直接地获得对司法错误裁判的救济。而司法独立的特性决定了上级法院和下级法院之间只能是监督与被监督的关系，而不能是领导与被领导的关系。对此，我国《宪法》第一百三十二条第二款规定，最高人民法院监督地方各级人民法院和专门人民法院的审判工作，上级人民法院监督下级人民法院的审判工作；2006 年版《人民法院组织法》第十六条第二款亦规定，下级人民法院的审判工作受上级人民法院监督。根据《人民法院组织法》和三大诉讼法的有关规定，上级人民法院一般通过以下程序或方式对下级人民法院的审判工作进行监督。

1. 第二审程序

第二审程序，又称上诉审程序，是指上一级人民法院根据当事人的上诉或者人民检察院的抗诉，依法对下一级人民法院尚未发生法律效力的判决、裁定进行重新审理的程序。根据三大诉讼法的规定，无论是刑事案件、民事案件，还是行政案件，其当事人对地方各级人民法院的一审判决、裁定不服的，均有权在法定期限内以书面或口头方式提出上诉。此外，按照《刑事诉讼法》的规定，被告人的辩护人和近亲属，经被告人同意，也可以提出上诉；地方各级人民检察院认为本级人民法院第一审的判决、裁定确有错误的时候，应当向上一级人民法院提出抗诉，当事人提出上诉或人民检察院提出抗诉后，第二审人民法院必须依法进行重新审理。通过第二审程序，第二审人民法院可以及时纠正第一审人民法院作出的错误的或者不当的判决、裁定，准确的惩罚各种违法或犯罪行为，有效的保护当事人的权益，同时也有利于上级人民法院监督和指导下级人民法院的审判工作，提高办案质量。

2. 审判监督程序

审判监督程序，又称再审程序，是指人民法院、人民检察院发现已经发生法律效力的判决和裁定确有错误时，依法提出并由人民法院重新审理的程序。这是我国刑事诉讼法、民事诉讼法和行政诉讼法均设立的一项特殊的审判程序。按照三大诉讼法的规定，有权提起审判监督程序的主体只限于下列机关和人员：①最高人民检察院对各级人民法院已经发生法律效力的判决和裁定；②上级人民检察院对下级人民法院已经发生法律效力的判决和裁定，如果发现确有错误的，有权按照审判监督程序提出抗诉。另外，当事人或其法定代理人、近亲属，对已经发生法律效力的判决和裁定，认为有错误的，可以向原审人民法院、上一级人民法院或者人民检察院提出申诉，但不停止判决和裁定的执行。换言之，当事人或其法定代理人，近亲属对于生效裁判有提出申诉的权利，但申诉并不能直接的引起审判监督程序的开始，而必须经过人民法院或人民检察院审查后，由相应的人民法院或人民检察院依法决定。人民法院按照审判监督程序对案件进行重新审理，应当另行组成合议庭，并应根据原来的审级确定审理方式和审判程序。由上可知，审判监督程序是人民法院对其审判工作特别是上级人民法院对下级人民法院的审判工作进行监督的重要方式，既有利于纠正生效裁判中的错误，切实维护当事人的合法权益，也有利于及时发现审判工作中存在的问题，并加以改进，促进审判质量的提高，维护人民法院的形象和权威。

第二节　中国司法权规约之特色

"一切有权力的人都容易滥用权力""要防止滥用权力，就必须以权力约束权力"，这是法国启蒙思想家孟德斯鸠有关监督制约权力的著名论断。我们党和政府历来都非常重视对权力运行的规范制约工作，党的十八大报告强调，要"加强党内监督、民主监督、法律监督、舆论监督"等四大监督体系的建设。党的十九大报告进一步明确："构建党统一指挥、全面覆盖、权威高效的监督体系，把党内监督同国家机关监督、民主监督、司法监督、群众监督、舆论监督贯通起来，增强监督合力。"中国司法权规约体系的建设，体现了丰富的中国特色内涵。

一、政治性与法律性之统一

在西方国家，司法独立是确保司法公正的主要制度原理。与西方国家不同，中国特色社会主义司法制度在追求司法公正时，更强调对司法权的监督。这在根本上体现了两者所处文化背景和制度背景的不同。加强对司法权的监督，是一直以来中国司法改革的一个基本走向。虽然宪法明确规定保障法院独立行使审判权，但这里的独立必须与西方意义上的司法独立区别开来。我国的司法必须坚持党的领导，党的领导构成对司法权的最为重要的一种规约方式：政治规约。

在中国共产党的领导下，我国建立了人民民主专政的社会主义国家。在新时期，同样是在中国共产党的领导下，我国确定了依法治国、建设社会主义法治国家的治国方略。党的领导是中国坚持人民民主专政的社会主义道路以及社会主义法治国家建国方略的根本政治保证。作为中国的执政党，中国共产党始终代表中国最广大人民的根本利益，因此司法的人民性需要通过党领导司法、规约司法来实现。同时，新时期的执政党为国家指明了依法治国、建设社会主义法治国家的治国方略，党的领导必须是依据宪法、法律进行领导，党对司法的领导在根本上是监督司法机关严格按照宪法、法律的规定审理案件。党的事业、人民利益和宪法法律在根本上是一致的，在这一意义上，中国司法权规约的首要特点是政治性与法律性的统一。

司法权规约的政治性是由司法的政治性决定的。司法权作为现代国家权力的基本组成部分，它在根本上需要服务于该国家共同体的政治目标。很多案件中的利益纷争实际上是不同政治、社会群体利益冲突的一种表现，通过将它们提交到法院，以求实现政治问题的法律化解决。政治问题的法律化解决是一国政治文明、法治文明的展现。另外，党对司法的领导也需要符合依法执政、依宪执政的要求，符合依法治国的治国方略。基于司法的治理，是一种相对特殊的治理手段，即要求严格遵循法律的规则和程序，否则其不同于其他治理方式的特殊性和优越性就无法体现出来。在我们国家，宪法和法律是在党的领导下制定的，这一点确保了宪法和法律能够体现人民的根本意志和根本利益。同时，严格遵守和执行法律，同样是实现党的领导和维护人民利益。因此，通过党的领导对司法权进行规约与确保司法的法律性二者并不矛盾，甚至可以说，司法的法律性是我国司法的政治性的必然要求。我国司法权规约体系政治性与法律性统一的特点反映在党的领导与司法独立的关系上就是，必须坚持党的领导，同时保证司法机关独立行使审判权。党的领导体现了司法规约体系的政治性，司法机关独立行使审判权保证司法规约体系的法律性。

二、司法权规约主体之多元性

我国司法权规约主体的多元性体现了监督的社会性和专业性的结合。社会监督主体包括政党、团体、舆论、公民个人等，体现了其社会性；专业性是指享有法律监督权的国家机关依据授权在法律规定的范围内的监督，主要包括人大、检察机关、法院派驻的纪检监察部门。法院审判监督部门及派驻的纪检监察部门所为的行为是法院的自律，即自我约束。狭义而言，社会监督一般被认为是起引导、保障、教育作用的监督，是监督权利，而非监督权力，不被列入法律监督的范畴；广义的监督则涵盖了上述全部内容。如果仅囿于专门监督机关的监督，忽视社会监督主体积极参与的重要性，国家监督就无法进行或由于其自身失去监督而造成更加严重的危害。如没有新闻媒体的报道，监督就难以扩大办案效果以及发挥教育、警戒和预防作用，从而其社会效果就非常有限；没有群众的监督，其他各种监督就失去了主要案源和基本动力。

三、司法权规约依据之多样性

监督依据是指监督主体实施监督活动的依据。在我国，宪法和法律对谁有权监督司法、如何监督都作了详细、具体的规定，从立法层面看，主要有《宪法》《刑事诉讼法》《民事诉讼法》《行政诉讼法》《人民法院组织法》《新闻出版法规》《人民法院审判人员违法审判责任追究办法（试行）》《人民法院审判纪律处分办法（试行）》、地方法规、条例等。在某些情况下，一些地方习惯也能对司法运行产生一些影响。不同的规范能够对司法运作产生不同程度的影响。针对司法规约依据的类别及其影响，我们做了以下问卷调研。

本次调研主要涉及的内容为各种不同的法律渊源对司法判决的影响程度调查，主要调查对象为基层法院的审判人员。影响因素分别包括法律、司法政策、司法解释、行政规章、地方习惯、道德及善良风俗。具体的统计数据如图4-4所示。

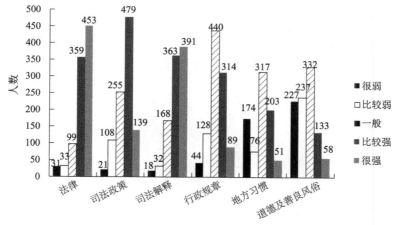

图 4-4　不同法律渊源对司法判决的影响程度

图 4-4 横轴表示的是各项对判决作出不同影响的因素,纵轴所表示的是各项因素对司法判决影响程度的大小,从图 4-4 可以看出,代表"很弱"和"比较弱"选项的数值随横轴从左至右虽有波动但整体呈递增趋势,代表"很强"和"比较强"选项的数值随横轴从左至右大体上呈递减趋势。综合二者而言,随横轴从左至右各项因素对司法判决所作出的影响力总体呈减弱的趋势。

（一）法律

在回收的问卷中,关于法律对司法审判结果的影响程度调查显示,共有 975 份有效作答,其中 31 人选择"很弱",33 人选择"比较弱",99 人选择"一般",359 人选择"比较强",453 人选择"很强"。其中,选择"很强"的人数最多,占总人数的 46.46%,若加上选择"比较强"选项的人数,则占总人数的 83.28%之多。可见,法律对司法判决的决定性作用很强,如图 4-5 所示。

（二）司法政策

关于司法政策对司法判决的影响程度调查显示,共有 1002 份有效作答,其中 21 人选择"很弱",108 人选择"比较弱",255 人选择"一般",479 人选择"比较强",139 人选择"很强"。其中,选择"比较强"

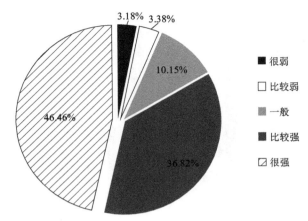

图 4-5　法律对司法审判结果的影响程度

的人数最多，占总数的 47.80%，若加上选择"很强"选项的人数，则占总人数的 73.25% 之多，如图 4-6 所示。

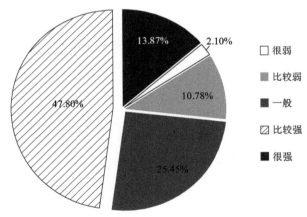

图 4-6　司法政策对司法审判结果的影响程度

（三）司法解释

关于司法解释对司法判决的影响程度调查显示，共有 972 份有效作答，其中 18 人选择"很弱"，32 人选择"比较弱"，168 人选择"一般"，363 人选择"比较强"，391 人选择"很强"。其中，选择"很强"的人数最多，占总人数的 40.23%，选择"比较强"的人数其次，占总数的 37.35%，两者加起来占了总人数的 77.58%。选择"一般"的人占总数的 17.28%。选择"很弱"和"比较弱"的加起来约占 5%，如图 4-7 所示。

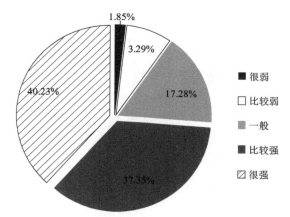

图 4-7 司法解释对司法审判结果的影响程度

（四）行政规章

关于行政规章对审判人员的影响程度调查显示，共有 1015 份有效作答，其中 44 人选择"很弱"，128 人选择"比较弱"，440 人选择"一般"，314 人选择"比较强"，89 人选择"很强"。其中，选择"一般"的人数最多，占总数的 43.35%，选择"比较强"的人数其次，占总数的 30.94%，如图 4-8 所示。

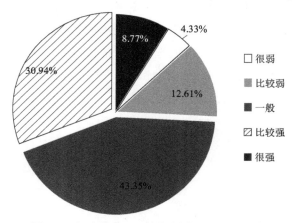

图 4-8 行政规章对司法审判结果的影响程度

（五）地方习惯

关于地方习惯对司法审判的影响程度调查显示，一共有 921 份有效作答，其中 174 人选择"很弱"，176 人选择"比较弱"，317 人选择"一般"，203 人选择"比较强"，51 人选择"很强"。其中，选择"一般"的人数最多，占总人数的 34.42%，选择"比较强"的其次，占总人数的 22.04%，选择"比较弱"和"很弱"的比例相近，分别占总人数的 19.11%和 18.89%，选择"很强"的比例则占最少的 5.54%，如图 4-9 所示。

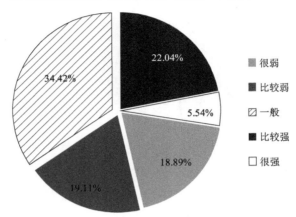

图 4-9　地方习惯对司法审判结果的影响程度

（六）道德及善良风俗

关于道德及善良风俗对司法判决的影响程度调查显示，共有 987 份有效作答，其中 227 人选择"很弱"，237 人选择"比较弱"，332 人选择"一般"，133 人选择"比较强"，58 人选择"很强"。其中，选择"一般"的人数最多，占总人数的 33.64%，选择"比较弱"的其次，占总人数的 24.01%，选择"很弱"的再次，占总人数的 23.00%，如图 4-10 所示。

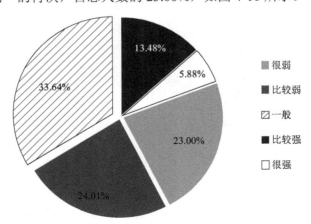

图 4-10　道德及善良风俗对司法审判结果的影响程度

根据影响力的不同将各个级别的影响力大小用数值表示。很弱视为 1 级，定为 1 分，比较弱视为 2 级，定为 2 分，以此类推，一般为 3 分，比较强为 4 分，很强为 5 分，然后再将级别分值与其相对应的比重值相乘，最后将各级相乘所得的值相加之和除以百分之百就是每种因素的影响力大小数值。公式可以列为：

总分=（"很弱"％×1＋"比较弱"％×2＋"一般"％×3＋"比较强"％×4＋"很强"×5）/％

以"法律"为例（图 4-5），（3.18%（"很弱"所占百分比）×1（"很弱"的分值）+3.38%×2 +10.15%×3+36.82%×4+46.46%×5）/ %=419.97

依照此公式对各因素的影响力大小进行运算，可得各因素的综合影响力得分：

司法政策：2.10×1+10.78×2+25.45×3+47.80×4+13.87×5=360.56

司法解释：1.85×1+3.29×2+17.28×3+37.35×4 +40.23×5=410.82

行政规章：4.33×1+12.61×2+43.35×3+30.94×4+8.77×5=327.23

地方习惯：18.89×1+19.11×2+34.42×3+22.04×4+5.54×5=276.23

道德及善良风俗：23.00×1+24.01×2+33.64×3+13.48×4+5.88×5=255.26

运算结果一目了然，六项因素对司法判决的综合影响力从大到小排列为：法律>司法解释>司法政策>行政规章>地方习惯>道德及善良风俗。

四、司法权规约基础之人民性

人民性是社会主义司法制度区别于资本主义司法制度的根本所在。从根本上说，司法的人民性是由我们国家的人民性和政权的人民性所决定的，而这种人民性也反映到了对司法权的规约机制上。

（一）司法人民性与民主集中制

我国《宪法》第二条规定："中华人民共和国的一切权力属于人民。"因此，作为国家权力重要组成部分的司法审判权的人民性，是我国人民主权的应有之义。在我国，人民代表大会制度是人民当家做主的根本制度。各级人民法院由人民代表大会产生，对人民代表大会负责，受人民代表大会监督。这从根本上决定了我国司法权属于人民。另外，党的领导是司法人民性的根本政治保证。中国共产党代表最广大人民的根本利益，以坚持全心全意为人民服务为根本宗旨。坚持党的领导必然要求坚持司法的人民性；反过来，确保司法的人民性，是坚持党的领导的基本表现。因此，司法的人民性是中国共产党建立政权以来所坚持的优良传统，也是未来中国司法改革创新的根本价值指引。虽然目前中国司法审判中还存在诸多短期内难以解决的问题，但从长远来看，坚持司法的人民性是解决中国司法审判中遇到的问题的根本出路。

司法的人民性，首先体现为人民法院在行使审判权时必须坚持人民意志和人民利益至上的原则。宪法和法律作为人民意志的根本体现，意味着人民法院必须严格按照宪法和法律的规定审理案件。另外，在我国，人民主权原则赋予人民参与国家事务管理的权利。司法审判事务虽然专业性较强，但它同样属于国家事务，并且与公民的生命、自由、财产乃至社会的公共安全与秩序等息息相关，同样要求我们探索与司法规律相协调的人民参与制度，保障人民参与司法审判过程的权利。

与西方国家分权制衡的主导思想和制度设计不同，当代中国落实政权人民性的主要思想来源是民主集中制思想，并且在民主集中制思想的指导下形成了具体的制度安排。民主集中制首先是无产阶级政党和社会主义国家的根本组织原则，列宁不仅把民主集中制载入了俄国的党章，而且还推广到其他国家共产党的建设中去，他明确提出，"加入共产国际的党，应该是按照民主集中制的原则建立起来的"。毛泽东根据马克思主义的有关思想，系统地提出了民主集中制的政权理论。毛泽东强调指出，只有民主集中制，"才既能表现广泛的民主，使各级人民代表大会有高度的权力；又能集中处理国事，使各级政府能集中地处理被各级人民代表大会所委托的一切事务，并保障人民的一切必要的民主的活动"。作为执政党和国家的根本组织原则，民主集中制必然要反映到政治监督机制和过程中去，并成为当代中国政治监督的基本特征。无论是执政党还是国家，当代中国政治监督中的民主集中制的影响都是显而易见的。对执政党来说，民主既反映在党员之间通过党员大会、组织生活和民主生活会等形式进行的监督，也反映在党员通过民主选举等形式进行的监督；集中则反映在党的上级组织对下级组织的监督，上级对下级的监督，以及通过专门机构进行的监督。对于国家来说，民主突出反映在人民对人民代表、国家机关及其工作人员的监督；集中则突出反映在人民代表对国家机关及其工作人员的监督，上级国家机关对下级国家机关的监督，国家机关中上级对下级的监督。①

（二）司法人民性之具体体现

在我国，对司法权的规约，也是基于司法的人民性。司法领域中所体现的民主集中制思想不仅表现为审判委员会、检察委员会的制度设计，而且表现为通过人民陪审员制度、人民监督员制度确保人民参与司法、监督司法的权利，这是我国司法制度中规约司法权的基本手段。

就人民陪审员制度而言，早在革命根据地时期，就初步建立了人民陪审制度，这是新政权的"人民性"在司法领域的体现。我国现行的陪审制度是指人民陪审员制度，即由依据法定程序产生的人民陪审员，依法参加人民法院的审判活动，并与法官具有同等权利的司法制度。现行的《人民法院组织法》和三大诉讼法都有关于实行人民陪审员制度的规定。2004 年 8 月 28 日第十届全国人大常委会第十一次会议通过的《关于完善人民陪审员制度的决定》作为一项专门的法律，强调人民陪审员制度的完善在于"保障公民依法参加审判活动，促进司法公正"，明确了未来制度完善的出发点和归宿。在我国，人民陪审员制度被认为是一种解决法官编制不足问题的有效制度。但如果这样理解人民陪审员制度的功能，就背离了人民陪审员制度的本义（即体现司法的人民性）。另外，也有观点认为，来源于各行各业的具有专业知识的人员担任陪审员，有助于弥补法官相关专业知识不足的缺陷。人民陪审员制度虽然可能具有这一功能，但这仍然与其侧重追求的司法民主的价值有一定的距离。实际上，针对司法审判中遇到的专业知识和技术问题，各国的普遍做法是借助专家证人制度而不是陪审制度来解决。

---

① 朱晓鸣、易承志：《当代中国政治监督的基本特征、主要问题与路径选择》，《东南学术》2008 年第 2 期，第 57 页。

在检察权运行领域，人民监督员对检察权运行进行必要监督。人民监督员制度旨在解决自身侦查工作缺乏外部监督，保证检察权特别是职务犯罪侦查权的正确行使，防止检察权的滥用的一种制度性的外部监督措施。此外，该制度的主要内容是对检察机关办理直接受理侦查案件的三个环节实施监督。其一，人民检察院直接受理侦查案件被逮捕的犯罪嫌疑人不服逮捕决定的，承办案件的部门应当立即将犯罪嫌疑人的意见转交本院侦查监督部门。侦查监督部门应当在七日内提出审查意见，认为应当维持原逮捕决定的，应当及时将书面意见和相关材料移送本院人民监督员办公室，并做好接受监督的准备。其二，承办案件的检察机关侦查部门对本院立案侦查案件提出撤销案件意见的，应当及时将书面意见和相关材料移送本院人民监督员办公室，并做好接受监督的准备。其三，检察机关公诉部门对本院立案侦查案件提出不起诉意见的，应当及时将书面意见和相关材料移送本院人民监督员办公室，并做好接受监督的准备。[①]对这一规定，很多专家、学者提出了不同的看法，认为人民监督员制度作为检察机关的外部监督机制，其资格不应来自于检察机关的授予，而应通过地方人大进行选定。这样一来，人民监督员就不会遭受是检察机关自己请人监督、自己监督自己的质疑。这样才可以使人民监督员真正做好敢于监督、善于监督检察机关的相关工作。

我们针对人民陪审员、人民监督员制度实效性做了以下问卷调查。

人民陪审员、人民监督员制度的实效。

A. 实效较大

B. 实效大

C. 实效一般

D. 没有实效

数据统计如图 4-11 所示[②]。

[①] 余峰、谢小剑：《人民监督员制度的冷思考》，《江西社会科学》2005 年第 10 期，第 185 页。

[②] 在对人民陪审员、人民监督员制度实效的调查问卷中，共有 1556 人参与调查，其中 158 人选择"实效较大"，306 人选择"实效大"，828 人选择"实效一般"，264 人选择"没有实效"。其中，选择"一般"的人数最多，约占调查总人数的 53.21%，而选择"大"的人数次之，约占 19.66%，选择"没有"的人数约占 16.96%，最后选择"较大"的人数只约占 10.15%。

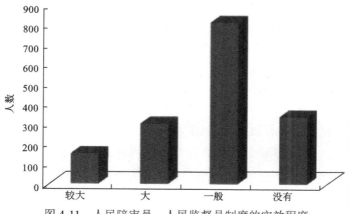

图 4-11　人民陪审员、人民监督员制度的实效程度

本次调查问卷主要针对两方面内容进行了设计：一是被调查对象对人民陪审员、人民监督员制度的态度和认识；二是人民陪审员、人民监督员制度施行以来的效果。调查问卷具有较强的主观性，是对现实状况的间接反映。但相比单纯且书面化的理论推理而言，被调查对象作为人民陪审员、人民监督员制度的执行者和参与者，他们的意见和建议更能真实地反映出实际状况和问题。[①]由图 4-11 可知，被调查者对人民陪审员、人民监督员制度施行的效果的反映一般，不大认为其能对司法审判有较大价值效用，甚至一部分被调查者认为该制度的施行没有实效。这从侧面反映出人民陪审员、人民监督员制度缺乏其应有的公信力，实践中很可能会形同虚设。

通过对调查的数据统计和分析，以及相关参与者的意见和建议的总结发现，人民陪审员、人民监督员制度还存在较多缺陷，需要进一步深思和探讨。

第三节　中国司法权规约之问题检视[②]

由于宪政架构、法治传统等因素，司法权之运行失范之状况在我国时

---

① 李卫东、维英：《人民监督员制度试行状况实证分析》，《中国刑事法杂志》2011 年第 2 期，第 85—88 页。

② 本文部分内容由课题组成员和中心研究员吴展完成，并以此形成了博士论文《司法权规约体系研究》，编入本书时进行了部分修改，特此说明。

有发生。对司法权运行失范成因之探索，就是检视司法规约体系面临的问题，探寻其解决之道，无论对于我国司法权[①]之规范运行，还是宪政建设的良序推进而言，都具有重要的理论和实践意义。

一、政治性规约体系之问题检视

从司法权实际运行过程来看，党的领导在司法领域主要体现为将党的领导覆盖司法的方方面面，甚至为某些逾越法律规范的司法权运行行为提供政治正当性，呈现出一种"泛政治化"的发展向度。而在学界，或出于司法独立的迷思和理论研究的习惯偏向，一些学者提出"去政治化"的主张。

（一）"泛政治化"倾向

泛化是从现象学角度所作的一种描述，比如泛经济化、泛军事化、泛社会化等。在处理党的领导与司法独立之关系方面，有关泛政治化的表现在于具体司法权运行领域广泛存在的将司法视作政治工具的趋向。尽管从一种历时性的标准进行判断，当下的中国业已告别历史上存在的全能主义政治时代，但在某种程度上，该时代所形成的社会团结模式依然存在于经济、教育、司法以及其他领域。甚至在司法领域，我国 1992 年以前的司法体制一直沿袭 20 世纪五六十年代的建制，少有更易。处于以上建制中的司法权，很大程度上只是泛政治权力的一种工具或者说直接延伸。"鉴于司法权在中国国家权力结构中的现实地位，以及司法机关本身的政治化趋向（在中国这样一个'全民干政治''社会政治化'的国家，司法机关实难以摆脱政治的影响，其突出表现就是司法机关被视为全民专政的工具、'刀把子'）。"[②]在此语境下，审判与法律成为"社会治安综合治理"的一部分，

---

① 基于政法传统，我国宪法当中并不存在司法权的直接表述。在 1954 年宪法草案中，曾明确中华人民共和国的司法权由最高人民法院、地方各级人民法院和依法设立的专门法院行使。最高人民法院和地方各级人民法院的组织由法律规定。由于当时的争论意见认为"权"的表述容易模糊法院与权力机关的边界，使得多数人支持采用"审判机关"的表述。（韩大元：《1954 年宪法与新中国宪政》，武汉大学出版社 2008 年版，第 152—158 页。）

② 蒋剑鸣：《转型社会的司法：方法、制度与技术》，中国人民公安大学出版社 2008 年版，第 41 页。

其运作的专业特质逐渐消退。[①]由此产生的后果是——以被动、中立为主要特性的司法权之运行，在很大程度上主要体现为要主动、积极地完成政治所需要的社会治理任务，并在分配以及完成以上任务的过程中受到政治的影响乃至支配，"今天的法院在一定程度上仍然是这样一种单位，即政治功能和社会保障功能仍然作为法院的重要职能控制着法院的运作方式以及法官的职能和思维方式：作为政治权力的一种工具，司法将社会综合治理作为自己的一项重要职能，进而将这样的一种政治任务以稳控的名义分配给每一个法官成为法定的职责"[②]。整体上，"泛政治化"思维定式的运作特点在于，人们习惯性地运用政治思维审视和判断一切具有丰富专业性的司法现象及行为。此种定势下，政治利益成为考量和评估一切司法权运行行为的唯一价值尺度，在其结果上造成政治运作规则取代司法权运作规则。这不仅使得司法权无法正常运行，更遑论司法独立之实现。

此处的问题在于，作为以正确适用法律为本职工作以维护法制统一的司法权运行主体而言，其有关职权行为的首要准则在于必须存在成文的法律依据，而政党所代表的政治意志只有在经法定程序转化之后才可能成为形式法律。因此，政党所代表的政治因素如果直接影响乃至支配司法，显然会产生司法权之运行背离基本司法原理的可能。此外，由于政党行为的规范性要求相对较低，且政党所形成的政策本身也处于不断地变化过程之中，司法机关在与政党的互动或者说响应政治诉求的过程中，也可能出于各种目的逾越司法权之法律框架，从而产生司法权运行失范行为。

应当说，党的领导所在的政治领域有其特有的运作规则，与司法权运行所在的司法领域存在明显的差别。[③]其一，党的领导在具体工作过程中使用的语言一般属于大众话语的范畴，相关领导者或工作人员。无论是从执政党，还是从执政党的具体代表的角度来看，党大多数情形下都是在使用大众的语词进行观察、思考和判断。换言之，党所关心的始终是大众的呼声，党所使用的语词亦来源于大众，且与大众标准保持一致。而司法权

① 强世功主编：《调解、法制与现代性：中国调解制度研究》，中国政法大学出版社 2001 年版，第 256—257 页。

② 武红羽：《司法调解的生产过程——以司法调解与司法场域的关系为视角》，法律出版社 2010 年版，第 105—106 页。

③ 孙笑侠、应永宏：《论法官与政治家思维的区别》，《法学》2001 年第 9 期，第 4—8 页。

之运作，基于其适用法律的特性，具有较强的专业性，这与普通大众的认知领域一般存在显著的距离。其二，党的领导在行为方式上具有主动性和倾向性。针对合法性的关注，党有可能会通过灌输、宣传意识形态，或者积极地提高执政绩效来迎合大众的需求。与之相反，司法权之运作，奉行"不告不理"的原则，不会主动解决大众的纠纷。且在司法权运行过程中，基于其专业特质，一般不会受到社会公众舆论的影响。其三，党的领导在其具体运作过程中往往重视实质上的效果，从而较易忽视在此过程中的相关程序。司法权之运作，本身就是以司法程序的正式启动为其运行原点，且具体过程中也要遵循严谨的司法程序法则。考虑到二者的显著差别，如果任由"泛政治化"成为司法领域的主流趋向，司法的技艺特性便会被政治取代，政治统治的合法性诉求逐渐掩盖法律维度的合法性，从而造成司法权之运行在失范的状态下信马由缰。在我国，引人瞩目的"辩诉交易"改革就充分证明了这一点。①

就"辩诉交易"制度而言，最先想将其引入我国审判方式改革的是哈尔滨市铁路运输中级法院原副院长吉鸥。吉鸥在其工作过程中曾参加过黑龙江大学举行的法律专业培训，培训过程中一位教师提起过"辩诉交易"的概念，使得吉鸥对"辩诉交易"有了大致的了解。此后，吉鸥在国家法官学院的培训班学习时，又有教师详细介绍过"辩诉交易"的审理模式，上述教师的授课引起了吉鸥极大的兴趣。在以上理论铺垫及司法改革在全国司法系统遍地开花的背景下，吉鸥便大胆地想将"辩诉交易"引入到审判工作之中。于是，在经所在法院党组讨论后，他将这一想法向黑龙江省高级人民法院原刑庭庭长王树江作了汇报。曾经到美国考察过的王树江对"辩诉交易"也有很深的认识，吉鸥的设想立即引起了他的重视。在得到了黑龙江省高级人民法院的认可后，哈尔滨市铁路运输中级人民法院开始将这一设想落到实处，并将"辩诉交易"的试点设在牡丹江铁路运输法院。当被告人孟广虎故意伤害案起诉到牡丹江铁路运输法院后，审判员栾树贵主办了这起案件。看完卷宗后，栾树贵忽然意识到，这起案件正是尝试"辩诉交易"的好案例，他马上向吉鸥作了汇报。哈尔滨市铁路运输中级人民法院经过研究并向黑龙江省高级人民法院汇报后，王树江、吉鸥以及哈尔

---

① 张景文等：《聚焦国内"辩诉交易"第一案》，《人民法院报》2002 年 8 月 8 日，第 5 版。

滨市铁路运输中级人民法院原刑庭副厅长刘韬一行三人到牡丹江铁路运输法院进行指导。在经过充分的研究和准备后，国内"辩诉交易"第一案就这样推出了。

从"辩诉交易"的运作来看，起决定作用的首先就是哈尔滨市铁路运输中级人民法院的所在党组。当然，从党的层面来看，从上至下所进行的司法改革是直面人民大众呼声而进行的、旨在增强政治统治合法性的有效改革。但如本案所显示的，如果对政治统治的合法性诉求受到"泛政治化"的过分渲染，它便会无视法律维度的合法性。就以上事例而言，"辩诉交易"在我国现行宪法框架下，并未在刑事基本法律（如《刑事诉讼法》）之中规定，据此而进行的有关改革显然在法律维度上不具有形式合法性。因此，该事例从短期来看，成就的是相关过程中的个别党及行政层面领导的所谓政绩；但从长远来看，减损的却是法律乃至司法的权威，最终也会间接影响政治统治的合法性培育和维系。尤其是在我国这样一个处于法治发展初级阶段的国家，由于法律制度尚未健全、完善，任何不满足于现状的情绪在其实践当中都可能会成为推动改革的动力。在司法权运行领域，有关司法机关进行制度创新的动机可以理解，但是动机的善意并不能够成为其改革合法性的具体指标。司法机关如果借助非法的方式进行以适用法律为核心的司法改革，很可能得到与其善意动机相反的结果：相关改革不仅不会对法制的发展产生助益，反而会对法制的权威产生克减，甚至从整体上动摇法治的基础。[①]而且，就司法领域的整体而言，"泛政治化、极端政治化的结果最终是悬空政治，使人们厌恶政治、回避政治或对政治阳奉阴违"[②]，实际上也无益于政治目标的整体实现。

（二）"去政治化"倾向

某种程度上，或是出于政治领域长时期的"泛政治化"状态下意识形态灌输所产生的反作用，也可能是由于法学理论和实践领域长期偏重"法教义学"训练而产生的形式法治观念，"去政治化"的呼吁在各种改革领域

---

① 谢佑平、万毅：《法律权威与司法创新：中国司法改革的合法性危机》，《法制与社会发展》2003年第1期，第4页。

② 江必新：《司法与政治关系之反思与重构》，《湖南社会科学》2010年第2期，第37页。

一直存在。在司法领域，针对近年来党领导下的各种改革造成的负面影响，部分人也存在相应的"去政治化"呼吁。所谓"去政治化"，具体是指"对构成政治活动的前提和基础的主体之自由和能动性的否定，对特定历史条件下的政治主体的价值、组织构造和领导权的解构，对构成特定政治的博弈关系的全面取消或者将这种博弈关系置于一种非政治性的虚假关系之中"①。一定程度上，以"去政治化"的视角观察，司法领域近年来采取的一些改革举措实际上不是在接近，而是在远离司法权独立运作的精神。以司法改革领域新近确立的司法巡查制度为例，其不仅"强化了上级人民法院对下级人民法院领导班子及其领导成员的监督协管力度、司法业务建设及审判管理工作的监督、廉政及作风等建设的监督以及上下级人民法院的联系沟通"②，而且借此使得司法的行政化发展方向得以固化。此外，司法体制的整体运作呈现出进一步地方化、行政化、政治化、官僚化的发展趋势。对于司法领域的进一步改革而言，以上发展趋势不仅构成阻滞因素，而且对司法权运行机制改革的推进造成负面影响。整体上，司法改革主要不是基于司法权的独特属性在改革，而是在一种政治主导的向度下在运作。在此背景下，司法领域体现出较强的政治取代司法或者说淹没司法的景象，比如人民司法或者说司法的人民性在中国式能动司法的语境下被反复强调，各种各样的政治话语或者政治口号开始全面主导司法改革。

应当说，司法体制尽管属于政治体制的一部分，但比较整个政治体制而言，司法体制却属于相对独立的功能区域。司法体系的设置属于中立性、工具性、功能性的治理技术范畴，绝大部分司法改革措施实际上与政治并不存在直接的关联。有鉴于此，有学者主张，"中国的司法改革应当采取去政治化的技术和策略，实现司法与政治的相对分离"③。同时，鉴于司法作为社会"稳定器"的特有功能，从法律技术的角度推进司法改革实际上具有广阔的运作空间。基于司法权技艺运作之要求，"法官的义务在于依据

① 汪晖：《去政治化的政治：20 世纪的终结与 90 年代》，生活·读书·新知三联书店 2008 年版，第 40 页。

② 殷泓：《人民法院司法巡查制度建立》，《光明日报》2010 年 10 月 25 日，第 6 版。

③ 徐昕、黄艳好、卢荣荣：《2010 年中国司法改革年度报告》，《政法论坛》2011 年第 3 期，第 152 页。

法律裁断"①，其对政治因素并没有直接考量的义务。如果司法权运行主体对于政治因素的考量超过对司法技艺的考量，则不仅无益于政治运作目的的实现，且司法权之运行也很可能会偏离应有的技艺轨道。以我国"调解优先"政策的出台为例，其初衷即在于实现建设和谐社会和维护社会稳定的政治任务。②但就司法技术而言，调解仅是纠纷解决的法定技术方式之一种，而且调解的运作也要遵守既定的法律规则、考虑案件的具体情形来展开，而不应不加区分地对所有案件的审判都以调解优先为指针。以商事领域为例，许多类型的案件都是无法确保调解优先的③，一刀切地按照相关司法政策的规定确立调解结案率更是没有必要。

然而，完全与政治隔绝的"纯粹司法"、绝缘于政治的司法独立实际上也是不可能存在的。此种情形下的司法独立类似韦伯所谓的"自动售货机"，"你把写好的状子和诉讼费放进去，判决和从法典上抄下来的理由就会自动吐出来"，或者莫里斯·科恩笔下的"留声机"，仅仅是"精确复述法律已经明确宣布之规则"④，只可能是一种极端状态下的理论虚妄。在任何司法审判活动中，必然存在一定的司法自由裁量领域，"无论怎样精心设计的审判制度，在其中总是广泛存在着委诸个人自由的行为领域"⑤。而在相应的司法自由裁量领域，政治因素发挥相应的影响是自然而然的事情，"司法确实不等于政治，但也不可能脱离政治，不可能完全独立于政治；完全独立于政治的司法本身就是一种没有现实根基的政治主张，不仅在中国如此，在世界各国都如此"⑥。依据我国的现行宪法、法律，现实的政治体制既不是代议制民主，亦不是权力分立与制衡，而是党领导下的人民民主专政。以上政治制度具有三个典型特征：党的领导、人民当家做主和依法治国。以此观之，居于现行政治体制之下的司法权之运行必须以党的领导

①〔美〕布莱恩·莱特：《帝国的终结：德沃金及 21 世纪法理学——在拉特格斯大学法哲学学院成立庆典上的演讲》，吴展译，《比较法研究》2007 年第 1 期，第 147 页。

② 李浩：《理性地对待调解优先——以法院调解为对象的分析》，《国家检察官学院学报》2012 年第 1 期，第 118 页。

③ 江苏省高级人民法院"和谐社会与民事制度创新"课题组：《民事案件与商事案件适用诉讼调解的区分研究》，《法律适用》2008 年第 11 期，第 46—47 页。

④〔美〕理查德·A. 波斯纳：《联邦最高法院——挑战与改革》，邓海平译，中国政法大学出版社 2002 年版，第 328 页。

⑤〔日〕棚濑孝雄：《纠纷的解决与审判制度》，王亚新译，中国政法大学出版社 1994 年版，第 6 页。

⑥ 苏力：《关于能动司法》，《法律适用》2010 年第 Z1 期，第 10 页。

的为前提。有鉴于此，司法独立在我国只可能是相对的、有限的，甚至有极端的学者认为"司法独立与政治的理论与中国现实政治制度更是不相容的，理论和现实之间存在着难以逾越的巨大鸿沟"[①]。

从实证的角度来说，司法与政治的密切关联并非"是否应当"的价值判断，而是"不可避免"的事实存在。[②]甚至，就合法性的视角而言，司法与政治的关联毋宁是一种法治国家之中非常必要的联动。一方面，出于培育和发展合法性的考量，政党所代表的政治力量总是采取多种或明或暗的途径影响司法。以法官的任命为例，美国一直存在总统任命本党成员作为最高法院法官候选人的不成文惯例，且对此毫不掩盖，如林肯总统就坦率地承认，"我们希望任命一个能够支持我们解放黑奴和法定货币政策的大法官。虽然我们不知道这个人将要去做什么，但是我们必须选择一个与我们的政治主张相近的人"[③]。当然，政党也可以通过正式的立法程序为司法权之运行确立规则和程序制度，无论是实行总统制还是议会制的国家，其有关司法的基本制度，如司法制度的确立、司法组织的设置、司法权运行行为的准则乃至支配整个司法过程的基本原则，又如司法独立、司法公开、审判公正等，都主要是通过正式的立法程序确立的。一定程度上，政党能且仅能借助相关立法程序，表达符合本党利益诉求的有关司法规则。对于实现其政治利益而言，以上正式制度的运作已经足够。另一方面，司法作为政治的组成部分，亦可对政治产生巨大的影响和作用，比如作为法律适用机关，法院严格适用法律的过程本身就是在实现执政党的政治意志。只不过，不同国家的法院，或者同一国家的不同法院，其所发挥的政治功能是不一样的，"美国最高法院之所以具有浓重的政治色彩，与其在宪政架构中的地位，及其自身功能息息相关。它处理的案件，多数涉及宪法问题，联邦最高法院可以通过解释、适用宪法，审查乃至推翻国会及各州法律，而宪法问题，从来就是政治领域的核心议题"[④]。借助于法律乃至宪法解

---

① 翁子明：《司法判决的生产方式——当代中国法官的制度激励与行为逻辑》，北京大学出版社 2009 年版，第 66 页。

② 江国华：《常识与理性（十）：司法技术与司法政治之法理及其兼容》，《河北法学》2011 年第 12 期，第 35 页。

③ Ball H, *Courts and politics—The Federal Judicial System*, Englewood Cliffs, N.J.: Prentice-Hall, 1980, p.159.

④〔美〕杰弗里·图宾：《九人：美国最高法院风云》，何帆译，上海三联书店 2010 年版，译者序第 X 页。

释，司法权运行主体可以借此拓展政治意志的覆盖范围。当然，司法对于政治而言也不总是以一种正面力量的形式出现，它也可能会对特定的政治力量、政治体制乃至整个国家政权产生极大的反作用，从而间接对政治统治合法性的培育和发展产生影响。就此，我国司法改革领域"去政治化"趋向下的"司法归司法，政治归政治"的主张，在司法与政治的关系上，尽力疏远、回避，甚至明显表现出矫枉过正的倾向，以及要求法院和法官与政治保持绝缘、认为法院只有与政治相脱离才能真正实现独立或中立的观点①，同样不可能成为型构党的领导与司法权运行良性关系的理性主张。

二、功能性规约体系之问题检视

人大及其常委会的法律监督对于司法机关而言，是除审级制度之外最需要得到深化的监督工作，只有解决功能性规约体系面临的系列问题，才能有效发挥功能规约体系的作用。

（一）监督规范冲突

各级人大监督司法工作必须以明确的法律规范为监督依据，从规范分析的层面而言，宪法、法律以及相关司法解释等关于人大监督司法工作的规定存在着明显冲突。作为国家根本大法的《宪法》规定，全国人民代表大会常务委员会有权"监督国务院、中央军事委员会、最高人民法院和最高人民检察院的工作"，而对于监督方式，仅仅提到可以组成针对"特定问题的调查委员会"。《地方各级人民代表大会和地方各级人民政府组织法》则规定地方人民代表大会常务委员会受理人民群众对司法机关的申诉和意见，地方人大常委会组成人员可以向常务委员会书面提出对司法机关的质询案，并规定了较为详细的质询程序。在《人民检察院组织法》和《人民法院组织法》中都有人民法院、人民检察院向本级人大和人大常委会报告工作的规定，1986 年版《人民检察院组织法》还规定了在检察委员会上"如果检察长在重大问题上不同意多数人的决定，可以报请本级人民代表大会常务委员会决定"的特殊个案监督方式。最高人民检察院和最高人民法院

---

① 江必新：《司法与政治关系之反思与重构》，《湖南社会科学》2010 年第 2 期，第 35 页。

各自出台的司法解释中，也出现了交办案件、要求复查案件、旁听审理、调卷审查、听取疑难案件汇报、代表评议等监督方式。但这些介入性较强、带有创新性质的监督方式，并没有被具有更高效力的《监督法》吸纳。

这部 2006 年颁布的法律对监督方式进行了体系化的梳理，明确了专项工作报告、执法检查、询问与质询、特定问题调查、听取和审议撤职案等监督方式。上述人大行使对司法监督权的法律渊源中关于监督方式的规定存在明显的差异。以《地方各级人民代表大会和地方各级人民政府组织法》《监督法》为代表的国家权力机关主导的立法主张通过以了解、调查、处置等为主的传统监督方式，将监督工作的价值聚焦于保障司法公正的基础功能；而以"两高"司法解释为代表的司法机关主导的规范文本，则通过以协调、沟通、公开为主的监督方式，将监督的重点拓展到沟通民意、纠正错判、协调冲突等多元的价值目标中。相比而言，在文本层面上，国家权力机关的监督姿态较为克制，而作为监督对象的司法机关反而体现出较为强烈的监督需求。这种监督依据的文本冲突，表明不同立法时期、不同国家机关之间对人民代表大会常务委员会监督司法工作的价值分歧，更在差异化实践中形成了国家权力机关与司法机关对于监督目标、监督原则、监督关系、监督方式等问题的长期博弈。①

（二）监督力量疲软

人大监督司法工作具有刚柔并济、虚实结合的特点。但在现实操作中，监督主体限于权力格局的困境，存在监督方式柔胜于刚、虚大于实的困境，协商性、协调性、建议性的监督形态占据主要位置，效力疲软、手段乏力成为制约人大监督司法工作的主要瓶颈。

其一，监督手段乏力。就《监督法》规定的几种监督手段而言，审议撤职案、特定问题调查、质询等监督手段相比听取专项报告、执法检查、询问，针对性更强、监督力度更大、介入程度更深。但实践中，各级人大对于司法工作的监督，基本都采用听取专项报告、进行执法检查等监督力度较弱的方式，尤其是地方人大常常将质询、特定问题调查、审议撤职案

① 杨子强：《论人大监督司法的功能结构与模式兼容》，《政治与法律》2013 年第 5 期，第 21 页。

等监督方式束之高阁，使得人大监督司法工作的效果大打折扣。除了在监督方式的选择上存在偏好外，地方人大对司法机关的监督关系尚未形成深层次的互动模式，对于司法机关的专项报告、针对询问的回答以及工作汇报等缺乏合理的评价机制、反馈机制和责任机制，使得司法机关关于监督事项的陈述是否真实、汇报是否具有针对性、工作是否因监督而有所改进等问题缺少应有的牵制力，监督工作存在流于形式的可能。①

其二，监督缺位。从人大与司法单向度的监督关系出发，人大在司法领域的法律监督权应当是一种主动行使的权力，而非司法权那样只能被动、消极的运作。②基于其运作特性，人大的法律监督权应当主动出场。如果在实际的监督过程中发现司法权突破了既有法律规范，应当启动相关程序予以纠正。但观察我国人大监督司法的具体实践可以发现，其法律文本所设定的权力并未完全运行，这导致一些本应主动进行的监督长期处于缺位状态。以质询权和组建特定问题调查委员会的权力为例，有关学者对1979～2008年县级以上各级人大行使质询权的92起案例进行了详细的考察，发现其中质询司法机关的仅有9起。③而在组建特定问题调查委员会方面，全国人大及其常委会自1954年第一届全国人大第一次会议召开以来，从未组建过特定问题调查委员会。从其结果来看，人大以上权力运行的缺位，不仅可能造成相应权力，如司法权运行的失范，甚至可能会因各种权力运行失范长期得不到复位而引发大量的社会问题。

（三）监督行为失范

人大监督司法作为人大机关的职权之一，不能够逾越法律所设定的框架。此处所讲的法律框架，一方面包括规定人大监督司法的具体法律制度设定的框架，另一方面也包括人大监督对象领域法律制度设定的框架。前者在于明晰人大监督司法的具体职权及法定程序，后者在于界分人大监督司法的具体界限，使得其监督对象能够正常地行使自身权力。理论上，以

---

① 杨子强：《论人大监督司法的功能结构与模式兼容》，《政治与法律》2013年第5期，第21页。

② 龚祥瑞：《西方国家的司法制度》，北京大学出版社1993年版，第25页。

③ 在92起案例中，质询行政机关的有73起，质询审判机关的8起，质询检察机关的1起。（孙莹：《论人大质询的启动要件》，《人大研究》2010年第6期，第8页。）

上两个方面的框架既能够保证人大监督司法的正常进行，又能够为司法权运行主体正常行使司法权力提供外部约束，人大与司法就此而言应当是一种良性互动的关系。①

换言之，人大监督司法本质上是一种间接监督，其并不能够直接纠正应该由被监督对象处理的案件，不能够代替司法权运行主体行使司法权力。即使是那些有违法律规范的错案，也只能由司法机关依据审判监督程序等自行纠正。如果人大在监督司法权运行主体处理事项或办结案件时，认定其存在处理不当、裁判不公乃至实体或程序严重违法等情形，人大依照其监督职权只能要求相应的行政机关、审判机关或者检察机关依法复查。在具体方式上，人大可以建议审判机关、检察机关再审或中止、暂缓执行等，由上述机关通过法定的纠错方式予以处理。这是间接监督的运作方式。如果在以上情形下，人大直接指令有关审判机关、检察机关作出某种处理，则有悖间接监督的内在机理。对于人大监督司法过程中所发现的司法官违法违纪的情形，在人大及其常委会任免范围内，其可以启动法律程序予以罢免或撤职。此种情况下，人大及其常委会可以直接处理。反之，如果相应的司法官不属于人大及其常委会的任免范围，则其只能由相应的司法机关或其他国家机关依法追究其法律责任。同时，基于人大的工作方式，其对司法的监督只能是一种集体监督。在具体运作过程中，人大及其常委会对本监督部门或监督事项所提出的意见和建议，应以集体的名义作出。因此，就其整体而言，人大监督司法存在明确的法律规制，其只能在宪法、法律的框架内监督司法，不能有所逾越。

但在我国的宪政框架下，人大作为民意机关，无法忽略社会公众的司法诉求。转型时期，社会公众面对不断凸显的社会矛盾，对司法领域经常发生的司法腐败和司法不公多有抱怨。人大为了回应社会公众的以上司法诉求，逐渐加大了对司法监督的力度。由此造成的后果是，人大监督司法在其运作层面，逐渐出现了一些逾越法律框架的现象。以上现象之中，尤以人大针对法院的个案监督为甚。就其缘起而言，个案监督产生于 1984

---

① 总体上，人大与司法的目的都是正义的实现，只不过二者角色存在不同。人大作为立法机关，其职能决定了它担负分配正义的使命，借助科学、民主的立法完成社会的初次分配。而司法机关，尤其是法院，其职能在于裁断，承担着校正正义的任务，使得人大立法的目标与社会事实一致。

年发生在辽宁省台安县的"三律师案"。此后,在地方立法层面产生了设定个案监督的地方性法规。如果从实施的效果来看,人大个案监督确实对保护公民权益、惩治司法腐败、维护司法公正起到一定的积极作用。但就人大与司法的关系来看,人大对个案的过多、过度干预在某种程度上影响了司法权的正常运行①,使其背离司法权运行的基本法理。甚至,在司法实践层面,本意是从整体上整治司法腐败、司法不公的人大监督司法,却由于对司法权运行施加不正当干扰的非规范性等因素,反而在其实效性上成为产生新的司法腐败的重要动因。②

就司法机关而言,由于行政化的管理方式,其面对人大监督,通常要耗费大量的司法资源,甚至丧失应有的独立地位。诚如某法院院长所言,"我们不是反对监督,人大的监督当然要,检察院的监督也是不可少。问题是,这些机构的监督往往不是放在对法官行为的监督上,而是放在了法官对案件的判决上,这就破坏了司法的既判力与终局性,也在某种意义上否认了法官工作的专业性。现在,法官与相关监督组织的'谈话''请示''协调''沟通'往往占去了很多时间,法官尤其是法院院长的精力耗费在了无休止的接受'监督'的活动中"③。

三、结构性规约体系之问题检视

（一）司法体制行政化,司法独立难保证

我国《宪法》第一百三十一条规定,"人民法院依照法律规定独立行使审判权,不受行政机关、社会团体和个人的干涉"。然而,司法体制的行政化则为行政权干涉司法权打开了方便之门,直接威胁到司法权的独立。虽然宪法和有关组织法明确我国不同级别审判机关之间的关系为监督关系,有别于不同级别检察机关之间的领导关系,但我国司法体制一直是依照国

---

① 蔡定剑:《中国人民代表大会制度》,法律出版社 2003 年版,第 412—413 页。

② 在司法实践当中,来自人大及行政机关的不正当干扰,是产生司法腐败、司法不公,乃至冤假错案的重要原因。(欧阳标平:《人大个案监督的宪法学透视》,《沙洋师范高等专科学校学报》2007 年第 2 期,第 13 页。)

③ 刘惠贵、周安平:《司法改革的监督情结及其悖论——法官与学者关于基层司法改革的对话》,《中国司法》2005 年第 11 期,第 25 页。

家行政机关的模式来构建的。审级制度的目的本在于维护法律适用的统一，确保司法判决的公正、权威。该制度在根本上要求一种不同于行政机构的制度结构——上级法院对下级法院进行审判监督，而非行政领导，上级法院只对符合上诉程序的案件进行审理，除此之外，不能对下级法院的审判行为进行任何干预。然而在实践中，上下级法院之间成为一种行政化的管理模式，于是便产生了上下级法院间的请示批复制度，这实际上是架空了当事人的上诉权。"三五改革纲要"对此专门强调，"加强和完善上级人民法院对下级人民法院的监督指导工作机制，明确上级人民法院对下级人民法院进行司法业务管理、司法人事管理和司法行政管理方面的范围与程序，构建科学的审级关系……规范下级人民法院向上级人民法院请示报告制度"。

　　根据我国相关法律的规定，上下级法院之间确实存在除审判工作之外的司法政务、人事、财政和业务等方面的行政管理关系。然而，由于缺少对法院行政管理的明确法律规范，在实践中，这种行政管理关系很容易演变成上级法院对下级法院的全面管理以及对下级法院独立审判权的不适当干预。特别在当前的人财物省级统一管理改革中，中级和基层法院在人事、财政方面将更加依赖于省级法院，这一改革虽一方面旨在降低地方党政机关对司法审判活动的干预，但另一方面也加强了上下级法院之间的科层制关系，对下级法院的审判权独立性产生更为不利的影响。下级法院间行政化关系最集中的体现就是司法实践中的请示批复制度。下级法院就案件判决向上级法院请示和上级法院对下级法院审理的案件进行批复的做法扭曲了审级制度的应有功能，也损害了当事人的上诉权利。①

　　另外，司法机关在内部结构、管理方式、运行机制、人员配备等方面，套用行政机关的模式，特别是地方各级法院、检察院常被认为是地方党政机关的组成部分。司法机关在财政、组织、人事、编制等许多方面都由地方行政机关负责办理甚至是管理。地方法院的财政又受制于同级政府，那么在审判工作中，当局部利益与国家整体利益、所在地区的利益与其他地区的利益发生冲突时，有可能受到有处分权的机构的压力，地方法院的法官不得不优先考虑、照顾本地区的利益，不能独立、公正地行使其权力，

---

① 贺卫方：《司法的理念与制度》，中国政法大学出版社 1998 年版，第 133 页。

以致司法公正难以实现，国家的法制统一不能得到保证。

（二）审判机制审批化，错案责任难追究

在单个法院内部，同样是一种科层组织的结构，形成了一个从审判员到审判长到庭长到副院长、院长的层级体制。法院中的职级设置虽然在名义上有别于其他公务员的划分等级，但实际上是按照公务员的等级制度划分的，下级服从上级的领导。法院内部承担审判管理职能的权力主体常常以审判管理的名义，直接对案件进行审判或间接过问。在法院内部，由于审判管理的权力主体同时也享有审判权，两种权力在院长、庭长级别的司法人员身上合为一体，这种审判管理权便成为他们干预审判的依据。实践中的这种做法就是作为一种非正式规则存在的案件审批制度。

在司法改革中，逐步建立和完善的法官审判绩效考评制度，确实有利于案件审判质效的提升，但这种考核制度完全是从科层组织中借鉴而来的，在某种程度上忽略了司法审判这一事务的特殊规律性，毕竟，对于司法产品的法律效果、社会效果和政治效果，很难通过一些简单的定量化指标进行考核。在实践中，这种以考核的形式呈现的审判管理权将给普通法院的案件审判以极大压力，使得承审法官在案件审理过程中倾向于主动寻求领导对案件审理的意见和看法。而在有些时候，这种案件审批，实际上是审判管理主体对自己所审理的案件行使监督权。这导致具体承办案件的审判组织，往往没有独立审判自己承审案件的权力，实际上是法院院长和审判委员会委员掌握着裁决权。案件经独任审判员或合议庭审理后，由独任审判员或合议庭提出处理意见并向有关业务庭负责人和分管院领导请示汇报，由相关领导对处理意见作出批示。而审判机关中担任领导职务的人一般不参与案件的庭审活动，只以听取汇报、签发判决和参加并主持审判委员会等形式参与对案件的处理，从而出现审而不判、判而不审、判审分离的现象，致使权责分离，错案责任追究难以落实，出了问题没人负责。法官独立思考的积极性和公正司法的积极性容易被挫伤，审判委员会与合议庭有时不仅难以发挥其遏制个人主观故意与任性、防止司法腐败的功能，甚至反倒为他人干涉司法、对司法发号施令提供了"合法"的外衣。

（三）人员素质参差不齐，自我制约难以实现

无论是政治性规约、功能性规约还是结构性规约，对于司法权运行主体而言，都只是一种他律式规约。这种他律式规约对于一般的国家权力行为或许会发挥相应的效用，但对于以技艺理性为权力运行基础的司法权运行行为而言，其实效性往往大打折扣。我国由于受传统思维的影响，长久以来习惯于司法权规约体系之外部构建，在司法权力体系外部提倡人大、政党乃至民意的监督，以期实现司法公正。但如前文所分析的，他律式的规约行为由于多采取个案式的方式，多数情形下都会构成对司法权合法运行的干扰。甚至，在极端的事例中构成对司法权的取代，从而造成不同国家权力之间抑或司法权力与政治权力之间的紧张。在此情形下，作为司法权运行基础的司法独立丧失殆尽，司法公正更是无从谈起。有鉴于此，在科学构建司法权规约体系的语境下，除了注重司法权规约体系的他律式构建思路之外，更要关注司法权规约体系的自律式构建问题。

正所谓"徒法不足以自行"，建立独立、公正、廉洁的司法制度需要一支高素质的司法队伍，这是抵御、抗衡其他社会力量干扰和影响司法、维护司法公正的前提条件。我国目前基层司法队伍素质不尽如人意，人员构成复杂，政治素质、职业操守、业务素质良莠不齐，部分法官法治意识薄弱、业务能力不强、工作作风简单粗暴。加之现今法官政治待遇、经济待遇不高，难以真正做到自我约束，难以在法律的规定下合理运用自由裁量权，致使在司法执法过程中出现很大的随意性。

（四）规章制度不健全，监督标准和监督手段欠科学

从诉讼法规定来讲，法院审判活动不存在暗箱操作的问题，但基层法院管理机制不健全、不规范、不落实的问题还比较突出。一是有的法院超出法律规定设置立案条件、乱争管辖权、超标查封和扣押当事人财产、超审限审理案件，诉讼难、执行难等问题还没有得到根本解决。二是有的法院对法官自由裁量权缺乏有效的规范和制约，对违法审判的责任追究不到位，助长了少数法官违法办案的侥幸心理。三是有的法院制定的考核指标欠科学，奖惩机制不兑现，而法官的职级待遇和职数配置又不能适应法官

职业的要求，工作积极性受到严重影响。四是有的法院信息化建设滞后，信息公开不及时或不全面，使当事人甚至社会各界对法院是否在进行暗箱操作产生疑虑，使审判机关的公信力大打折扣。规章制度不健全、不科学，造成在内部操作上也缺乏必要的监督。

四、情境性规约体系之问题检视

随着新闻媒体的迅猛发展特别是信息网络化时代的到来，新闻舆论监督也势必将深入到社会的各个角落。司法活动关系到社会秩序和公平正义的维护，因此历来是新闻舆论监督的焦点。司法政务公开范围的扩大和民众参与司法、监督司法需求的增加也使得舆论监督的范围越来越广，力度也越来越大。另外，司法活动自身的规律也对司法独立提出了严格要求，这种独立也包括针对新闻舆论对司法活动的不正当干扰。新闻舆论监督与司法在致力于维护司法公正这一目标上所产生的良性互动，也可能由此产生一定的矛盾和冲突。正如著名法学家贺卫方在《具体法治》一书中所指出的："新闻重情感的诉求，司法重理性的运用；新闻倾向快捷的报道，司法强调审慎的决策。因此，二者存在着内在的紧张关系。"[1]这种冲突是目前中国舆论监督司法机制的最大症结所在。

（一）新闻舆论监督疲软

虽然在根本上新闻舆论监督与司法之间可以形成良性互动，但鉴于目前我国新闻媒体进行司法监督的所谓"媒体审判"乱象，司法机关往往对新闻媒体的舆论监督持排斥态度，将其视为一种干扰司法、妨碍司法公正的现象。于是，在现实生活中便存在司法机关对新闻舆论监督设置障碍，发生排斥其监督的现象，对案件的相关采访活动进行种种条件限制，设置障碍。如依据我国法律规定，对于公开审理的案件，我国公民可以凭借个人身份证参加法庭活动，旁听案件的审理情况。新闻记者作为我国公民中的一员，在要求对法院公开审理的案件进行采访和旁听时，法院对其要求应该按照法律规定加以允许。但是，在现实生活中，当新闻记者要求旁听

---

[1] 贺卫方：《具体法治》，法律出版社 2002 年版，第 65 页。

案件时，法院往往会拒绝新闻记者的要求，或者要求新闻记者提供除个人身份证之外的其他证明材料。

此外，新闻媒体自身也存在一系列问题，使其对司法的监督职能没能很好地发挥。其一，在履行监督职责方面，我国的新闻媒体更多的是对社会不良现象提出批评和曝光，而在维护法治、反映舆论情况和民众意见、抨击司法腐败方面却一般只是轻描淡写。其二，新闻媒体往往将批评报道与舆论监督等同，不善于按照新闻规律的真实性、客观性和时效性的要求来形成公众舆论、舆论压力和舆论威慑力，对于事实的把握、监督热点和监督对象的选择、监督信息的有效传递等均有不尽如人意之处。其三，媒体缺乏相对独立性。当有些需要报道的事项涉及高层领导，那么新闻媒体往往只是报喜不报忧。

（二）新闻舆论监督法规不健全

《法官法》第七条第七项明确规定："法官有接受法律监督和人民群众监督的义务。"司法机关要重视舆论监督的积极作用，对待舆论监督要持宽容的合作态度。但我国目前仍缺乏比较完备的新闻法律、法规体系，没有从法律的角度对新闻媒体的地位、性质、权力等予以确立，也未对新闻采访、报道、监督、新闻记者的权利和义务等方面予以界定。现有对舆论监督有些零散的规定也不成系统，这使得新闻舆论监督的法制保障不够，严重制约了舆论监督功效的发挥。

（三）群众监督积极性不足

司法接受群众监督是司法民主建设的应有之义。宪法赋予我国公民对国家机关及其工作人员依法行政和廉洁奉公的监督权、批评建议权、申诉控告权以及对各种腐败行为的检举权，说明人民群众监督具有广泛性。但是，人民群众对司法的监督过程中也存在一定的无序现象，在机制、体系、内容、程序等方面的规定存在不足和不当。从人民群众的角度来看，存在对司法权规约不足的问题，为司法权滥用留下空间；而对于司法从业人员而言，群众监督往往被理解为"添乱"。群众监督的积极性受多方因素影响，主要包括以下几方面内容。①公权部门政务公开不够，群众不能了解权力运行机制，致使群众无法监督。②举报监督渠道不畅，群众不能监督。群众申诉、举报能否被受理，受理后能否保证有关部门依法查办等程序性的法律保障还不完善，无法保证群众行使监督权。③缺乏激励机制。群众监督，无论揭发或者举报，成功了好处是大家的，一旦失败了代价是自己的。这种监督的外部性导致人人希望反腐败，但人人又不愿出头，陷入搭便车困境。要解决这个问题，只有从制度上强化激励机制。①

另外，对司法的群众监督过程中出现的一些无序和乱象也影响了人民群众和司法部门支持群众监督司法的积极性。如在一些司法案件中，个别案件当事人（群众）采用缠信缠访甚至死缠烂打的方式，把不属于司法解决的问题或不能受到司法支持的非法诉求强加给法院解决，严重干扰法院公正执法，加剧了干群之间的矛盾。又如个别身为人大代表或政协委员的案件当事人，为了满足自己的诉讼要求，对办案法官故意发难，先发制人干扰法官依法办案。再如个别案件中个别群众利用公共媒体等形式故意迎合社会群众的非理性情绪，利用网络传播不实、歪曲或夸大所谓的事实，企图通过轰动效应对法院施加负面影响，以达到自己的非法目的。②

---

① 范永同、郝俊杰：《中国监督体制的不足与完善》，《人民论坛》2015 年第 11 期，第 45 页。
② 张革联、金立安：《司法接受群众监督机制的理性思考及完善路径》，《三江学院学报》2010 年第 4 期，第 68 页。

第五章
司法过程中的人权保障

　　刑事司法活动作为一种权力活动，其具有相当大的强制性，是公民自由的最大威胁。刑事司法法律关系是指刑事司法主体在刑事诉讼过程中所形成的权利义务关系，主要为司法机关、当事人、其他诉讼参与人相互间的权利义务关系。在此种关系中，司法机关为国家权力的享有者，与司法机关相对应的则是当事人和其他诉讼参与人。刑事司法中的人权主体则主要为当事人和其他诉讼参与人。当事人和其他诉讼参与人之权利保护是刑事司法运行的核心目的。简而言之，人权保障是现代刑事诉讼之灵魂。完善刑事诉讼中的人权保障，是现代刑事诉讼的发展趋势，也是发扬诉讼民主和健全法制的要求。

第一节　犯罪嫌疑人和被告人之权利保护[①]

　　在公民与国家二元对立的宪治体制下，刑罚被视为公民权利的最大威

---

　　① 本文部分内容由课题组成员和中心研究员周紫阳完成，并以此形成了博士论文《刑事被告人权利宪法救济模式研究》，编入本书时进行了部分修改，特此说明。

胁，刑事司法则是人权保障的重要阵地。刑事诉讼法中能否充分、有效地保障人权，以及法定人权的范围及其实现程度，业已成为衡量一个国家的刑事诉讼是否民主、文明、科学、进步的主要标准之一，也揭示了一个国家的人权状况。犯罪嫌疑人和被告人是刑事追诉的对象，其权利保障居于刑事司法过程中人权保障的核心地位，国家权力的任何不当运用都会对犯罪嫌疑人和被告人权益造成严重的侵害。

一、犯罪嫌疑人和被告人权利保护之法理基础

其一是人权保障思想。权利与人类是同生共长的，权利的概念和正义的概念也连在一起。从古希腊人开始研究正义概念到古罗马人创造概括权利，权利观随着社会的发展而不断变化。权利具有满足人的需要的某种属性，其体现为自由，同时也体现为利益。刑事被告人诉讼权利所体现的利益要大于其他诉讼参与人。按照自然法学家的观点，刑事被告人权利首先表现为一种自然权利，这种权利是天赋的、不可剥夺的。后来随着人类社会的发展，出现了法律，于是这些权利又被确立在法律中。对于这些被确立在法律中的权利，人们又按照不同的标准对其进行了理论上的划分。就刑事审判而言，刑罚权被普遍视为公民权利的最大威胁。为避免刑罚权成为侵犯公民权利的工具，刑事诉讼法即在人权保障思想的指导下建构刑事诉讼的权力规制体系。就这个角度而言，犯罪嫌疑人和被告人权利之所以需要保障，其法理基础即在于人权保障思想的盛行。也可以说，刑事诉讼的根本目的在于维护国家的宪治体制和秩序，直接表现为两个方面，即惩罚犯罪和保障人权。在惩罚犯罪与保障人权的关系上，保障人权处于优越地位；但是，"佘祥林案""杜培武案"等一些典型案件反映，我国刑事司法实践中存在强调追究犯罪，而人权保障并没有得到应有的重视。

其二是保障控辩平衡的要求。为使刑事诉讼中公民与国家处于平等的关系，公民即需要获得来自法律的保护。此时，作为公民的犯罪嫌疑人和被告人的权利需法律予以保护。这是因为在刑事诉讼中，收集证据、查获犯罪嫌疑人等许多工作都在侦查阶段进行。犯罪嫌疑人一方，从案件一开始即被侦查机关一定程度地控制，实际上处于弱势地位；而作为强势地位的侦查机关为了尽快查清犯罪事实，将会把侦查手段使用到最大化。由此

可以看出，在侦查阶段，国家机关处于强势地位，而这种强势会在一定程度上出于共同的惩罚犯罪、维护社会秩序的目的延续到公诉机关，甚至可以牺牲部分被告人利益。刑事诉讼一度被看作专政工具，其主要职能是惩罚犯罪、打击敌人。犯罪嫌疑人、被告人虽然处于当事人地位，但对犯罪嫌疑人、被告人诉讼权利的保护并没有得到应有的重视。

其三是程序正当化的要求。自然正义原则要求司法机关在对任何人作出不利决定之前，都应当听取其意见。意见听取规则的设置在于使司法机关获得更多的信息，进而在对立的信息中经自由心证和裁量权行使而认识案件事实真相，最终达成"以事实为依据、以法律为准绳"和实现公平正义的目的。正当程序不但可以督促司法机关作出合法、公正的裁决，还可以保障犯罪嫌疑人、被告人的权利，为控辩双方充分表达意见提供平台。

二、犯罪嫌疑人和被告人权利保护之规范体系

宪法、刑事诉讼法和其他相关法律赋予了受刑事追究者广泛的权利，使其具有与刑事司法权力相抗衡的能力和机会，这就是犯罪嫌疑人、被告人的刑事司法权利。在国际上，被告人的刑事司法权利主要是通过《世界人权宣言》、《公民权利和政治权利国际公约》（简称《权利公约》）、《禁止酷刑和其他残忍、不人道或有辱人格的待遇或处罚公约》（简称《禁止酷刑公约》）等一系列国际人权公约加以确立的。

（一）宪法

从形式上看，现行宪法的两类条款构成了被告人的直接法律依据：一是有关司法机关组织体系和地位的基本原则；二是有关公民基本权利的表述。前者所包含的内容较多，它们不仅成为刑事诉讼法制定的依据，也是包括《法院组织法》《检察院组织法》在内的一系列法律的直接依据，进而能够约束司法机关的组织活动，从而起到保障犯罪嫌疑人、被告人权利的间接效果。例如，宪法确立了法院的审判机关性质、四级二审终审制、独立审判原则、上下级法院的关系、法院与各级人民代表大会的关系；确立了检察机关的法律监督地位、检察机关的组织形式、检察独立原则以及上下级检察机关的关系、检察机关与各级人民代表大会之间的关系；还确立

了人民法院、人民检察院和公安机关办理刑事案件所要遵循的"分工负责、互相配合、互相制约"的基本原则。

至于有关公民基本权利的方面，宪法所确立的公民权利保障条款已成为刑事诉讼法中犯罪嫌疑人、被告人权利保障的直接法律依据，人们有理由将其直接称为"宪法性权利"。首先，《宪法》第三十三条第三款明确规定了公民人权受国家保障的重要条款："国家尊重和保障人权"。这种带有宣示性的宪法人权条款，显然为刑事诉讼中犯罪嫌疑人、被告人的权利保障提供了新的法律基础。其次，宪法将若干项公民人身权利上升到宪法性权利的高度，从而为犯罪嫌疑人、被告人在刑事诉讼中的权利保障提供了根本法律依据。例如，《宪法》第三十七条明文规定"中华人民共和国公民的人身自由不受侵犯"；第三十八条规定了"中华人民共和国公民的人格尊严不受侵犯"；第三十九条规定了中国"公民的住宅不受侵犯"；第四十条规定了"中华人民共和国公民的通信自由和通信秘密受法律的保护"。因此，以上权利实际是犯罪嫌疑人、被告人对抗公安机关、检察机关任意拘留、任意逮捕、非法羁押、非法搜查、非法扣押、无理监听甚至刑讯逼供等侵权行为的宪法武器。最后，宪法还为那些受刑事指控者确立了几项诉讼权利。具言之，有以下几个方面。

其一，不受非法强制处分权。法律上的强制处分分为对人的强制处分和对物的强制处分。对人的强制处分在我国主要指的是强制措施[①]的适用，对物的强制处分在我国主要指的是搜查和扣押。其适用直接涉及犯罪嫌疑人、刑事被告人的人身自由和安全，使用不当会对这两类人的权利造成极大侵害。所以，宪法规定了公民不受非法逮捕及拘禁的权利。搜查，顾名思义就是搜索检查，是司法工作人员对特定人的人身、物品、住所等进行搜索查验的一种侦查活动。搜查具有比较强的国家强制性，运用不当就会造成对公民的人格尊严及隐私权的侵犯，故此《宪法》明确规定了"禁止非法搜查公民的身体，禁止非法搜查或非法侵入公民的住宅等"[②]。不受非法强制处分权的经典宪法表述是1791年美国宪法第四修正

[①] 强制措施是指公安机关、检察机关和人民法院为了保障刑事诉讼活动能够得以顺利进行，从而对犯罪嫌疑人或刑事被告人所采取的对其人身自由的暂时限制或剥夺。

[②] 我国宪法第三十七条和第三十九条。

案。①从该条规定的表述来看，美国宪法第四修正案实际上将不受非法强制处分权所包含的不受非法搜查、扣押权和不受非法逮捕权融入同一条宪法条文中。除美国之外，加拿大、德国等一些西方国家宪法也对不受非法强制处分权进行了规定，与美国不同的是，这些国家是将不受非法搜查、扣押权和不受非法逮捕权用不同的宪法条文加以规定的。如 1982 年《加拿大权利与自由宪章》第八条②、第九条③及德国《基本法》第十三条第二款的规定。在我国，具体而言，不受非法强制处分权在我国的宪法渊源主要有两点。第一，我国《宪法》第三十七条的规定。④《宪法》第三十七条是对公民人身自由的表述，这一表述具体来说包含两个方面的内容：一方面正面确立公民人身自由不受侵犯；另一方面具体规定公民人身自由被限制的具体程序。如果缺乏这一严格程序，对公民的逮捕就是非法的，不过其中蕴含着公民人身自由可以被合法限制的内涵；对于公民人身自由限制方法的限制。第二，我国《宪法》第三十九条的规定。⑤这一条是从公民人身自由中引申出来的。其具体包含如下内容：正面确立住宅不受侵犯；对侵犯公民住宅权非法的限制，当然其中也可以看出对住宅的合法搜查的隐含意义。宪法确立的不受非法强制处分权对于保障公民的人身自由及隐私等，具有重要意义。刑事诉讼法对宪法的规定进行了进一步的细化和具体化。

其二，通信自由和通信秘密权。最早将通信秘密规定在宪法中的国家当属美国。⑥在美国宪法第四修正案中，通信秘密和人身自由、居住自由同样都作为公民的宪法基本权利加以保护。1919 年德国《魏玛宪法》第一

---

① 人民的人身、住宅、文件和财产不受无理搜查和扣押的权利，不得侵犯。除依据可能成立的理由，以宣誓或代誓宣言保证，并详细说明搜查地点和扣押的人或物，不得发出搜查和扣押状。

② 每个人都有不受不合理的搜查或者扣押的权利。

③ 每个人都有不受任意拘留或者监禁的权利。

④ 中华人民共和国公民的人身自由不受侵犯。任何公民，非经人民检察院批准或者决定或者人民法院决定，并由公安机关执行，不受逮捕。禁止非法拘禁和以其他方法非法剥夺或者限制公民的人身自由，禁止非法搜查公民的身体。

⑤ 中华人民共和国公民的住宅不受侵犯。禁止非法搜查或者非法侵入公民的住宅。

⑥ 1791 年美国宪法第四修正案规定：人民身体、居住、书信及所持品不受不当搜查、逮捕、扣押的权利不受侵害。除有正当理由，经宣誓或代誓宣言，并详载搜索之地点、拘捕之人或收押之物外，不得颁发搜索票、拘票或扣押状。

百一十七条对通信自由进行了规定①，不过从这一条款的内容我们可看出，《魏玛宪法》只允许联邦的法律对通信秘密这一基本权利进行限制，州的法律是不允许对通信秘密进行限制的。1949年《联邦德国基本法》第十条规定了通信秘密权。②根据第十条的规定，这种通信秘密权不得被侵犯，不过为了公共利益的需要，可对公民的通信秘密权进行限制。我国1949年的《共同纲领》第五条规定了公民的通讯权。③《共同纲领》对于通信自由和通信秘密的规定并不是单独列明的，而是将这一权利和公民的政治权利和自由、人身权利以及宗教信仰自由等其他权利规定放在一条中进行确认的。1954年宪法第九十条第一款的规定与《共同纲领》的规定方式不同，虽然其没有将这一权利进行单列，但其是将通信秘密置于公民的住宅权之后，因此可以认定1954年宪法是将通信秘密权作为公民住宅权的一个具体内容加以保护的。④1975年宪法第二十八条第一款规定，"公民有言论、通信、出版、集会、结社、游行、示威、罢工的自由"。1978年宪法的规定与此相同。1982年宪法才将通信自由和通信秘密权一起提出，将通信自由与通信秘密权作为两种并列的基本权利加以保护，并且在规定方式上是将该权进行单列，确立在第四十条中。⑤严格来说，通信自由和通信秘密权属于民法中隐私权的范畴，通信自由和通信秘密保护的利益是个人私生活的秘密与表现行为的自由。⑥它既体现了国家对公民个人隐私权的保护，同时也是实现言论自由和思想自由的一个重要形式。⑦从逻辑上讲，通信自由和通信秘密权与隐私权之间的关系是一种种属关系，通信自由和通信秘密权是隐私权的下位

---

① 书信秘密以及邮政、电报、电话之秘密，不得侵害，其例外唯依据联邦法律始得为之。

② 邮政和电信秘密不可侵犯。这种权利只能依法予以限制。这种法律可以规定，为保护自由民主的基本秩序或联邦或一州的存在或安全，任何这种限制不得告知有关人员，案件不得向法院提出诉讼而以议会指定的机构和附属机构进行复查来代替。

③ 中华人民共和国人民有思想、言论、出版、集会、结社、通讯、人身、居住、迁徙、宗教信仰及示威游行的自由权。

④ 中华人民共和国公民的住宅不受侵犯，通讯秘密受法律保护。

⑤ 中华人民共和国公民的通信自由和通信秘密受法律的保护。除因国家安全或者追查刑事犯罪的需要，由公安机关或者检察机关依照法律规定的程序对通信进行检查外，任何组织或者个人不得以任何理由侵犯公民的通信自由和通信秘密。

⑥ 宪法规定的通信秘密和通信自由不仅直接拘束国家机关，而且也直接拘束国家机关外的所有组织与个人，这是该项基本权利与其他基本权利约束国家而非私人的重要区别。（周伟：《通信自由与通信秘密的保护问题》，《法学》2006年第6期，第57页。）

⑦ 全国人大常委会办公厅研究室政治组编：《中国宪法精释》，中国民主法制出版社1996年版，第166页。

概念。对隐私权的法律保护是法律由国家本位过渡到市民本位的具体表现之一，是现代社会文明进步的产物，也是个体私权利与国家公权力斗争胜利的结果。[①]隐私权属于公民的民事权利，所以各国宪法一般不对这一权利加以直接规定，而通常采用更加具体的表述，如我国宪法第四十条的规定。

其三，获得辩护权。在刑事诉讼中，追诉犯罪的一方是司法机关，司法机关是代表国家的，因而其具有压倒性优势，因此如何保障刑事被告人的权利就构成了程序公正的特殊内容。辩护权是刑事被追诉者（包括犯罪嫌疑人和被告人）享有的最基本的诉讼权利，它是刑事被追诉人取得诉讼主体地位的标志，也是诉讼主体理论[②]得到确认的一个最重要的体现。辩护权不仅能够使刑事被追诉者保持与追诉方的平等对抗，从而通过权利制约权力的方式来更好的保护刑事被追诉者的各项实体权利和程序权利，而且能够使现代刑事诉讼结构[③]的基本要素控、辩、审三方之间保持一种动态的平衡。因此，我国《宪法》第一百三十条规定："人民法院审理案件，除法律规定的特别情况外，一律公开进行。被告人有权获得辩护。"为了贯彻落实宪法对刑事被告人辩护权的规定，《刑事诉讼法》不仅在第三十二条重申了刑事被告人享有辩护权的原则，而且还对刑事诉讼过程中辩护权的具体行使作了比较详细的规定，同时还建立了与之相适应的律师制度。《刑事诉讼法》中有关刑事被告人获得辩护权的主要条文有第三十二条和第三十三条[④]。第三十二条规定刑事被追诉人有自己进行辩护的权利，也有委托他人为其辩护的权利，并对辩护人的范围进行了确认。第三十三条是对犯罪嫌疑人和被告人委托辩护律师的时间上的确立，这对于犯罪嫌疑人和

---

① 韩阳：《被追诉人的宪法权利》，中国人民公安大学出版社 2007 年版，第 151 页。

② 该理论认为，刑事诉讼中被告人不是诉讼客体，而是具有诉讼主体地位，他们与法官、检察官一样，都是诉讼主体，没有地位高低之分，只有所承担的诉讼角色上的差异。（邓思清：《刑事被追诉人的地位、权利与保障》，中国人民公安大学出版社 2011 年版，第 60 页。）

③ 刑事诉讼结构又称刑事诉讼构造、刑事诉讼形式或刑事诉讼模式，是指控诉、辩护和审判三方在刑事诉讼过程中的法律地位及其相互关系。它是刑事诉讼中的基本格局，反映了刑事诉讼中控、辩、审三方的不同地位及国家权力与个人权利之间的关系，对于刑事诉讼的进程和结局起着决定性的影响和作用。（樊崇义主编：《刑事诉讼法学》，法律出版社 2004 年版，第 48 页。）

④ 第三十二条规定犯罪嫌疑人、被告人除自己行使辩护权以外，还可以委托一至二人作为辩护人。下列的人可以被委托为辩护人：（一）律师；（二）人民团体或者犯罪嫌疑人、被告人所在单位推荐的人；（三）犯罪嫌疑人、被告人的监护人、亲友。第三十三条规定犯罪嫌疑人自被侦查机关第一次讯问或者采取强制措施之日起，有权委托辩护人；在侦查期间，只能委托律师作为辩护人。被告人有权随时委托辩护人。

被告人正确行使辩护权提供了法律依据。另外，第十四条提到了对刑事被追诉人辩护权的保护，因此可以看作刑事被告人获得辩护权的渊源。①

其四，获得公开审判权。刑事诉讼中获得公开审判权是指公民有权要求人民法院审理刑事案件和宣告判决以公开的方式进行，允许其他公民旁听，允许新闻记者采访报道。按照樊崇义教授的"三权利说"②，获得公开审判权属于刑事被告人的推定性权利。按照有关学者的解释，义务与权利是相对的。③宪法对刑事司法机关在行使权利时规定了"应当""必须""不得"做什么的义务，那就意味着犯罪嫌疑人、刑事被告人享有要求刑事司法机关"应当""必须""不得"做什么的权利。④《宪法》第一百三十条本来是对人民法院审理案件的审判形式的基本要求，但是我们可以从中推导出刑事被告人享有要求公开审判的权利。为了落实宪法规定的获得公开审判权，《刑事诉讼法》第一百八十三条第一款明确规定，"人民法院审判第一审案件应当公开进行"。第一百九十六条规定，"宣告判决，一律公开进行"。第一百八十二条第三款明确规定，"公开审判的案件，应当在开庭三日以前先期公布案由、被告人姓名、开庭时间和地点"。宪法实体基本权与程序基本权的关系是非常密切的，实体基本权是程序基本权存在的基础，没有实体基本权，程序基本权的存在就没有意义。程序基本权存在的目的是保障实体基本权得到落实，防止实体基本权遭受国家权力的侵犯，没有程序基本权，实体基本权就无法完全实现。《宪法》中规定刑事被告人获得公开审判权的主旨在于确保刑事被告人的诉讼过程的公正。公开审判权是建立在民主制要求监督司法权的基础之上的，司法权作为国家权力的一种，其对案件具有终局裁判的权力。根据宪制精神，国家权力是应该要受到监督的，如果缺乏监督，这一权力就可能会被滥用并造成公民权利被侵犯的后果，将审判过程和结果公开，可有效地防止司法人员滥用权力。

---

① 人民法院、人民检察院和公安机关应当保障犯罪嫌疑人、被告人和其他诉讼参与人依法享有的辩护权和其他诉讼权利。诉讼参与人对于审判人员、检察人员和侦查人员侵犯公民诉讼权利和人身侮辱的行为，有权提出控告。

② 樊崇义认为，根据权利的性质和作用的不同，刑事被告人的权利可分为防御性权利、救济性权利和推定性权利三种。（樊崇义主编：《刑事诉讼法学》，中国政法大学出版社1999年版，第85页。）

③ 也有学者将此解释为权利和义务是相互依存的，是一个事物的两个方面。义务的履行就是权利的实现，权利的享有必然会产生义务的履行。（刘茂林：《中国宪法导论》（第2版），北京大学出版社2009年版，第295页。）

④ 岳悍惟：《刑事程序人权的宪法保障》，法律出版社2010年版，第43页。

此外，无论是中世纪欧洲还是中国封建社会，其司法都具有残酷性和秘密性及法官擅断等特点，刑事被告人的权利极易被司法机关通过秘密审判的方式加以侵害，因而宪法确立的公开审判权对于保障刑事被告人的生命权、自由权及人身安全权的意义是非常重大的。西方主要国家的宪法对刑事被告人的公开审判权都进行了明确规定。如美国宪法第六修正案规定，"在一切刑事诉讼中，被告有权由犯罪行为发生地的州和地区的公正陪审团予以迅速和公开的审判"。这一权利在 1982 年的《加拿大权利与自由大宪章》第十一条也规定了公开审判的权利。①《德国法院组织法》第一百六十九条规定审判包括判决应当公开，但是不允许为了发行目的制作庭审的录音录像。②德国于 1950 年签署的《欧洲人权公约》第六条第一款也规定了刑事被告人获得公开审判的权利。

其五，使用本民族语言文字进行诉讼的权利。使用本民族语言文字诉讼权是我国宪法规定的一项比较具有特色的程序人权。③我国是一个统一的多民族国家，宪法明确规定各民族一律平等。在刑事诉讼中，各民族人民享有使用本民族语言文字进行诉讼的权利，这是民族平等原则在诉讼中的体现。各民族人民，特别是刑事被告人可根据宪法规定的这一宪法性程序人权，克服诉讼活动中的语言障碍，充分行使其依法享有的刑事诉讼权利。具体分析，该原则应该包含以下四方面内容：第一，从主体上讲，使用本民族语言文字进行诉讼的权利主体是比较广泛的，不仅包括案件的当事人，还应该包括当事人之外的证人、辩护人等其他诉讼参与人；第二，从内容上讲，诉讼参与人在诉讼过程中不仅可使用本民族的语言，还有权使用本民族的文字④；第三，从权利行使的时间上看，诉讼参与人在庭审前、庭审中及庭审后均应享有该权利；第四，这是例外规定，体现在《宪

---

① 《加拿大权利与自由大宪章》第十一条："关于刑事的与刑罚的诉讼被指控犯罪的人享有下述权利：……（四）在独立的不偏袒的法庭举行公平的公开审判中，根据法律证明有罪之前，应推定为无罪；……"。

②〔德〕托马斯·魏根特：《德国刑事诉讼程序》，岳礼玲、温小洁译，中国政法大学出版社 2004 年版，第 135 页。

③ 《宪法》第一百三十九条规定："各民族公民都有用本民族语言文字进行诉讼的权利。人民法院和人民检察院对于不通晓当地通用的语言文字的诉讼参与人，应当为他们翻译。在少数民族聚居或者多民族共同居住的地区，应当用当地通用的语言进行审理；起诉书、判决书、布告和其他文字应当根据实际需要使用当地通用的一种或者几种文字。"

④ 冷传莉：《民族语言文字诉讼原则的适用与完善》，《贵州民族研究》2001 年第 1 期，第 139 页。

法》第一百三十九条第二款中。在"少数民族聚居或者多民族共同居住的地区",应该用当地通用的语言进行审理,即是考虑到了我国民族居住分布的实际情况。相关法律文书的发布应该使用当地通用的文字,如果诉讼参与人不通晓当地通用的语言文字,侦查机关、检察机关和审判机关应该为他们提供翻译。为了更好地保障和贯彻实施宪法所规定的这一权利,《刑事诉讼法》第九条对宪法的这一规定进行了具体化,使得宪法的原则规定更加具有可操作性。①与宪法规定相比较,《刑事诉讼法》的规定存在一些细微的差别,比如宪法表述为"人民法院和人民检察院……应该为他们翻译",这是对该权利的义务主体的限定。而刑事诉讼法将义务主体表述为"人民法院、人民检察院和公安机关",增加了"公安机关"这一主体,这并不意味着刑事诉讼法与宪法规定的冲突。因为宪法只是提供原则性和抽象性的指导,在宪法的指导下,刑事诉讼法可作出具体的规定和安排。实践中,公安机关在行使侦查权时,也是要遵循该项义务的。

我国现行《宪法》总共有 143 条,从以上条文梳理可看出其中有 5 条涉及刑事被告人的权利,虽然我国对现行《宪法》进行过 5 次修改,但是 5 次宪法修正案都没有专门针对刑事被告人权利的修改。不过,2004 年通过的《宪法修正案》在《宪法》第三十三条中增加一款,作为该条的第三款:"国家尊重和保障人权",这一条如果作宽泛解释的话可理解为与犯罪嫌疑人、被告人的权利相关。从上述规定可看出,我国宪法基本上确立了刑事被告人所享有的权利体系。

(二)刑事诉讼法

如前所述,刑事诉讼法是根据宪法制定的,该法所确立的诉讼程序受到宪法原则和条款的有效约束。在犯罪嫌疑人、被告人权利保障方面,刑事诉讼法按照宪法的原则和精神,对宪法所确立的基本权利作出妥善的保障,并对那些可能导致犯罪嫌疑人、被告人宪法性权利受到侵害的行为确

---

① 《刑事诉讼法》第九条规定:"各民族公民都有用本民族语言文字进行诉讼的权利。人民法院、人民检察院和公安机关对于不通晓当地通用的语言文字的诉讼参与人,应当为他们翻译。在少数民族聚居或者多民族杂居的地区,应当用当地通用的语言进行审讯,用当地通用的文字发布判决书、布告和其他文件。"

立必要的制裁措施。有些权利是宪法和刑事诉讼法都作了规定的，但是刑事诉讼规定的权利是对宪法权利的具体化，比如刑事被告人的人身权、财产权等权利及使用本民族语言文字进行诉讼和辩护权等程序性权利；有些权利则是刑事诉讼法专门规定的，宪法没有规定，比如申请回避权等。刑事诉讼法对犯罪嫌疑人、被告人的权利保护主要体现在如下几个方面。

其一，辩护制度。辩护权，是法律赋予犯罪嫌疑人、被告人的一项专属的诉讼权利，即犯罪嫌疑人、被告人针对指控进行辩护，以维护自己合法权益的一种权利，它在犯罪嫌疑人、被告人的各项诉讼权利中，居于核心地位。而辩护制度，则是法律规定的关于辩护权、辩护种类、辩护方式、辩护人的范围、辩护人的责任、辩护人的权利与义务等一系列规则制度的总称。我国《宪法》第一百三十条规定，"被告人有权获得辩护"，这就使得被告人享有辩护权成为一项宪法权利。而犯罪嫌疑人的辩护权问题在《宪法》中并没有加以明确，我国的辩护制度主要是由《刑事诉讼法》总则第四章规定的。与此同时，有关辩护的规定还体现在《律师法》以及相关的司法解释中。以下将分述之：首先，根据《刑事诉讼法》第三十六条规定，"辩护律师在侦查期间可以为犯罪嫌疑人提供法律帮助，代理申诉、控告，申请变更强制措施向侦查机关了解犯罪嫌疑人涉嫌的罪名和案件有关情况，提出意见"。第三十七条规定，"辩护律师可以同在押的犯罪嫌疑人、被告人会见和通信。其他辩护人经人民法院、人民检察院许可，也可以同在押的犯罪嫌疑人、被告人会见和通信。辩护律师持律师执业证书、律师事务所证明和委托书或者法律援助公函要求会见在押的犯罪嫌疑人、被告人的，看守所应当及时安排会见，至迟不得超过四十八小时。辩护律师会见在押的犯罪嫌疑人、被告人，可以了解有关案件情况，提供法律咨询等；自案件移送审查起诉之日起，可以向犯罪嫌疑人、被告人核实有关证据。辩护律师会见犯罪嫌疑人、被告人时不被监听"。由此可见，《刑事诉讼法》不但赋予包括侦查阶段律师在内的作为辩护人享有为犯罪嫌疑人提供法律帮助权、代理申诉控告权和了解犯罪嫌疑人涉嫌罪名及案件有关情况权，还赋予辩护人与犯罪嫌疑人的会见权、通信权。同时，《刑事诉讼法》还明确规定了相应的保障性权利，要求看守所在辩护律师持相关证件的情况下，必须保障其与犯罪嫌疑人的会见权，且会见时不被监听。其次，《刑事诉讼法》规定了律师阅卷权的相关规定。《刑事诉讼法》第三十八条规定，"辩护律师自人民检察院对案件审查起诉之日起，可以查阅、摘抄、复制本案所指控的犯罪事实的材料。其他辩护人经人民法院、人民检察院许可，也可以查阅、摘抄、复制上述材料"。因此，辩护律师在审查起诉和审判阶段均可以查阅、摘抄、复制本案所指控的犯罪事实的材料。最后，辩护人的辩护权包括程序性权利和实体性权利。《刑事诉讼法》第三十五条规定，"维护犯罪嫌疑人、被告人的诉讼权利和其他合法权益"。在此，"诉讼权利"的明确列出表明了立法者增加并强化程序辩护的内容。这样不仅凸显了程序辩护之义，而且使其与前面的实体辩护呈现为并列关系，相辅相成，不可或缺。

其二，法律援助制度。法律援助制度是国家在司法制度运行的各个环节和各个层次上，对因经济困难或者其他因素而难以通过一般意义上的法律救济手段保障自身权利的社会弱者，减免收费，提供法律帮助的一项法律保障制度。作为实现社会正义和司法公正、保障公民基本权利的国家行为，法律援助在国家的司法体系中占有十分重要的地位。刑事法律援助制度是法律援助制度的最初形式，也是法律援助制度中最重要的组成部分，因为同其他法律帮助相比较，被牵涉进刑事诉讼的人最需要法律帮助。《刑事诉讼法》第三十四条规定："犯罪嫌疑人、被告人因经济困难等原因没有委托辩护人的，本人及其近亲属可以向法律援助机构提出申请。对于符合法律援助条件的，法律援助机构应当指派律师为其提供辩护。犯罪嫌疑人、被告人是盲、聋、哑人，或者是尚未完全丧失辨认或者控制自己行为能力的精神病人，没有委托辩护人的，人民法院、人民检察院和公安机关应当通知法律援助机构指派律师为其提供辩护。犯罪嫌疑人、被告人可能被判处无期徒刑、死刑，没有委托辩护人的，人民法院、人民检察院和公安机关应当通知法律援助机构指派律师为其提供辩护。"由此可以得出以下几点内容。首先，刑事法律援助的对象包括公诉案件的犯罪嫌疑人、被告人；同时，强制辩护的对象包括可能被判处无期徒刑、死刑的犯罪嫌疑人、被告人。其次，侦查、审查起诉和审判阶段均可适用法律援助制度，贯穿于刑事诉讼中执行以前的阶段。最后，法律援助制度适用的主体包括人民法院、人民检察院和公安机关。同时，法律援助申请人为本人及其近亲属。此外，对于符合法律援助条件的，法律援助机构应当指派律师为其提供辩护。

其三，不得强迫自证其罪原则。不得强迫自证其罪起源于英国普通法，1791 年为美国宪法所吸收，随后在法国、德国、意大利等国的宪法性文件或者刑事诉讼法律中得到确认。联合国大会于 1966 年通过的《公民权利与政治权利国际公约》（简称《权利公约》）第十四条第三款庚项规定，在判定对他提出的任何刑事指控时人人完全平等地有资格享受以下的最低限度的保证："不被强迫作不利于他自己的证言或强迫承认犯罪。"目前，世界上已有 140 多个国家批准了《权利公约》，这标志着《权利公约》及其不得强迫自证其罪的司法准则已经得到了全世界绝大多数国家的承认，确立该项准则已成为现代国际社会的普遍共识和现代刑事诉讼法律制度的显著特征之一。我国已于 1998 年签署了《权利公约》，由此表明我国融入国际司法社会、追求刑事诉讼现代化的积极态度。不得强迫自证其罪通常被称为一项权利，即"拒绝自证其罪的权利"或者"拒绝自证其罪的特权"。现行《刑事诉讼法》对非法证据的排除作出了明确规定，并且规定："未经人民法院的依法判决，严禁对任何人确立罪名。"这从制度上遏制刑讯逼供和其他非法收集证据的行为，遏制了强迫自证其罪滋生的土壤。第五十条中更清楚地明确提到了"严禁刑讯逼供和以威胁、引诱、欺骗以及其他非法方法收集证据，不得强迫任何人证实自己有罪"这一法律规定是在保护犯罪嫌疑人、被告人诉讼权利方面的一个巨大的进步。

其四，非法证据排除规则。非法证据排除规则源自英美法，于 20 世纪初产生于美国，当今世界各国及有关国际组织大都制定有非法证据排除规则。它通常是指执法机关及其工作人员使用非法行为取得的证据不得在刑事审判中采纳的规则。非法证据排除规则有利于切实保障诉讼参与人的权利，特别是犯罪嫌疑人的诉讼权利。同时，它又能促进公安司法机关及其工作人员法制观念的转变。非法证据排除规则在我国《刑事诉讼法》体现在以下几个方面。首先，第五十四条规定"采用刑讯逼供等非法方法收集的犯罪嫌疑人、被告人供述和采用暴力、威胁等非法方法收集的证人证言、被害人陈述，应当予以排除。收集物证、书证不符合法定程序，可能严重影响司法公正的，应当予以补正或者作出合理解释；不能补正或者作出合理解释的，对该证据应当予以排除"。这是非法证据排除的直接适用依据。

其次，人民检察院对于非法证据排除拥有监督权。《刑事诉讼法》第五十五条规定，"人民检察院接到报案、控告、举报或者发现侦查人员以非法方法收集证据的，应当进行调查核实。对于确有以非法方法收集证据情形的，应当提出纠正意见，构成犯罪的，依法追究刑事责任"。在我国尚未建立司法审查制度的情况下，由检察机关行使非法证据排除的监督权还是符合我国当前司法实际的。再次，《刑事诉讼法》第五十六条规定了法庭合法性调查及非法证据排除的申请权，即"法庭审理过程中，审判人员认为可能存在本法第五十四条规定的以非法方法收集证据情形的，应当对证据收集的合法性进行法庭调查。当事人及其辩护人、诉讼代理人有权申请人民法院对以非法方法收集的证据依法予以排除。申请排除以非法方法收集的证据的，应当提供相关线索或者证据"。这样，就从法庭审理程序上保障了非法证据排除规则的具体适用，增加了此规则的可操作性。同时，《刑事诉讼法》还明确了非法证据排除的申请权由当事人及其辩护人、诉讼代理人享有，并且要求其提供相关的线索或者证据。这不仅有利于当事人，尤其是犯罪嫌疑人在诉讼中维护自身的合法权益，同时对其进行一定的限制，有利于避免滥用申请权、浪费有限的司法资源的情况出现。复次，检察机关对于证据收集合法性负有证明责任。《刑事诉讼法》第五十七条规定，"在对证据收集的合法性进行法庭调查的过程中，人民检察院应当对证据收集的合法性加以证明。……人民法院可以通知有关侦查人员或者其他人员出庭说明情况。有关侦查人员或者其他人员也可以要求出庭说明情况，经人民法院通知，有关人员应当出庭"。基于控辩双方平等对抗的庭审模式，辩方一旦申请对证据进行非法证据排除的审查，控方必然面临其提供的相应证据被排除的风险。因此，明确赋予检察机关证据收集合法性的证明责任是有必要的。最后，证据的收集存疑时应当予以排除。《刑事诉讼法》第五十八条规定，"对于经过法庭审理，确认或者不能排除存在本法第五十四条规定的以非法方法收集证据情形的，对有关证据应当予以排除"。这样不仅有利于当事人尤其是犯罪嫌疑人更好地维护其合法权益，更有利于程序正义在刑事诉讼中的实现。

（三）国际公约

国际人权公约所确认的被告人基本权利是当今国际社会公认的最低限

度的人权，也是人权保障的国际通行准则，是通过《世界人权宣言》《权利公约》《禁止酷刑和其他残忍、不人道或有辱人格的待遇或处罚公约》（简称《禁止酷刑公约》）等一系列国际人权公约加以确立的。其要义包括以下几个方面。

其一，无罪推定的权利。无罪推定是被告人享有的一项程序性基本人权。《世界人权宣言》第十一条第一款规定："凡受刑事控告者，在未经获得辩护上所需的一切保证的公开审判而依法证实有罪以前，有权被视为无罪。"《权利公约》第十四条第二款规定："凡受刑事控告者，在未依法证实有罪之前，应有权被视为无罪。"联合国人权委员会在《〈权利公约〉的一般评论》中指出，无罪推定原则具体包括两项内容：第一，证明责任由控诉方承担，被告人不承担证明自己无罪的责任；第二，当控诉方不能证实被告人有罪，审判者对被告人是否有罪、罪行轻重尚存怀疑，难以确证时，被告人有权获得对其有利的判决。

其二，反对自我归罪的权利。反对强迫自证其罪，来源于"任何人无义务控告自己"的古老格言。按照这一格言，如果一个人回答政府机构的提问将会造成"真实的和可估计到的危险"，他有权拒绝提供证据。《权利公约》第十四条第三款庚项确认："不被强迫作不利于他自己的证言或强迫承认犯罪。"这是在判定对他提出的任何刑事指控时人人完全平等地有资格享有的最低限度的保证。联合国大会通过的《联合国少年司法最低限度标准规则》（又称《北京规则》）对此也有规定。

其三，自我辩护权和律师协助权。《权利公约》第十四条第三款乙、丁项规定："有相当时间和便利准备他的辩护并与他自己选择的律师联络"，"出席受审并亲自替自己辩护或经由他自己所选择的法律援助进行辩护；如果他没有法律援助，要通知他享有这种权利；在司法利益有此需要的案件中，为他指定法律援助，而在他没有足够能力偿付法律援助的案件中，不要他自己付费"。1985 年通过的《囚犯待遇最低限度标准规则》第九十三条规定，未经审讯的囚犯为了准备辩护而社会上又有义务法律援助，应准申请此项援助，并准会见律师，以便商讨辩护，写出机密指示，交给律师。

其四，尽快接受法庭公正、公开审判的权利。《权利公约》第九条第三款规定，"任何因刑事指控被逮捕或拘禁的人，应被迅速带见审判官或其他经法律授权行使司法权力的官员，并有权在合理的时间内受审判或被释放"。第十四条第一款规定，"人人有资格由一个依法设立的、合格的、独立的和无偏倚的法庭进行公正的和公开的审判"。

其五，人身自由的权利。《世界人权宣言》第十二条规定："任何人的私生活、家庭、住宅和通信不得任意干涉，他的荣誉和名誉不得加以攻击。人人有权享有法律保护，以免受这种干涉或攻击。"《权利公约》第九条第一款规定："人人有权享有人身自由和安全。任何人不得加以任意逮捕或拘禁。除非依照法律所确定的根据和程序，任何人不得被剥夺自由。"

其六，不得被加以酷刑或施以残忍的、不人道的或侮辱性的待遇或刑罚的权利。施用酷刑和其他残忍、不人道或者有辱人格的待遇或处罚，是对人权的侵犯。《世界人权宣言》第五条规定："任何人不得加以酷刑，或施以残忍的、不人道的或侮辱性的待遇或处罚。"《权利公约》第七条对其进行了重申，并特别规定"特别是对任何人均不得未经其自由同意而施以医药或科学实验"。

其七，禁止双重危险规则。所谓禁止双重危险规则，即任何人均不可以因其同一犯罪不止一次地被进行刑事追诉。[①]《权利公约》第十四条第七款规定："任何人已依一国的法律及刑事程序被最后定罪或宣告无罪者，不得就同一罪名再予审判或惩罚。"该规则符合伦理原则的基本要求，不仅是防止国家滥用权力的一种比较有效的制度保障，更是被告人的一项基本人权。

其八，罪刑法定的权利。《权利公约》第十五条第一款规定："任何人的任何行为或不行为，在其发生时依照国家法或国际法均不构成刑事罪者，不得据以认为犯有刑事罪。所加的刑罚也不得重于犯罪时适用的规定。如果在犯罪之后依法规定了应处以较轻的刑罚，犯罪者应予减刑。"该公约还将其列为在紧急状态下也不得克减的权利的范围。

其九，非法证据排除规则。联合国大会 1975 年 12 月 9 日第 3452 号决议通过的《保护人人不受酷刑和其他残忍、不人道及有辱人格待遇或处罚宣言》第十二条规定："如经证实是因为受酷刑或其他残忍、不人道或有辱人格的待遇或处罚而作的供词，不得在任何诉讼中援引为指控有关的人或

---

① 张毅：《刑事诉讼中的禁止双重危险规则论》，中国人民公安大学出版社 2004 年版，第 16—17 页。

任何其他人的证据。"其后，联合国《禁止酷刑公约》第十五条进一步完善了前述规定："每一缔约国应确保在任何诉讼程序中不得援引任何确属酷刑逼供作出的陈述为证据，但这类陈述可引作对被控施用酷刑逼供者起诉的证据。"

其十，知悉的权利。《权利公约》第九条第二款规定，任何被逮捕的人，在被逮捕时应被告知逮捕他的理由，并应迅速告知对他提出的任何指控。该公约第十四条第三款甲项规定，在判定对他提出的任何刑事指控时，人人完全平等地有资格享有"迅速以一种他懂得的语言详细地告知对他提出的指控的性质和原因"这一最低限度的保证。

三、我国犯罪嫌疑人、被告人权利保护之问题检视

尽管我国的犯罪嫌疑人、被告人权利保护与过去相比已经有了长足的进步，但是从比较法学的角度来看，我国对犯罪嫌疑人、被告人权利的保护仍然缺乏较为完善的保障机制，明显落后于其他西方国家。从比较法的视野进行考察分析，我国法律有关刑事被告人权利保障仍然存在不足之处，主要有以下几个方面。

其一，无罪推定原则未得到完整确立。《刑事诉讼法》第十二条规定："未经人民法院依法判决，对任何人都不得确定有罪。"从语义上对这条规定的解释有相当的空间。"不得确定有罪"并不意味着即应"确定无罪"，还可能是有罪无罪均不确定的中间状态。如果采用文义解释法将第十二条的规定与国际上通行的有关无罪推定的表述进行比较，可以更清晰地看出，前者只是要求不经过法院判决，不得确定有罪；而后者明确要求不经过法院判决，应推定为无罪。我国的表述是"不得确定有罪"，国际上通行的表述是"应推定为无罪"，这两种表述的含义是不相同的。龙宗智教授指出评判一个国家司法中的无罪推定原则的两个标准：一是核心意义上评价，可称为狭义的无罪推定，看它作为证明规则的核心要求是否确立，这类指标更具有确定性和比较严格的规范意义（证明责任的分配允许有特定的例外），缺少这类指标，就不能认为确立了无罪推定原则；二是从延伸意义上评价，可称为广义的无罪推定，实际上是考察一国刑事程序中的人权保障状况，要看相关程序保障措施的落实，这类指标具有一定的弹性。衡量这

类指标，主要是看国际公认的刑事司法准则是否被制度确立及实际贯彻。如是，即应认为广义的无罪推定原则已经确立。[①]确实，根据龙宗智教授的两个评判标准，再对《刑事诉讼法》第十二条作深度分析，实难得出中国已确定无罪推定原则的结论，此条只是废除了检察官免予起诉的定罪权，并没有设定无罪推定。此外，《刑事诉讼法》在有关犯罪嫌疑人、被告人的讯问方面的规定与无罪推定原则也存在着相悖之处。第一百一十八条规定要求犯罪嫌疑人在接受讯问时应当如实陈述相关事实，但是在西方确立了无罪推定原则的国家，相关法案都赋予犯罪嫌疑人、刑事被告人在讯问时保持沉默的权利。总的来说，真正意义上的无罪推定原则在我国刑事诉讼法中并没有全面确立。

其二，被告人的沉默权未得到全面确定。《刑事诉讼法》第五十条规定，"严禁刑讯逼供和以威胁、引诱、欺骗以及其他非法方法收集证据，不得强迫任何人证实自己有罪"。其中，2012 年版新增加的"不得强迫任何人证实自己有罪"是这次修改《刑事诉讼法》取得的一个标志性进步，然而，这并不是一个完整的沉默权。以审讯阶段为例，沉默权的实质是犯罪嫌疑人在审讯阶段对所有关于犯罪事实的问题都可以保持沉默，其有选择陈述或是沉默的权利，犯罪嫌疑人通过对沉默权的主张，使警察的审讯行为受到限制，不当的审讯行为受到遏制，从而摆脱自证其罪的困境。而且与沉默权相冲突的是，《刑事诉讼法》第一百一十八条却规定了犯罪嫌疑人对侦查人员的讯问"应当如实回答"（理论和实践认为，这一要求当然也适用于检察人员、审判人员对被告人的讯问），这条义务性规定却完全与沉默权的本质内容相悖。通观整部法典，也并没有其他相关的法条为佐证，仅据"不得强迫任何人证实自己有罪"而作出中国已经建立了沉默权制度的论断还过于武断。"如实回答"之规定在司法实践中产生了极大的负面影响。其突出表现是证据的收集过分依赖被告人的口供。为了破案，规避或公然违反法律。由此，不但容易造成冤假错案，侵害公民的权利，而且在审判阶段频频发生的被告人翻供也严重影响了诉讼的顺利进行。最高人民检察院公布的检例第 26 号案[②]中，一审某市中级人民法院在部分证据丢失、整体证

---

① 龙宗智、杨建广主编：《刑事诉讼法》，高等教育出版社 2010 年版，第 108 页。
② 参见浙江省高级人民法院（2015）浙刑再字第 2 号判决书。

据证明力不足的情况下，以犯罪嫌疑人陈某的供述为主要依据，对其判处刑罚。陈某向该省人民检察院申诉无果，向最高人民检察院提出申诉，最终由最高人民法院指令浙江省高级人民法院对案件进行再审。再审后发现，原判所依据之证据仅能证明被害人死亡事实而不能证明该事实与陈某之间的关系，陈某在供述过程中也曾存在翻供、供述与案件情节不符等问题，遂以证据不足为由撤销原判，改判陈某无罪。

其三，禁止双重危险的原则未明确规定。由于我国奉行"实事求是，有错必纠"的方针，我国立法并没有确立禁止双重危险原则。从《刑事诉讼法》对"已经发生法律效力的判决和裁定，如果发现在认定事实上或者在适用法律上确有错误"重新审判的规定可以看出：首先，各级人民法院院长对于本院已经发生法律效力的裁判，如果发现确有错误，可以提交审判委员会同意后开始再审；其次，上级人民检察院对于下级人民法院已经生效的裁判，如果发现确有错误，经本院检察委员会决定，有权向同级人民法院提出抗诉；最后，当事人及其法定代理人、近亲属对于生效的裁判可以向法院或检察院提起申诉，从而可能引发审判监督程序。① 根据中华人民共和国最高人民法院公报网所公布的 2013～2015 年的全国法院司法统计公报：2013 年全国法院受理再审刑事案件 2826 件，结案 2785 件，其中维持 839 件，改判 1176 件，撤诉 54 件，发回重审 302 件，和解 7 件；2014 年全国法院受理再审刑事案件 2972 件，结案 2906 件，其中维持 766 件，改判 1317 件，撤诉 39 件，发回重审 314 件，和解 7 件；2015 年全国法院受理再审刑事案件 2787 件，结案 2844 件，其中维持 734 件，改判 1357 件，撤诉 47 件，发回重审 281 件，和解 2 件。②

其四，非法证据排除规则不完整。我国《刑事诉讼法》虽然规定"采用刑讯逼供等非法方法收集的犯罪嫌疑人、被告人供述和采用暴力、威胁等非法方法收集的证人证言、被害人陈述，应当予以排除。违反法律规定收集物证、书证，严重影响司法公正的，对该证据应当予以排除。在侦查、审查起诉、审判时发现有应当排除的证据的，应当依法予以排除，不得作为起诉意见、起诉决定和判决的依据"，但是现行非法证据排除规则还存在

---

① 陈晓东：《被告人刑事司法权利保障机制研究》，《中国刑事法杂志》2007 年第 1 期，第 90 页。
② 资料来自中华人民共和国人民法院公报网：http://gongbao.court.gov.cn，2017 年 6 月 2 日。

以下缺陷。首先，对于非法实物证据只有在严重影响司法公正，且无法补正或作出合理解释时才予以排除，这就为非法证据的采纳留下了窗口。换句话说，就实物证据而言，立法采取了一种"补正优先、例外排除"的思路。对于取证手段不符合法定程序的物证、书证，排除仅仅是一种不得已的制裁手段，即能补正的，应当优先补正；即便不能补正的证据，是否排除依然需要依赖司法机关的裁量（即考量违法取证行为是否"严重影响司法公正"）。因此，此类非法证据排除规则的实效性非常复杂，判断标准过于主观性，很难进行具体的评估。其次，"刑讯逼供""暴力""威胁"是一些看似明确实则模糊的概念。换句话说，尽管这些表述的核心含义谁都理解，但是其概念的外延边界却相当模糊。由于立法语言的高度抽象化，在非法证据排除问题上，法院不得不再次置身利益权衡的漩涡，并在具体案件的直接利益冲突中，就何种程度的违法取证行为构成非法证据排除规则意义上的"刑讯逼供"作出具体的判断。然而，我国法官稚嫩的肩膀根本挑不起如此沉重的责任。再次，即便抛开上述"程度"问题，在操作层面上，"刑讯逼供"等违法取证行为的认定依然存在着证明上的困难。因此，法院尽管对非法证据排除规则享有最终的裁决权，由于有关违法取证行为的证明直接仰赖于追诉方提供的证据，于是在实际操作层面上，法院既没有能力查明事实真相以支持辩方的请求，又因为不敢认定"可能存在违法取证行为"而不得不接受控方关于证据合法性的证明。此外，对于非法证据排除程序的启动，依照《刑事诉讼法》的规定，一方面可以由侦查机关主动进行，另一方面也可以依当事人及其辩护人、诉讼代理人的申请而启动。但是，实践中主要是辩方申请启动排除程序。对检察机关的问卷调查显示，对于"非法证据排除申请一般由谁提起"这一问题，12%的人选择"犯罪嫌疑人、被告人本人"；10%的人选择"犯罪嫌疑人、被告人家属或非律师辩护人"；44%的人选择"犯罪嫌疑人、被告人的辩护律师"；15%的人选择"公检法机关主动排除"；其他的人选择"以上情况都有"。可见，由辩方提起的占70%以上。①

---

① 陈光中、郭志媛：《非法证据排除规则实施若干问题研究——以实证调查为视角》，《法学杂志》2015年第1期，第7页。本文的写作基于中国政法大学刑事法律研究中心课题组完成的非法证据排除规则实施问题调研报告。课题组在某省境内的九个检察院进行了非法证据排除规则问卷调查，发放调查问卷共337份，回收有效问卷337份。

其五，被告人难以获得充分有效的律师帮助。这表现为以下几个方面。一是律师会见交流权得不到保障。有的侦查机关任意对律师会见设置种种障碍，以种种理由拒绝律师的合理要求；有的即使同意安排会见，也不遵守规定时限；有的侦查机关限制会见的时间、次数和人数；多数侦查机关在律师会见嫌疑人时派人在场。①二是律师阅卷困难。在侦查阶段，律师无阅卷的权利。三是律师的调查取证受到限制。律师在侦查阶段不能调查取证，则对嫌疑人有利的证据可能会因时过境迁而难以取得。在审查起诉和审判阶段，律师自行调查和申请调查的权利难以落实。对被害人及其证人取证需经检察机关或法院同意，单位和个人拥有拒证权等一些明示性规定，更使这种调查难以开展。

其六，法律援助的立法规定存在缺陷。刑事诉讼法虽然设置了法律援助制度，但仍存在一些缺陷：一是法律援助分别规定在《刑事诉讼法》《律师法》《律师业务收费管理办法》《法律援助条例》《法律援助投诉处理办法》等法律法规中，缺乏系统性。二是刑事司法援助只限于法庭审判阶段而无法延伸到侦查阶段、审查起诉阶段。三是指定辩护的条件过粗、过窄，法律援助的范围太小。《刑事诉讼法》第三十四条只是规定了对于经济困难、盲、聋、哑或者尚未完全丧失辨认或者控制自己行为能力的精神病人、未成年人、可能判处无期徒刑和死刑的人适用指定辩护。最高人民法院的司法解释虽然进一步扩大了法律援助的范围，可操作性不强，在司法实践中无法贯彻。四是法律援助行使的只是辩护权，内容过窄，而对于为被告人提供法律咨询、撰写诉讼法律文书等没有规定在法律援助的内容中。

其七，刑讯逼供禁而不绝。刑讯逼供的危害性不仅体现在行为本身会导致冤假错案的发生上，更体现在其可能动摇整个国家法治的根基。归纳起来，主要有如下几个方面。一是严重刑讯逼供是通过施以肉刑或变相肉刑来实现的，这是对基本人权的严重侵犯。二是刑讯逼供作为一种野蛮而残酷的诉讼手段，以侵犯被告人的基本人权为代价获取证据，这与正义程序观念的要求是相背离的。三是妨害实体真实的发现，可能造成错案、冤案。四是败坏了执法机关的形象。由最高人民检察院公布的第27号指导案例中，侦查机关向检察院提请逮捕犯罪嫌疑人王某，检察院经审查后，认

---

① 陈晓东：《被告人刑事司法权利保障机制研究》，《中国刑事法杂志》2007年第1期，第90页。

为王某的供述存在前后矛盾，尤其在侦查过程中，检察院工作人员发现王某受伤且其受伤原因存疑，于是由检察机关重新对其进行讯问。讯问过程中，王某推翻其原有供述，否认自己作出犯罪行为。据此，检察院认为存在非法言词证据，而其他证据不具有证明力，因此对逮捕申请不予批准。在该案中，检察机关虽及时履行职责，排除了非法证据，但在侦查过程中，侦查机关已经对王某造成了难以逆转的伤害。在刑事司法中，对刑讯逼供的禁止与对非法证据的排除缺一不可，对任一环节的放松都可能会影响司法公正。

第二节　刑事被害人之权利保护[①]

被害人在刑事司法过程中处于"被救济方"的地位，当然救济不当就有可能演化为对被害人的二次伤害。因此，刑事被害人的权利保护对刑事诉讼法之人权保障目的的实现具有至关重要的影响。从人权保护的对象来看，刑事被害人作为一类特殊的弱势群体，国家理应给予更多且更富有实效的保护。近年来，经过学术界的长期努力和国际人权运动的不断推动，英美等发达国家大都建立了比较完备的刑事被害人保障制度。而反观我国，无论在理论或制度上，刑事被害人的保障仅仅处于起步阶段；在我国目前这种三方构造的刑事体系中，当事人间的权利保护力度甚至出现了较为明显的"等差"，刑事被害人不得不长期居于"被遗忘"的角落。毋庸讳言，在人权保障理念业已得到普遍认可的情势下，加强对刑事被害人权利保障问题的研究实属必要。

具体原因有以下两个方面。其一，刑事被害人是一类特殊的弱势群体。首先从权利的完整性看，刑事被害人的基本权利已经遭到犯罪行为的侵害；其次从权利丧失的原因看，刑事被害人有别于妇女、儿童、老人等弱势群体，其不幸是由后天所酿就的；最后从权利的保护看，相较于其他弱势群体，刑事被害人的权利缺乏专门性法律予以维护，具有很强的随意性。有鉴于此，国家应当加大对刑事被害人这类特殊弱势群体的物质支持和理论

---

① 本部分内容曾以"困境与出路：中国刑事被害人权利保障之检视"为题，发表至《学习与实践》2014年第9期，特此说明。

关怀。其二，刑事被害人沦为人权保护运动的"洼地"。首先人民普遍认为，刑事公诉制度的出现是被害人的一种"幸福"——国家取代被害人来追究犯罪人的责任是对其最有效的保护，殊不知"目的是全部法律的创造者，每条法律规则的产生都源于一种目的"①。国家垄断公诉权的背后隐藏着国家的利益动机——其重点在于打击犯罪、维护统治秩序，而保护被害人只是其次要目的或附带目的；其次人们错误地认为，人权运动的主要对象是国家公权力的受害者，借助此种"东风"，直面国家侦查权、公诉权以及审判权的犯罪嫌疑人或被告人也就幸运地成为人权运动的最大受益者，这在我国《刑事诉讼法》的历次修改中即可见一斑；最后人们想当然地认为，随着社会的发展，个人生存能力不断加强，加上国家打击严重暴力犯罪的力度逐渐加大，自己并不太可能沦为犯罪行为的受害者，相反更易成为犯罪行为的实施者。在这种反向思维模式的支配下，人们对犯罪者权利的保护投入了越来越多的目光和精力，而刑事被害人权利的保障却呈现出一种日渐衰弱的趋势。为此，纠正人们的错误思维，加强刑事被害人权利的保障势在必行。

一、刑事被害人权利保护之法理基础

刑事被害人是指犯罪行为所造成的损害、损失的直接或间接担受者。从功利主义的立场来看，加强刑事被害人的权利保障可以产生震慑潜在犯罪分子、维护社会和谐稳定等诸多积极效应，但这并不能简单地成为论证其具备正当性的唯一源，更为充分的正当性论证还须回缚于理论层面，探讨其得以生成和发展的理论基础。

其一，人权平等保障理论。"人权是人维持生存和过体面生活的必要条件……在一切存在着人的时代和地域，都存在着对人权的要求。"②人权中的"人"意指"自然人""公民""国民"，其是一种普遍意义上的"人"，没有等级、地位、程度之差别。"人权属于无差别的个人，即全体社会成员，

---

① 〔美〕博登海默：《法理学：法律哲学与法律方法》，邓正来译，中国政法大学出版社 1999 年版，第 103 页。

② 江国华：《宪法哲学导论》，商务印书馆 2007 年版，第 167 页。

不分民族、性别、职业、出身、教育程度、财产状况，平等地享有人权。"[①] 鉴于刑事被害人而言，其与被告人（犯罪嫌疑人）都属于自然人范畴，两者的权利也就理应受到平等的保障，断不可厚此薄彼。

其二，恢复性司法正义。在传统的刑事冲突解决过程中，奉行的是一种报复主义刑罚哲学，采取的是"国家—加害人"单向惩罚结构模式，其带来如下两个后果：一是犯罪人被隔绝于世，适应社会的能力大大降低；二是被害人处于被遗忘、被忽视的境地，其所遭受的损失和痛楚难以得到实际恢复。近年来，一种新型的刑罚思想，即恢复性司法正义开始日渐兴起，其着重强调被害人和社会对司法权的参与，反对国家的权力独占，以使被害人和加害人的情况回复到、甚至超越犯罪发生之前的状态[②]，继而重塑三者之间的平衡与和谐。可以说，该种理论实行的是一种"被害人—国家—加害人"三角关系模式，这无疑更有助于社会的和谐与稳定。

其三，被害人化理论。日本学者宫泽浩一指出，个体在遭受犯罪行为的侵害后，其损害后果并不会随着犯罪的结束而处于静止状态，相反，囿于各种消极因素的影响，其损害后果会呈现出一种不断恶化的趋向[③]，即由一次被害（遭受犯罪行为的侵害）到二次被害（诉讼过程中公权力的隐性侵害），甚至走入三次被害（得不到合理救济，被害人转而报复社会）的险境。该种理论的积极价值在于其使我们意识到加强对被害人权利保障的现实性和紧迫性，尤其是在当今构建和谐社会的大背景下，此种理念和举措显得格外重要。

二、刑事被害人权利保护之法律依据

鉴于刑事被害人权利保障往往涉及国家公权力的适度回归和被告人（犯罪嫌疑人）私权利的良性制约，还需从法律依据的视角来剖析该种保障在我国所具有的正当性。检视刑事被害人权利保障的合法性依据，主要是

[①] 张文显：《法理学》，高等教育出版社 2011 年版，第 281 页。
[②] 许福生：《犯罪被害人保护之政策与法制》，台湾新学林出版股份有限公司 2013 年版，第 241 页。
[③] 〔日〕宫泽浩一、田口守一、高桥则夫：《犯罪被害人研究》，日本成文堂株式会社 1996 年版，第 125 页。

一些国际性公约和国内相关宪法性法律。

其一，国际性公约。犯罪不是某个地区、某个国家所专属的现象，相反其具有一种普遍性和国际性的趋势。因此，加强对被害人权利的保障逐渐演变成为一个世界性话题，其重要意义亦随着共识的形成而为世界各国所公知。尤其是在被害人运动兴起之后，国际组织制定了诸多有关提高被害人地位、改善被害人待遇的公约，为各国被害人权利保障机制的构建提供了"底线正义"标准。例如，联合国1985年制定的《为罪行和滥用权力行为受害者取得公理的基本原则宣言》对把被害人的尊严放在首要位置予以规定，要求各国加强对被害人的司法和行政保护，并赋予其取得援助的权利。2002年相继出台的《国际刑事法院罗马规约》《国际刑事法院程序和证据规则》《法院条例》不仅进一步明确了被害人的概念和范围，而且还规定了保护被害人的一般原则，赋予了其一系列实质性权利，如知情权、隐私权、诉讼参与权、陈述意见权、获得赔偿权、取得援助权等。2005年制定的《联合国反腐败公约》又将因腐败行为而受到损害的实体或人员纳入到被害人的保护范畴，富有极大的前瞻性。

其二，国内宪法性法律。纵然，与相关国际性公约和其他国家的宪法相比，我国宪法对被害人权利保障的规定尚处于萌芽阶段，但还是能够从中窥探出一些"蛛丝马迹"。例如，我国《宪法》第三十三条对"国家尊重和保障人权"的规定，首次以根本法的形式明文承认国家对公民生命、健康、自由、财产等基本权利的保障责任，这其中即暗含对刑事被害人权利的尊重与保护。《宪法》第二章有关公民基本权利的一系列规定，也从侧面反映出国家保障被害人权利的价值追求。另外，我国还制定了不少宪法性法律，专门对一些社会弱势群体加以保护，如《未成年人保护法》《妇女权益保护法》《残疾人保障法》等，而被害人作为一类比较特殊的社会弱势群体，也必然能够从这些相关宪法性法律中寻找到权利保障的依据。

其三，法律、行政法规、各地相关法规及行政规章。在宪法及宪法性法律之外，对人权的保障也由各个效力位阶的规范予以规定，如在《刑法》《刑事诉讼法》《治安管理处罚法》等法律、《道路交通安全法实施条例》《烟花爆竹安全管理条例》等行政法规、北京市《食品安全条例》《消防条例》等地方性法规、北京市《校车安全管理暂行规定》《建设工程施工现场管理办法》等行政规章等规范性文件中，都对生命健康权和财产权等公民权利进行了规范保障。

三、刑事被害人权利保护之问题检视

立法是对利益的第一次分配，一部法律是否具有权威地位，在相当大的程度上取决于其对利益的分配公平与否。虽然，近年来刑事被害人在我国诉讼中的地位有所提升，但从当前的立法规范看，其对国家、刑事被害人、被告人（犯罪嫌疑人）在整个司法程序过程中的权利分配仍呈现出一种非均衡状态，即国家长期居于主导地位，被告（犯罪嫌疑人）的地位也在不断强化，而刑事被害人的地位则显得黯然失色。这主要体现在以下几方面。

其一，审前地位被忽视。立案、侦查、审查起诉构成审前程序的三大环节，在这三大环节中，明显存在着忽视被害人地位的倾向。具体有以下三项内容。①立案中的"旁观者"。立案是刑事司法程序的开端，其标志着国家公权力开始正式介入刑事纠纷。在我国，立案往往只是国家侦查机关的"能量场"，其掌握着案件能否进入刑事立案程序的"金钥匙"，换言之，在整个立案阶段，国家占据绝对主导地位。相反，被害人除了发出微弱的控诉、控告、举报等声音外，基本上是一个"旁观者"。依据我国《刑事诉讼法》和相关司法解释，公安机关有权对报案、举报等材料进行审查，但是由于并没有明确规定审查的形式和标准，公安机关对是否立案具有较大的裁量权。在实践中，报案人的控告、举报往往石沉大海、杳无音讯，这一点在侦查职务犯罪方面表现得尤为突出。而目前，随着社会的日益复杂，性骚扰、家庭暴力等行为层出不穷，但对于此类行为，公安机关却常常采取"小事化了""清官难断家务事"的态度，使此类行为的受害人不能及时脱离危险。在网络上沸沸扬扬的"4·14 聊城于欢案"中，正是由于出警民警未能及时采取相应措施，制止危险的继续，于欢孤立无援之下暴起伤人，最终酿成惨案，于欢也从"受害人"变成了"加害者"。四川省曾对全省立案的情况进行了全面调查，发现存在"不破不立""漏报瞒报""弄虚作假"等情况，在各地都不同程度地存在着。特别是刑事案件的"立案不实"问题更为严重，已被认为严重影响了全省的数据质量，损害了公安机关的形象和声誉。再如，在曾经震惊全国的"黄勇系列杀

人案"中，黄勇在两年的时间内，利用自制的杀人工具杀了 17 个人，其中有 5 个是社会闲散人员，12 个是学生。然而，这 17 个人报案之后竟然都没有立案。①②侦查中的"受害者"。我国刑事诉讼一直以来都是一种侦查中心主义的模式②，侦查的目的是收集证据、查明案件事实，这就使得侦查阶段成为国家公权力和公民私权利发生冲突最为集中的一环。在过往的研究中，人们总是认为，在侦查中国家公权力最容易冒犯犯罪嫌疑人的权利。实际上，刑事被害人的权利更易遭受侵害。例如，出于破案或取证的需要，侦查机关必定要对被害人进行反复询问，这无异于一次又一次地在被害人已有的心里创伤上"撒盐"。尤其是在性侵犯案件中，在我国传统观念影响下，受害人能够选择报案已经需要莫大的勇气，而之后的审讯中需要受害人一次次回忆自己遭受的侵犯，在保护自己的这一过程中，不得不承认，受害人也在伤害自己。另外，侦查机关有时为了设计抓捕犯罪嫌疑人，不得不充分利用被害人，甚至将其再次置于危险境地的情形也并不鲜见。③审查起诉中的"意见者"。在我国，刑事公诉职责为检察机关所垄断，在这个程序机制中，是否起诉以及如何起诉大都只是检察机关的"一家之言"，而刑事被害人仅拥有提出意见的权利，且被害人与公诉人之间可能缺乏沟通，双方意见未能达成一致，但在这场争论之中，公诉人仍处于强势地位。如在某伤害案件的庭审中，公诉人与被害人之代理人就如何确定被告人行为的性质产生争议。检察机关指控被告人的行为属于防卫过当，而被害人之代理人则认为被告人的行为构成故意伤害致人死亡。庭审过程中，公诉人与被害人代理人意见产生强烈冲突，公诉人请求审判长阻止代理人对案件性质发表意见未被采纳，遂未经审判长许可愤然离庭，导致审判无法进行。③甚至对于检察机关的不起诉决定，被害人也缺乏实质性的救济渠道。依据《刑事诉讼法》和相关司法解释，检察机关如若作出不起诉决定，被害人只享有申诉权。然而，长期以来的实践

---

① 李奋飞：《刑事被害人的权利保护——以复仇愿望的实现为中心》，《政法论坛》2013 年第 5 期，第 28 页。

② 田圣斌：《我国刑事诉讼"提前介入"工作制度化探析》，《学习与实践》2014 年第 5 期，第 99 页。

③ 冀祥德、夏雯雯：《检察官：你有权自主退庭吗？——从刑事诉权理论的视角进行评析》，《中国律师》2003 年第 12 期，第 65 页。

表明，这一内向型的制度设计在我国目前的司法体制下难以取得预期效果。另外，检察机关还享有变更或撤回起诉的权利，而对于这种变相的不起诉决定，被害人则束手无策。

其二，审中权利被虚化。刑事审判是整个刑事司法程序的核心环节，尽管我国《刑事诉讼法》已经赋予了被害人当事人的资格，但并没有将其纳入必须出庭的当事人的范围。相反，我国刑事审判程序是以公诉机关和被告人为真正意义上的当事人而进行构造的。如此看来，在我国，刑事被害人的当事人地位只是一种理论上的假设，其权利遭到了极大的虚化。其表征有以下三个方面。①定罪量刑上的"看客"。众所周知，对被告人的定罪量刑是审判活动的焦点所在。由于特殊的诉讼结构和体制背景，我国检察机关在定罪问题上往往握有压迫性的力量，刑事被害人基本无插手的余地。"控辩双方在大多数情况下很少就定罪问题发生争议，因此可以说中国刑事审判中的问题其实主要是量刑问题。"①同样，在量刑问题上，检察官大都并不太重视量刑，从而导致刑事审判中的量刑环节成为法官发挥自由裁量权的空间，刑事被害人却通常只拥有建议权，而这种意见能否最终纳入法官的考虑范畴依然是一个不解之谜。②刑事和解上的"被处分者"。2012年的《刑事诉讼法》修改中，建立刑事和解制度成为一大亮点，这对缓解被告人与被害人间的紧张关系大有裨益。但深究其主要动机，还是为了缓解公诉机关的资源紧张，检察机关仍掌握和解的决定权和主持权即为一种例证。因此，在刑事和解程序中，被害人依然处于被处分的地位，对于是否调解以及如何调解，其缺乏应有的发言权。在刑事和解制度中，刑事案件根据其案件情节可分为轻罪案和重罪案。目前，根据我国《刑事诉讼法》第二百七十七条的规定，能够和解的案件主要是"因民间纠纷引起，涉嫌刑法分则第四章、第五章规定的犯罪案件，可能判处三年有期徒刑以下刑罚的"以及"除渎职犯罪以外的可能判处七年有期徒刑以下刑罚的过失犯罪案件"。也就是说，刑事和解制度主要针对的是轻罪案，而对于重罪案，基于民间的"私了"行为，也有着一定的需求。例如，某项研究表明，江西省东北地区农村中的人身伤害、盗窃、重婚三种刑事案件中，竟有80%

---

① 陈瑞华：《定罪与量刑的程序分离——中国刑事审判制度改革的另一种思路》，《法学》2008年第6期，第41页。

是通过"私了"解决的。①但是，重罪案中受害人受到的侵犯较为严重，如果放开和解制度的限制，则难保不会出现被迫和解、和解协议无效等问题，尤其是对于暴力犯罪，更可能使犯罪分子产生侥幸心理，重演古代富家子弟草菅人命的闹剧。但是，在某些重罪案中，又确实可能存在受害人因某种原因原谅犯罪人，甚至抗拒诉讼。因此，对于刑事和解制度的建设，仍需充分考虑各方面的因素，审慎进行。③抗诉上的"请求者"。"上诉权是当事人固有的、必要的一项救济性人权。"②根据最高人民法院公报所发布的2013～2015年全国法院司法数据统计，2013年全国法院受理刑事二审案件共105 514件，结案102 991件，其中维持67 897件，改判14 724件，发回重审6560件，撤诉12 385件，调解343件；2014年全国法院受理刑事二审案件共121 397件，结案118 915件，其中维持77 495件，改判14 314件，发回重审7574件，撤诉18 156件，调解311件；2015年全国法院受理刑事二审案件共143 219件，结案141 155件，其中维持90 245件，改判15 571件，发回重审9648件，撤诉24 275件，调解256件。我国《刑事诉讼法》第二百一十八条规定："被害人及其法定代理人不服地方各级人民法院第一审判决的，自收到判决书后五日以内，有权请求人民检察院提出抗诉。人民检察院自收到被害人及其法定代理人的请求后五日以内，应当作出是否抗诉的决定并且答复请求人。"可知，该条仅赋予了被害人对刑事案件判决的抗诉请求权，而对于该请求权最终是否会启动二审程序，则完全取决于检察机关的意愿。

其三，审后保障被遗忘。"是否能够通过尊重个人权利而推动实质正义"，是判断实质合宪论和形式合宪论的重要标准。③在国外，通过国家补偿和社会救助等审后保障机制来解决刑事被害人的生存困境几乎是一个通例。在我国，虽然上述机制已经有所起步，但从目前的实践看，其依然是一种零碎且片面化的模式，难以发挥实效，也与宪法价值相违背。其具体有以下两个方面。①国家补偿缺位。国外刑事被害人权利保障的研究领域中非常引人关注的地方之一，就是如何构建适合本国国情的国家补偿制度。

---

① 张荣：《农村犯罪"私了"现象不容忽视》，《法制日报》2000年8月12日，第5版。

② 潘庸鲁、孙晔：《上诉权的现实与理想》，《中国刑事法杂志》2011年第8期，第85页。

③ 江国华：《实质合宪论：中国宪法三十年演化路径的检视》，《中国法学》2013年第4期，第180—181页。

其主要理论基础是以社会契约论为核心的国家责任理论——市民与国家之间结成契约关系，市民有向国家缴纳税收的义务，而国家则有向市民提供服务和保障市民安全的责任。犯罪的发生意味着国家未能尽到防止犯罪之责，因此国家应对被害人承担补偿的责任。在我国，情况显然不尽如人意，一种与国家经济发展水平相适应的国家补偿制度仍未建立——规范依据的单一化、补偿对象的片面化、补偿标准的零碎化等。究其原因，国家重打击犯罪轻人权保护、重刑法教育轻权益维护的定势思维恐难辞其咎。换言之，国家将其责任重心放在对犯罪人的打击与教育上，而对于被害人的补偿，国家则将希望寄托于被告人的自觉和良知发现。如在某强奸案中，被害人因强奸行为导致重伤，无力医治，其家人通过法院希望向犯罪人寻求民事赔偿，但犯罪人以此为条件要求减轻量刑，双方多次调解均未达成协议，最终受害人求其父使其"解脱"。一审法院最终判决犯罪人十五年有期徒刑，附带民事赔偿 17 万余元，却因为犯罪人本身无财产、其父母与其没有连带赔偿责任，且其选择上诉，导致赔偿判决无法执行而受害人父亲因故意杀人罪判处有期徒刑缓刑。②社会救助发育迟缓。如果说国家补偿主要是在实物层面对被害人的一种弥补，那么社会救助则是在实物、精神以及心灵层面对被害人的一种全方位抚慰。"国家补偿制度虽然可以暂时缓解刑事被害人的生存危机，但不能全面恢复刑事被害人受损的权利，并有可能给国家财政带来沉重的负担。"①如此，倘若把所有的事后保障责任都强加给政府，幻想仅通过国家补偿之"一己之力"即可完成对被害人的权利保障，显然不大现实。为此，引入社会力量，建立社会救助机制，为法治国家被害人权利保障之通例。其主要理论依据是社会保险理论和社会福利理论——社会是人与人共生的社会，也是相互联系与协作的社会，每一个成员都有可能成为犯罪的无辜受害者。被害人作为一个特殊的弱势群体，理应得到来自社会的关怀和帮助，一言以蔽之，保护被害人是全社会的共同责任。然而，囿于各种体制性因素，我国被害人社会救助制度发育极为迟缓——被害人社会救助组织创建遭遇诸多障碍、社会救助资金筹措较为困难、社会保险事由未涵盖犯罪损害等。如此，社会力量在我国刑事被害人权利保障中的作用尚未得到有效利用与充分发挥，仍有许多可待挖掘的空间。

---

① 田鹏辉：《构建我国刑事被害人社会保障制度之思考》，《法商研究》2008 年第 3 期，第 146 页。

四、刑事被害人权利保护之完善

"国家救济刑事被害人的态度，标志着国家的文明程度。"[①]然而，保障刑事被害人的权利是一个综合性系统工程，其不仅关涉审前与审中程序中的国家利益、被害人利益以及被告人（犯罪嫌疑人）利益的良性平衡，亦需要审判完结后的国家补偿制度和社会援助机制的稳步构建。具体而言，为探寻我国刑事被害人权利保障的出路，以创建一个民主、法治、科学的现代文明国家，理应在如下几个方面作出努力。

其一，重视审前程序中被害人的地位。我国刑事审前程序中的人权保护是 21 世纪初期才受到学术界重视的一个问题。学界之所以关注这一问题，是因为人们发现，如果说审中程序与当事人的利益最为攸关，可其还尚存一种三方构造的对抗结构，而审前程序则完全就是国家机关的"独角戏"。近年来，《刑事诉讼法》通过引入辩护力量来逐步强化犯罪嫌疑人在审前程序中的地位，而刑事被害人则基本被忽视。要改善此种境况，需在审前各个环节发力。①立案环节。众所周知，立案是启动刑事司法活动的一道特别关卡，其对被害人的重要意义是不言而喻的。检视现行相关法律的规定，"认为""需要"等判断性词语在条文中频繁出现，从侧面反映了我国刑事立案标准上的一种模糊性和主观主义倾向。故此，在以后的《刑事诉讼法》修改过程中，应着力拓宽立案渠道、明确立案标准、降低立案门槛、强化救济路径，尤其是要增加举报人、控告人在此过程中的发言权。例如，在立案审查过程中，可允许当事人进行陈述和辩护，对于不立案情形必须作出不立案决定书，并送达当事人，决定书应当载明不立案理由、申诉期限、申诉渠道等关键事项，当事人亦可凭此决定书向上级公安机关、同级检察机关进行申诉，甚至还可向同级法院提出控告。②侦查环节。如前所述，在我国的刑事侦查过程中，被害人经常会沦为侦查机关收集证据、查明事实、抓捕犯罪人等行为的受害者。相较而言，在国际上侦查程序中的被害人权利保护却是刑事诉讼中备受重视的一个环节。为此，我们应当改变被害人侦查程序中"纯粹证人"的身份，相反应当给予其"实质当事人"的地位。具体而言，在侦查程序中，应赋予被害人隐私权和知情权——侦查

---

① 陈彬、薛竑：《刑事被害人国家补偿制度价值取向研究》，《现代法学》2008 年第 5 期，第 167 页。

机关要时刻注意保护被害人的尊严和隐私，防止其二次被害，并且要将案件的进度、内容以及处理情况等信息采取书面形式主动告知被害人。倘若侦查机关在侦查过程中侵犯了上述权利，被害人则可据此向检察机关进行申诉、向法院提出控告。③审查起诉环节。在我国，审查起诉程序是一个有别于其他法治发达国家的特殊制度安排，其最突出的问题就是对被害人的尊重程度不够。一般来说，被害人的诉求无外乎两种，一则是要求对犯罪嫌疑人课以严厉的刑罚，二则是希望从犯罪嫌疑人处获得足够的赔偿。然而，在实践中，检察机关往往重视第一种却忽视第二种，这显然不利于被害人长远利益的维护。因而，建议将被害人的意见作为公诉机关是否起诉、何时起诉、以何种罪名起诉的重要参考。据此，可借鉴日本的"暂缓起诉制度"，将犯罪人是否对被害人作出了合理赔偿、是否取得了被害人的谅解作为重要的衡量因素。① "一些被害人重赔偿甚于报复，一些被告人也希望通过积极弥补自己行为所造成的伤害换取轻缓的惩罚。" ②

其二，强化审判程序中被害人的权利。长期以来，我国在整个刑事司法程序中推行"阶段分包"的模式，很多案件在侦查和审查起诉阶段都已经被公安机关和检察机关所定性，这就使得案件在法庭审判环节有着明显的"走过场"嫌疑，不仅被告人的权益难以得到有效保障，而且被害人的权利也遭到一定程度的虚化。为此，应当在这一程序阶段强化被害人的权利，使其当事人地位趋于实质化。具体而言，需要在如下三个方面作出改善。①扩大被害人定罪量刑的发言权。毋庸置疑，国家取代被害人追究犯罪人的刑事责任并不能带来保护被害人权利的实际效果，相反其主要服务于国家利益——对犯罪分子的定罪量刑能够满足统治秩序的需要即可，而对被害人的利益诉求则放置一边。无论是报复主义刑罚哲学，还是恢复性司法正义，对犯罪人判以何种罪名、处以多大刑罚都事关被害人的核心利益，也都理应纳入被害人的固有权限范围。就这个角度而言，扩大被害人在定罪量刑上尤其是量刑问题上的发言权，实为正当。②增强被害人刑事和解的处分权。"作为一种非刑事化方式处理刑事案件的模式，刑事和解所

---

① 李丽娜、彭波：《对暂缓起诉制度的理性审视》，《湘潭大学学报（哲学社会科学版）》2005 年第 S1 期，第 170 页。

② 陈光中、葛琳：《刑事和解初探》，《中国法学》2006 年第 5 期，第 3 页。

追求的最高价值是社会冲突的化解和社会关系的和谐。"①因此，刑事和解理应充分尊重犯罪人和被害人的真实意愿。反观我国现行的刑事和解程序，其不仅在适用范围、适用条件上受到法律的严格限制，而且在实际处理程序和处理结果上也受制于公检法三机关，这完全违背了和解制度的本质逻辑。因此，建议适当增强被害人在刑事和解上的处分权，是否和解、如何和解以及和解结果都要以被害人的意见作为重要参考。但是，也要对刑事和解的适用范围进行一定限制，如危险性较大的犯罪分子、累犯等，要注意防止"花钱买命"现象的出现。③赋予被害人案件判决的上诉权。我国《刑事诉讼法》虽然将被害人置于诉讼当事人之地位，但此种规定仅具有形式意义，尤其是被害人上诉权的缺失使得这种地位的实际价值丧失殆尽。实际上，将公诉权作为阻却被害人上诉权的缘由是一种逻辑错乱的体现，实质上仍是一种"国家利益至上"的观念。参照国外经验，赋予被害人以上诉权是 20 世纪下半叶以来被害人学兴起后公诉国家垄断主义逐渐松动的结果，其日渐演变成为一种世界性潮流。故此，建议赋予被害人案件判决的上诉权，不过基于刑事公诉性质的考量，此种上诉权应当受到适度限制，即只能在检察机关不提起抗诉的情形下才能行使。

其三，建立审后程序中被害人的保障。一个有目共睹的事实是，犯罪行为发生后，被害人无论是在生命上、健康上、财产上，还是在心理上、精神上都会受到不同程度的打击，这些不同层面的损害远非单一的刑事审判就能完全化解。实际上，在很多刑事案件中，犯罪人并无能力赔偿被害人，被害人的心灵也得不到应有的抚慰和调适，相反其会陷入长期的生活困难之中。因此，来自国家与社会层面的审后补偿和救助就显得尤为重要，具体包括以下两个方面。①强化国家补偿责任。如上所述，国家救济刑事被害人的态度标志着国家的文明程度。我国是一个社会主义国家，以文明、平等、互助为基本价值追求，也就理应承担因人为风险而带来竞争力下降的刑事被害人之帮助责任。据此，国家应强化自身的刑事补偿责任，创建一个与社会经济发展水平相适应的国家补偿制度。具体而言，在补偿对象上，应当将其圈定为被害人本身以及被害人死亡后的近亲属；在补偿事项

---

① 陈瑞华：《刑事诉讼的私力合作模式——刑事和解在中国的兴起》，《中国法学》2006 年第 5 期，第 25 页。

上，应当以人身损害为主，财产损害和精神损害为辅；在补偿标准上，鉴于世界上尚无完全补偿损失之先例，加上我国幅员辽阔，东西部经济发展水平差异甚大，建议采用抚慰性标准，并限制最高标准和最低标准，以便于各地政府根据自身能力确定相应的补偿额度。②完善社会援助制度。当前，我国正处于社会转型时期，犯罪发生率较高，刑事被害人的总数较大，仅仅寄希望于国家来实现被害人的审后保障既无理论可行性，也不具备现实基础。参详世界各国，刑事被害人的补偿不可能由国家财政全部承担，一个健全的社会援助机制也是非常值得关注的环节，如德国的被害人支援团体"百环"、日本的被害人咨询室和强奸救援中心等。与国家相比，社会永远更强劲有力，而且每每都是人权保护的"领跑者"和"落实者"。另外，对被害人的审后保障也不可能仅局限于物质补偿，还事关精神安慰、心灵治疗、法律知识负担等。在这些方面的救助上，社会显然比国家更具"能力"。因此，从长远看，国家要大力做好宣传，提高社会民众参与被害人援助的积极性，并给予相应的政策扶持。具体而言，一方面，国家要大力发展社会保险制度，将犯罪损害纳入到人身意外保险的赔偿事由之中；另一方面，国家要降低社会组织设立门槛，给相关刑事被害人援助组织的发展预留空间，如各种民间的刑事被害人基金组织、各种专业性的刑事被害人救助机构等。

第三节　罪犯之权利保护

罪犯是被法院生效判决认定为有罪之人。法院生效判决只是剥夺了罪犯一定的权利，其未被剥夺的权利依然受到法律的保护。

一、罪犯权利保护之法理基础

其一，罪犯作为人应享有基本的人权。在此基础上，犯罪人的权利也应当获得法律的保护。罪犯应当享有人权中未被法律剥夺的那部分权利，这是罪犯权利的主体部分。对罪犯应享有的人权的确认，就意味着对社会每一个体的普遍尊重，也是出于维护社会整体利益的需要。无数历史事实证明：若容忍对罪犯所享有人权的剥夺，则有可能发展为对其他在道德上或在行为上有瑕疵的社会成员的权利的剥夺，进而可能发展为对社会任何一个成员的权利的随意侵犯或剥夺，从而造成对社会共同体秩序和稳定的毁灭性打击，最终危及整个社会的安全和利益。可以这样认为，对罪犯权利的确认是人类理性认识和选择的结果。

其二，罪犯作为公民，其亦享有公民权。犯罪人因犯罪活动而被处以一定的刑事处罚，这种处罚并不能剥夺犯罪人的公民资格。罪犯享有未被法律剥夺的一切公民权利。在此种情形下，司法机关在对犯罪人进行处罚时，只能依法剥夺其人身自由权、财产权等权利，而不能剥夺其依法享有的其他权利。罪犯具有公民地位，表明了国家和罪犯之间的权利义务关系，而不仅仅是惩罚和被惩罚的关系。国家刑罚权的行使，只是部分地影响了作为公民的罪犯的权利内容，而不改变罪犯的公民身份。因此，国家在惩罚罪犯的同时，也负有保障罪犯权利的义务。

其三，罪犯权利保护是矫正罪犯的需要。教育改造罪犯、预防重新犯罪是刑罚的重要目的之一，因此为教育罪犯认罪伏法、真诚悔改，鼓励罪犯洗心革面、早日回归社会，实现特殊预防的目的，各国的刑事法律都不同程度地规定了基于罪犯特定身份而拥有的权利。

二、罪犯权利之类型及其法律依据

首先，我国《宪法》第三十三条第一款明确规定："凡具有中华人民共和国国籍的人都是中华人民共和国公民。"从这个概念可以看出，罪犯虽然犯了罪，受到了刑罚应有的惩罚，但并没有撤销他们的国籍，他们仍然是我国公民。作为我国公民，除被刑事判决剥夺的权利外，罪犯依然享有其他宪法规定的权利。其次，我国《刑法》《刑事诉讼法》《监狱法》等法律都对罪犯的权利保障作出了具体规定。例如，《刑法》第七十八条、第八十一条第一款和《监狱法》第二十九条、第三十二条规定了罪犯获得刑事奖励，以及获得减刑、假释的权利；《监狱法》第五十七条规定了给予罪犯的表扬、物质奖励或者记功、离监探亲权利等。罪犯权利保护的国际法依据则主要为《国际人权宣言》《公民权利和政治权利国际公约》等。

其言之，依据法律的规定，罪犯能够享有以下权利。

其一，生命健康权。生命健康权是指罪犯有维护正常生活，保证身体健康地生存的权利，任何组织和个人都不得非法侵害。所谓"皮之不存，毛将附焉"，生命健康权是一个人最基本、最重要的权利，是其他权利的基础。在我国，除判处死刑立即执行的罪犯外，其他罪犯都享有生命健康权，包括被判处死刑缓期二年执行的罪犯在内，如果在缓刑期间没有出现再次犯罪的法定要件，便不能剥夺其生命健康权及维持生存所必要的其他权利。在法律上，罪犯的生命健康权具体表现为充分享有维持生存的基本物质条件及必要的健康保障措施。我国《监狱法》第五十条至第五十四条从物质上保障了罪犯的生存条件，这些规定包括罪犯的生活标准按实物量计算，其被服由监狱统一配发，应当照顾少数民族罪犯的生活习惯，将坚固、透光、清洁、通风和保暖作为罪犯居住环境标准，应当设立生活卫生设施和医疗机构，将罪犯的医疗保健列入所在地区的卫生防疫计划等。《监狱法》第七十二条规定了对参加劳动的罪犯，执行国家有关劳动保护。此外，我国制定的《在押罪犯伙食实物量标准》《在押罪犯被服实物量标准》《监狱建设标准》等更加具体的规章制度，保障了罪犯在服刑期间的正常生活和身体健康。

其二，人格尊严权。人格，即人作为权利和义务主体的资格；尊严，即可尊敬的身份和地位，广义的人格尊严是指公民作为一个人所具有的内在价值和尊严。如果说"世界上没有不受限制的权利"有例外的话，非人格尊严莫属。刑罚对罪犯人身自由的限制并没有造成人格尊严权的克减，在监狱中服刑的罪犯也享有人格尊严不受侵犯的权利。对此，《公民权利和政治权利国际公约》明确规定，"所有被剥夺自由的人应给予人道及尊重其固有尊严的待遇"，并将它列为不可克减的权利。我国《宪法》第三十八条、《监狱法》第七条都规定了公民（包括罪犯）的人格尊严不受侵犯、不受侮辱、诽谤。《监狱法》第十四条对监狱人民警察侮辱罪犯的人格作出了禁止性规定，否则应当予以行政处分，构成犯罪的依法追究刑事责任，这都体现了法律对罪犯人格尊严权的保护。

其三，不受刑讯、体罚和虐待权。这是生命健康权所派生出来的权利。罪犯遭受刑讯、体罚和虐待，生命健康就得不到真正的保障，其生命和健康就可能被恣意剥夺。依据我国《刑法》第二百四十七条、第二百四十八条的规定，司法工作人员对犯罪嫌疑人、被告人实行刑讯逼供的，监狱等监管机构的监管人员对被监管人进行殴打或者体罚虐待，情节严重的，分别构成刑讯逼供罪和虐待被监管人罪，致人伤残、死亡的，按照故意伤害、故意杀人罪从重处罚。同时，尚未构成犯罪行为的，将依据《监狱法》第十四条的规定给予行政处分。

其四，未被剥夺政治权利罪犯的政治权利。从宪法和法律规定来看，我国公民的政治权利至少应当包括以下几种：①选举权与被选举权；②言论、出版、集会、结社、游行、示威自由；③批评、建议、申诉、控告、检举权；④担任国家公职的权利；⑤知情权。对于未被剥夺政治权利的罪犯而言，其政治权利在内容上具有不完整的特征，从监狱管理的实践来看，我国监狱依法保障罪犯以下政治权利的实现：①选举权；②言论、出版自由；③监督权；④知情权。而罪犯的被选举权、集会、结社、游行和示威自由、担任国家公职等的权利，都因为其人身自由的限制而无法行使。

其五，宗教信仰权。我国《宪法》第三十六条规定："中华人民共和国公民有宗教信仰自由。任何国家机关、社会团体和个人不得强制公民信仰宗教或者不信仰宗教，不得歧视信仰宗教的公民和不信仰宗教的公民。国家保护正常的宗教活动。"《中国改造罪犯的状况》白皮书也指出："罪犯有信仰宗教的权利。中国政府允许信教的罪犯在押期间保持原有的宗教信仰。"然而在实践中，罪犯只能在思想上保持原有的宗教信仰，不得设置经堂、悬挂佛像并进行传教，也不得组织宗教活动。

其六，财产权。我国宪法和法律保护公民的合法的私有财产不受侵犯，监狱服刑的罪犯仍然享有财产的所有权、合法债权和继承权等权利，任何人不得非法占有和使用。我国《宪法》第十三条、《监狱法》第七条和第十四条规定了公民的合法财产不受侵犯，罪犯的合法财产不受监狱执法者的侵占，否则将追究法律责任。为了维护监管秩序，便于罪犯改造，《监狱法》对罪犯的合法财产的使用进行了限制，如罪犯不得在监狱内使用现金；入监时随身贵重物品要交由监狱暂为保管；家属送给罪犯的物品，要交由监狱检查，非生活用品不得入监等。可见，罪犯由于人身自由受限的客观情况，失去了对自己合法财产使用的权利。

其七，劳动权。根据宪法精神，罪犯的劳动与普通公民一样，具有权利和义务的双重属性。我国《监狱法》第八条规定，"国家提供罪犯劳动必需的生产设施和生产经费"，从而为罪犯的劳动创造了必要的条件。我国《监狱法》第六十九条至第七十三条，分别就罪犯劳动的目的、劳动的时间、休息的权利、劳动报酬与劳动保护、劳动保险等方面进行了详细规定。由于罪犯人身自由受到限制，其劳动权与普通公民相比是不完整的，具体而言，罪犯的劳动权应当包括劳动参与权、劳动休息权、劳动报酬权、劳动保护和劳动保险权等方面，而劳动参与权和劳动报酬权，罪犯几乎无法享有。

其八，受教育权。受教育权是公民的宪法性权利，罪犯同样享有。我国《监狱法》第五章及 2007 年司法部出台的《教育改造罪犯纲要》对罪犯的受教育权作出了详细的规定，明确罪犯接受教育贯穿着服刑的全过程。从教育的内容看，包括文化、法制、道德、形势、政策、前途等方面；从教育的形式看，包括入监教育、出监教育、个别教育、监区文化建设、心理矫治、社会帮教、职业技能培训等方面。

其九，获得行政、刑事奖励权。罪犯在服刑期间可以根据其实际改造表现获得表扬、物质奖励、记功等行政奖励及减刑、假释等刑事奖励。我国《监狱法》第二十九条至第三十四条，详细规定了罪犯减刑、假释的条件及程序，《监狱法》第五十七条则列举了罪犯可以获得行政奖励的一系列具体情形。

其十，罪犯特定的申诉、检举、控告权。我国《宪法》第四十一条规定："中华人民共和国公民对于任何国家机关和国家工作人员，有提出批评建议的权利；对于任何国家机关和国家工作人员的违法失职行为，有向有关国家机关提出申诉、控告或者检举的权利。"可见，申诉、检举和控告权是宪法性权利，监狱服刑的罪犯同样享有。我国《监狱法》第二十一条至第二十四条，分别就罪犯的申诉、检举和控告权进行了详细的规定。然而，罪犯的申诉、检举、控告权与普通公民是不一样的，前者的客体仅仅局限于监狱管理部门及监狱执法者，是针对特定的对象，而普通公民针对的是不特定的对象，这种局限性在罪犯的申诉权上表现得尤为突出。

其十一，按期释放权。《监狱法》第三十五条规定："罪犯服刑期满，监狱应当按期释放并发给释放证明书。"当罪犯服刑期满时，监狱管理部门应当按时办理释放手续，解除罪犯的监禁状态，对符合条件的罪犯发放路费予以遣返，不得延期释放。

三、罪犯权利保护之问题检视

其一是人格遭受贬损，罪犯人格权得不到应有的尊重。根据我国行刑实践中不成文的规定，所有罪犯入监后一律剃光头，着统一囚服，个人衣物必须打上囚犯标记，每名罪犯拥有唯一的编号。强制罪犯剃光头，并没有法律依据，而是多年以来的行刑习惯，其本质无疑是将罪犯作为单纯的客体来管理，漠视的是罪犯的个体人格与心灵感受，这不但加深了普通民众对罪犯的歧视心理，久而久之，连罪犯自己都将失去自尊和自爱。

其二是政治权利保障缺位。传统的监狱行刑理念和长期以来漠视权利的定势思维，阻碍着政治权利的实现，不但监狱执法者不重视，连罪犯自己也不重视，因为罪犯总会首先考虑到自己吃饱穿暖的问题，停留在对生存权的保障上，而对参与国家政治活动、实现政治诉求的想法不大。

其三是劳动被义务化、手段化，罪犯劳动"三超"问题突出。在我国，根据《刑法》第四十六条的规定："被判处有期徒刑、无期徒刑的犯罪分子，在监狱或其他执行场所执行；凡有劳动能力的，都应当参加劳动，接受教育和改造。"组织罪犯劳动是刑罚执行的重要内容之一，也是教育改造罪犯的基本手段，罪犯在服刑期间，绝大多数时间都是在劳动。不管罪犯是否愿意，只要有劳动能力，都被迫从事劳动，而且还没有选择劳动岗位、劳动工种的权利，一些罪犯被选择高强度的劳动岗位，只能忍气吞声。在劳动休息权上，罪犯还不能完全享有法律法规所赋予的休息权，劳动"三超"问题突出，监狱为追求经济利益，加班加点、加大劳动强度、不顾劳动项目对矫正的促进价值，甚至不顾监管安全等问题仍然存在。尽管《监狱法》第七十一条规定了罪犯有法定节日和休息日，但在实践中很难执行。在劳动报酬权上，罪犯劳动报酬发放率偏低，发放标准不高。在劳动保护权上，项目的环境污染、劳保用品的缺乏、工伤补偿偏低等，均不同程度侵犯着罪犯的劳动权。

其四是标准不一，适用率低下，罪犯减刑、假释难成权利。一是法律规定过于原则，目前除部门法中有对减刑、假释的规定以外，最高人民检察院、最高人民法院也制定了针对各类犯罪减刑、假释进行规定的司法解释。一方面，其制定时间不够及时，最高人民法院除在 2011 年、2012 年、2014 年制定了相关司法解释外，2000 年后再未作出其他规定。另一方面，各地执行标准不统一，严重制约了罪犯获得减刑、假释待遇的实现。二是受指标限制，减刑、假释的适用率低下。三是程序设置不够合理，罪犯缺乏相应的参与权。我国现行的减刑、假释程序是：罪犯本人提出申请，监狱向法院提出减刑、假释建议，法院进行书面裁决，同时接受检察院的全过程监督。一旦启动程序，罪犯仅有申请的权利，其他环节则无知情权与参与权，使之成为整个程序的"局外人"，减刑、假释披上了一层神秘的外衣，最终导致减刑、假释的听证和公示制度沦为一种形式。

其五是立法存在缺陷，罪犯救济权行使渠道不畅通。一是立法上存在的缺陷导致罪犯无法行使完整的申诉权。《监狱法》第二十一条规定："罪犯对生效的判决不服的，可以提出申诉。"可见，法律仅赋予了罪犯对生效判决的申诉权，而对于法院作出的不合理的减刑、假释裁定，对监狱管理部门作出的不合理的行政处罚决定，罪犯的申诉却无法可依，致使罪犯针对监狱提出的行政诉讼法院不予受理，这无疑是不合理的。二是申诉、检举和控告程序存在固有的缺陷。《看守所条例》第四十六条规定："对人犯的上诉书、申诉书，看守所应当及时转送，不得阻挠和扣押。人犯揭发、控告司法工作人员违法行为的材料，应当及时报请人民检察院处理。"但是，不管是什么材料，第一手受理的部门肯定是监狱管理部门，让审查、复核罪犯检举和控告材料的主体向上级部门提交检举、控告自己的材料，严重违反了程序中立原则，导致实践中很多材料石沉大海、杳无音信。三是将申诉认为是不认罪的表现。长期以来，监狱执法者将罪犯申诉看成是不认罪的表现，在服刑中不予呈报减刑假释材料。

四、罪犯权利保护之完善

其一是健全包括《监狱法》在内的法律法规，明确罪犯的权利。当前我国各部门法对罪犯权利的规定存在着空白、漏洞、不明确的情况。此种情形下，我国即应当加紧进行法律编纂工作，对不符合权利保障需要的法律文件予以清理，在此基础上按《宪法》和《刑事诉讼法》的要求对监狱法律体系特别是罪犯权利及保障措施加以完善和具体化。特别是有罪犯权利"保障书"之名的《监狱法》，制定了 20 多年一直未有大的修订，仅在 2012 年为了解决个别条款与修改后的《刑事诉讼法》不一致、不衔接的问题才作了第一次修订，而《监狱法》原则性太强，部分条款也早已不符合实践状况，一些具体罪犯的权利缺乏可操作性，与之相配套的《监狱法实施条例》迟迟没有出台，这些因素都影响了罪犯权利的保障。

其二是完善罪犯权利经济保障体制。在强化监狱的改造罪犯职能的前提下，运用市场规律，将现代企业的生产链引入监狱生产中，并按市场原则保障犯罪人的劳动权、休息权和获得报酬的权利。

其三是完善罪犯权利社会保障体制。推进监狱工作社会化或刑罚社会化，使监狱工作与整个社会融为一体。

第四节　辩护人之权利保护

刑事辩护人是指在刑事诉讼过程中，接受犯罪嫌疑人、被告人及法定代理人的委托，或者经人民法院的指定，帮助犯罪嫌疑人、被告人行使辩护权，依法维护犯罪嫌疑人、被告人合法权益的诉讼参与人。[①]在刑事诉讼中，辩护人的作用在于运用其专业知识和技能代表当事人参与诉讼，保护当事人合法权益。只有辩护人自身的权利受到充分保障，当事人的权利才能得到保护。

一、辩护人权利保护之法理基础

辩护人权利保护的法理基础主要有三，分别为人权保障理念、控辩平衡原则和无罪推定原则。

（一）人权保障理念

人权保障理念是辩护人权利保护最为重要的法理基础。刑事诉讼活动的开展即是以人权保障为其根本目的的，并且在人权保障理念的指导之下建构其权力制约机制。民主、自由、平等以及"天赋人权"观念的提出意味着每一个人的人格尊严都要得到尊重和保护，封建纠问式的诉讼忽视了被追诉人的权利和人格尊严。作为被追诉人权利之一的辩护权就是建立在

---

① 宋英辉：《刑事诉讼法学》，中国人民大学出版社 2007 年版，第 76 页。

被追诉人的权利基础之上的，目的是使被追诉人在面对强大的国家机器时能够获得完整而充分的辩护。在此种情形下，辩护人的权利也就被确认并为法律所保护。倘若辩护人的诉讼权利被限制，那么被追诉人寻求权利保护的目的就成了无稽之谈、无源之水，只能沦为形式上的走过场，而无法为被追诉人提供实质意义的权利保护。因此，只有为辩护人提供完整且全面的权利保护，被追诉人的权利保障才能真正实现。

（二）控辩平衡原则

控辩平衡原则是从诉讼原理的角度为辩护人的权利保护提供法理基础。控辩平衡的实质意味着国家权力和个人权利的平衡，只有当控辩双方处于对等的地位，才能有效地促进纠纷的解决。维护辩护人的诉讼权利，有助于辩护人履行诉讼职责，从而抵御国家权力的不正当侵害，使得诉讼的等腰三角形结构得以完善，形成控辩双方的有效辩护。倘若辩护人的权利不能得到保护，那么诉讼的等腰三角形就会失衡，这样的法庭对抗是不符合刑事诉讼原理的，也是不公平和不公正的。

（三）无罪推定原则

无罪推定原则是刑事辩护制度得以确立的理论基石。[①]所谓无罪推定，即指在刑事诉讼过程中，被告人未经法院生效的法律文书认定为犯罪的，则认为其不构成犯罪。基于无罪推定原则，被告人在刑事诉讼过程中并不被当做罪犯看待，有权使用一切合法手段对抗检察机关的指控。而被告人聘请辩护人则是其对抗检察机关的重要手段。只有辩护人、代理人权利得到保障，其才能够形成与检察机关之间的平衡关系，从而实现对被告人权利的保护。

二、辩护人权利保护之法律依据

与诉讼代理人不同，辩护人的诉讼地位是完全独立的。它可以独立于

---

① 宋英辉：《刑事诉讼法法学》，中国人民大学出版社 2007 年版，第 143 页。

犯罪嫌疑人、被告人的意见之外，以自己的意见开展辩护活动。①

辩护人权利保护的法律依据包括宪法、刑事诉讼法和国际公约等。根据《宪法》的规定，被告有权获得辩护。此条规定在设置被告人获得辩护权利的同时奠定了律师制度存在的基础，开拓辩护人行使辩护权的空间。为此，该条文可以视为辩护人权利保护之宪法依据。刑事诉讼法全面设定了辩护人权利及其行使规则。就国际条约而言，辩护人权利保护的法律依据则主要体现在《世界人权宣言》《公民权利和政治权利国际公约》等公约中。以下将按照各个具体权利分述之。

其一，会见权。《刑事诉讼法》第三十七条规定了辩护人的会见权，即持律师执业证书、律师事务所证明和委托书或者法律援助公函——"三证"即可行使会见权。第三十三条规定在侦查阶段律师就享有辩护权，明确了辩护人在侦查阶段的地位和职责。《律师法》也有类似规定。律师在侦查阶段享有辩护权，更加有利于律师积极主动的收集证据，及时掌握案件的事实证据和进展情况。

其二，阅卷权。《刑事诉讼法》和《律师法》规定了辩护律师阅卷的内容范围——包括与案件有关的案卷材料，因此辩护律师能够全面、及时了解和查阅对被告人有实质影响的案卷证据材料。之所以如此规定，是为了提高辩护律师的辩护能力，为其提供掌握关键证据的机会，为犯罪嫌疑人的辩护提供有力的保障。

其三，调查取证权。《律师法》第三十五条规定有关单位和个人在处理与法律有利害关系案件的时候应该配合辩护律师的调查取证。辩护律师在自行取证困难的时候可以借助人民法院、人民检察院的途径去获取相关的材料证据，这无疑有利于律师全面收集和案件有关的证据，为实现实体公正奠定了基础，切实维护犯罪嫌疑人、被告人的权益。需要注意的是，《刑事诉讼法》也规定了辩护律师的调查取证需要征得证人或者有关单位和个人的同意。

其四，保守职业秘密权和豁免权。《刑事诉讼法》第四十六条规定，辩护律师对于执业过程中所知晓的有关委托人的情况和信息，拥有保守职业秘密的权利和义务。然而，这并不意味着律师必然对于所有与委托人有关

---

① 宋英辉：《刑事诉讼法法学》，中国人民大学出版社 2007 年版，第 76 页。

的情况和信息都应当予以保护，倘若委托人或者其他人，准备或者正在实施危害国家安全、公共安全以及严重危害他人人身安全的犯罪的，律师不再享有职业秘密的权利和义务，而且也不能免除律师作证的义务。之所以这样规定，是因为律师的权利并非毫无限制的。为律师提供保守职业秘密权和豁免权的权利是为了维护被追诉人的合法权益。一旦被追诉人的行为可能将会危害公共利益或者法庭的正常秩序，就必须及时予以制止和约束，此时律师的职业保密权就不再具有正当性，因而也不能得到豁免。

三、辩护人权利保护之问题检视

随着诉讼理念的发展和法治水平的提升，我国辩护制度有了较大的发展，但是辩护制度的发展受传统"重实体而轻程序"思想的影响。[1]辩护人的权利保护仍存在一些问题，这突出表现在以下几个方面。

其一，会见权落实仍然存在困难。尽管《刑事诉讼法》规定，辩护律师有权凭借"律师执业证书、律师事务所证书和委托书或者法律援助公函"在四十八小时内进行无障碍的会见，但同时尤其需要注意的是，会见涉嫌危害国家安全犯罪、恐怖活动犯罪、特别重大贿赂犯罪的犯罪嫌疑人或者被告都必须经过侦查机关的许可才能允许进行会见。这种仅仅依据罪名限制会见权的方式具有很强的随意性，也没有对会见的次数和时间进行细化，在实践中很可能发生异化，变为绝对的不允许会见，从而被完全地剥夺会见权。司法实践中，需要许可的会见权利的确由侦查机关全权决定，缺乏透明性和理性，不具备程序上的正当性。因此，对于涉嫌这三大类型案件的会见不应当一概由侦查机关自主决定，而是应当规定相关的限制措施的方法，并且给予相应的法律保障，避免会见权被不正当限制。另外，《刑事诉讼法》规定辩护律师在会见时享有不被监听的权利。这条规定反映了我国刑事诉讼重视人权保障的趋势，但"不被监听"这一概念过于宽泛，不够周延。

其二，阅卷权有待进一步完善。正如田文昌律师所说，实践之中阅卷权的落实困难重重，仍然存在以下问题。首先，《刑事诉讼法》尽管扩大了

---

① 汪海燕主编：《刑事诉讼法》，中国政法大学出版社 2015 年版，第 112 页。

阅卷权的内容范围，但是其行使的时间却是自审查起诉之日起。细细思考之下，这背后隐藏的意味是在侦查阶段并不享有如此范围的阅卷权利。维护控辩平衡和被告人的权利是我国设置阅卷权的目的。从理论上说，侦查阶段的证据需要注意保密，有利于案件的侦办，因此在侦查阶段设置阅卷的一定的范围限制是合理的，本质上是出于维护公共利益的需要，但这并不意味着律师在侦查阶段的阅卷权必须被绝对禁止。事实上，给予律师有限制的侦查阶段阅卷权，不但对于公共利益的损害微乎其微，而且有利于犯罪嫌疑人的权利保障，利远远大于弊。其次，细节方面的诸多问题影响实践中阅卷权的有效行使，包括辩护律师到法院阅卷的次数、时间、阅卷提供的服务设备等。尽管我国《最高人民法院关于适用〈中华人民共和国刑事诉讼法〉的解释》已经明确规定法院应当为辩护人查阅、复制、摘抄案件材料保证必要的时间并提供相应的帮助，但许多法院、检察院在实践中的做法并非如此。

其三，调查取证权仍然受限。首先，辩护律师的调查取证需要借助于证人或者其他有关单位及个人的配合。尽管《律师法》规定有关单位需要配合律师的调查取证，但《刑事诉讼法》仍然规定律师取证需要征得证人或者有关单位和个人事先同意。这种法律规定之间的冲突和悖论导致被调查取证的单位却往往不配合律师的调查取证，甚至故意回避律师的调查取证，律师刑事调查取证权面临极大的困难和阻力。其次，辩护律师向被害人或者其近亲属、被害人提供的证人申请调查取证的最终决定权掌握在人民法院和人民检察院手中。人民法院和人民检察院拥有极大的自由裁量权，对辩护律师向被害人或者其近亲属、被害人提供的证人调查取证造成了很大的困难。

其四，保守职业秘密权方面存在不足。《刑事诉讼法》尽管对保守职业秘密权作出了规定，但仍然不够全面且缺乏相应的可操作性。首先，保密涉及的主体范围过窄。根据规定，保密涉及的主体仅包括律师，实际上知悉案件的主体还应当包括律师助理、实习律师等律师事务所相关人员，他们也应当拥有保守职业秘密的权利。其次，职业秘密保护涉及的区间界定也存在问题。实践中，区间的范围往往是始于辩护律师与当事人订立的委托合同开始后。然而，当事人一旦想聘请律师，就已经将案件的基本情况告知律师，无论是否订立合同。倘若此时律师不具备保守职业秘密的权利和义务，将会给当事人的利益造成不好的影响。

四、辩护人权利保护之完善

其一，完善会见权。律师会见权是律师有效行使辩护权的前提和基础。律师在会见的过程中可以发现有利于犯罪嫌疑人、被告人的线索和证据，同时还能够揭露违反的侦查行为，切实保障犯罪嫌疑人、被告人的权利。尽管律师的会见权相比过去已经有了长足的进步，但是《刑事诉讼法》依然规定对于涉嫌危害国家安全犯罪、恐怖活动犯罪、特别重大贿赂犯罪的会见都必须经过侦查机关的许可才能进行。这种仅仅依据罪名限制会见权的方式具有很强的随意性，很可能剥夺辩护律师正当的会见权利。对此，我们可以借他山之玉，在侦查阶段对会见的次数和时间加以限制，而不是以一刀切的方法将会见的决定权完全交给侦查机关。一旦侦查机关拒绝或者故意不作为给辩护人的会见权行使设置障碍的话，应当给予辩护人的会见权提供及时和充分的救济渠道。

其二，完善阅卷权。律师只有通过查阅案卷才能充分掌握与案件有关的事实和证据，为犯罪嫌疑人或者被告人提供充分的权利保护。[①]我国《刑事诉讼法》已经规定了辩护人在案件审查起诉之日起可以对案件进行查阅、摘抄、复制，但还应当在侦查阶段提供有限制的阅卷权。此外，司法机关还应当为律师查阅案卷提供相应的时间和条件便利，不得以任何借口或者原因妨碍或者剥夺辩护人的阅卷权。

其三，完善调查取证权。尽管辩护人享有申请调查取证的权利，但是否同意最终取决于法院和检察院。换言之，法院和检察院享有了是否认可律师自行调查取证的自由裁量权，而且这种裁量权是不受限制的。辩护人按照现行法律法规的规定，无法获得任何有效的救济。因此，法律法规应当规定辩护律师调查取证权的救济渠道。此外，《刑事诉讼法》应当与《律师法》保持一致，与案件有关的单位和个人有义务配合辩护律师的调查取证。

---

① 谭世贵主编：《中国司法制度》，法律出版社 2013 年版，第 296 页。

其四，完善律师保守职业秘密权。首先，无论是辩护律师，还是任何知悉案件秘密的人员都有义务和权利保守职业秘密。其次，对于保密义务的时间区间，也应当作明确为有利于完整保护委托人利益的解释——自开始接受委托合同咨询之日起，任何知悉案件秘密的人员就有责任保守其所获知案件秘密信息。而且，这种保密义务和权利并不随着委托关系的结束而中止，而是始终存在的。

第五节　证人之权利保护

证人是重要的诉讼参与人，以其亲身所感知的案件事实向事实裁判者进行陈述，具有不可替代性。传统上，我们往往强调证人作证的义务，证人权利的保障往往受到忽视。面对证人受到威胁和伤害的现实，实行证人保护势在必行。

一、证人权利保护之法理基础

法律之所以需要对证人加以保护，其法理依据如下。

其一，查明案件事实的需要。在刑事诉讼过程中，证人是重要的诉讼参与人，法官需要对事实真相予以还原，所以就需要证人如实作出证言，这就要求证人本身具有意志自由和人身自由。就此而言，《刑事诉讼法》首先需要保护证人的权利，从而才能保证其所作出的证言符合客观真相。在刑事诉讼过程中，证人对案件事实的陈述有可能使犯罪嫌疑人的罪行得到证实，因此证人就很容易受到犯罪嫌疑人的报复。只有保障证人的安全和刑事诉讼的顺利进行，案件的事实才有可能查明，因此法律就有必要对证人权利予以严格保护。换句话说，证人保护是证人作证义务的逻辑结果，一旦证人履行作证义务可能会遭受风险，国家就负有保护证人的义务，排除可能风险的妨碍，以获得国家需要的有关案情事实的证人证言。须知，任何人都没有义务牺牲自己的生命、身体健康或者财产安全去帮助国家追诉犯罪。证人的作证义务是建立在证人权利保护的基础之上的，没有证人的权利保护，证人的作证义务也就不复存在，那么案情事实也将无法查清。

其二，证人权利保护是维护法律权威的应有之义。证人作证是为国家履行作证义务，而对证人权利的侵害和挑衅本质上是对法律秩序的挑战和法律权威的亵渎。倘若法律对证人的保护是弱弱无力的，那么法律的威严也将扫地。因此，有必要对证人的正当权利给予有力保护，表明法律是证人作证的有力依靠。

其三，从国家的基本权利保护角度来说，证人保护是宪法权利的延伸。宪法权利不仅仅是消极的防御权，还包括积极的预防合法利益受到侵害的权利。证人倘若认为自己有受到权益侵害的危险，国家就应当从基本权利的角度课以保护。这是因为证人作证所可能受到的伤害（如生命、健康等）大多属于宪法明文规定的基本权利。国家既然强迫证人在可能威胁自身基本权利的情况下出庭作证，就必须从宪法上保护其权利。因此，保护证人的权利不仅是诉讼法问题，也是一个宪法问题。

其四，维护证人权利是对证人主体资格的保护。证人不是诉讼的客体，因而国家不能为了发掘案件真相去损害或者忽视证人的权利。在刑事诉讼中，如果国家需要命令或者强制证人履行作证义务，就必须让他享有人的尊严和主体地位，提供证人保护。反之，若是在证人被国家强制作证之后却不顾证人的生命、健康及财产安全，证人就实质上沦为了诉讼工具，成了被利用的客体，毫无地位和尊严可言。

二、证人权利保护之法律依据

我国法律对证人保护的规定，形成了以《宪法》《刑法》《刑事诉讼法》《民事诉讼法》《行政诉讼法》为主体的证人保护框架。

现有的证人权利具体可以划分为以下三个类型。

其一，经济补偿权。证人经济求偿权利的预设是增强证人作证的积极性，消除证人对自身利益损失的担忧，更何况证人履行作证义务本身就是一种付出，必然存在经济损失。在这些损失没有得到弥补的情况下，证人作证的积极性将会受到不可避免的降低。因此，证人经济补偿制度是证人制度不可或缺的重要的一部分。倘若证人没有经济补偿权，将会阻碍诉讼程序机制的发挥。理论上说，经济补偿权由证人的补贴和证人的费用两部分组成。前者并不以证人的实际支出为必要前提，只要证人出庭作证就有请求经济补偿的权利。后者的范围则包括交通、食宿、就餐费和其他证人应当得到的实际支出费用。我国《刑事诉讼法》只承认了后一种的经济补偿费用，即仅限于履行作证义务而支出的交通、住宿、就餐等费用。另外，《刑事诉讼法》还规定有关单位具有不得因为证人作证而克扣其应得福利的强制义务，如工资、奖金等。

其二，安全保护权。安全保护权是证人保护最基本也是最关键的权利。证人保护制度存在的原因是证人可能因为作证而遭遇现实的或者潜在的危险，需要排除妨碍以保证证人的生命、健康以及财产安全。从诉讼关系来说，加强证人保护有利于消除证人的顾虑，保障被告人的对质权。同时，证人的作证义务是一种国家规定的期待权，国家要求作证，就负有保护证人的义务。《刑事诉讼法》规定了证人安全保护的主体范围——危害国家安全犯罪、恐怖活动犯罪、黑社会性质的组织犯罪、毒品犯罪等案件中的证人、鉴定人、被害人。人民法院、人民检察院和公安机关应当采取措施对这三类主体对象的安全予以保护。保护措施包括不公开真实姓名、个人信息等。此外，人民法院、人民检察院和公安机关在具体司法实践操作中，可以采取的证人保护措施并不局限于《刑事诉讼法》所列举的方式。只要在证人、鉴定人、被害人及其近亲属认为其处于因作证而面临危险的状态时，就可以向人民法院、人民检察院和公安机关请求安全保护。《刑法》所规定的妨害作证罪，从实体法角度为证人提供了强制力保护。一旦打击报复证人或者干扰证人作证行为发生的时候，司法机关就可以依法采取相应措施保障证人的合法权益不受不法侵害。证人、鉴定人、被害人及其近亲属还可以在自认为权益受到不法侵害的时候主动向人民法院、人民检察院和公安机关寻求保护，使证人安全保护程序更加多元和全面。

其三，拒证权。证人的拒证权是指特定公民所享有的在法定情况下免除作证义务的权利。为了平衡作证义务和作证权利的关系，同时基于某些特定证人困境的现实考虑，有必要赋予某些特殊关系的主体作证豁免权。《刑事诉讼法》就规定被告人的父母及子女享有拒绝出庭作证的权利。

三、证人权利保护权利之问题检视

我国刑事证人保护立法已初具规格，形成了大体的框架，但是仍然存在一些不足。

其一，受保护的对象以及客体范围过窄。《刑事诉讼法》将证人保护的范围限定为证人及其近亲属。显然，这一范围过窄，不利于证人保护的真正实现。实践中，通过威胁与证人有亲密关系的人来妨碍作证的情形屡见不鲜。

其二，法律对保护主体的职责分工规定不清。《刑事诉讼法》虽然规定人民法院、人民检察院和公安机关都具有保障证人及其近亲属的职责，但是却没有规定具体的责任分工。实践中，人民法院、人民检察院和公安机关在履行保护职责时配合不佳甚至推诿职责的情形屡见不鲜，保护证人的规定也就无法得到真正落实，这严重影响了证人作证的积极性。

其三，具体的保护程序和责制欠缺。证人人身安全保护的规定过于原则，缺乏可操作性。《刑事诉讼法》虽然规定了证人及其近亲属有权请求人民法院、人民检察院和公安机关保障其人身安全，然而欠缺具体的操作程序和规范措施，致使证人及其近亲属在作证后寻求人民法院、人民检察院和公安机关给予安全保护的规定形同虚设。由于没有具体的规范程序和措施，人民法院、人民检察院和公安机关还会因为欠缺规范程序的指引进而消极工作，甚至拒绝承担相应的工作职责。此外，对于证人保护工作失职的问责制迟迟没有建立，导致证人及其近亲属因人民法院、人民检察院和公安机关的证人保护工作失职而引发的损失无法进行追责，这将会大大降低证人出庭的积极性。

其四，完整意义上拒证权的缺位。实际上，《刑事诉讼法》的现行规定并不是完整意义上的亲属拒证权。拒证权的核心并不是出庭作证，而是特定关系的证人拥有拒绝任何形式作证的权利，完全免除特定关系人作证的义务。而我国的《刑事诉讼法》并没有免除近亲属作证的义务，仅仅是免于强制到庭作证的义务，并不拥有在任何形式、任何场合拒绝作证的权利，是不完整的亲属拒证权，近亲属证人仍然负有庭外作证义务。

四、证人权利保护之完善

我国证人权利保护制度需从以下几个方面予以完善。

其一，在人身权保障方面，我国可以借鉴《国际刑事法院罗马规约》中的相关规定，设立专门的证人保护机构。证人保护机构可内设于检察院中。证人保护工作十分复杂，专门的机构将有利于协调不同部门之间的证人保护工作。通过专门机构的设置既可以避免各部门之间各执一词、相互推诿的情形发生。此外，还应该建立多种责任形式的证人保护工作追责机制。当证人及其近亲属因为作证工作受到人身伤害或者财产损失时，如果证人保护机构及其工作人员存在失职情形，应当对证人及其近亲属的损失承担民事赔偿责任，并且启动行政应责程序，若涉嫌违法刑法的还必须承担刑事责任。

其二，制定统一的《证人保护法》。全面而完善的立法将是有效解决当前证人保护过于原则、缺乏可操作性的根本之策。因此，在对当前证人保护的相关立法进行修订、完善的基础上，制定统一的《证人保护法》，有助于全面维护证人的合法权利，提高证人作证的积极性。

其三，合理扩大证人保护对象的范围。我国当前证人保护的范围过窄，证人保护的范围不仅应包括证人及其近亲属，还应当包括与证人有密切关系的人。

其四，合理确立完整意义的拒证权。受到"大义灭亲"观念的影响，拒证权的立法在我国一直受到实务机关的强烈反对，《刑事诉讼法》的相关规定实际上是一种立法妥协，妥协的结果是"亲属出庭作证豁免权"，与拒证权意含义下的"亲属作证豁免权"大相径庭。真正意义上的拒绝作证权应当是被告人的父母及子女在任何场合、任何情形下均具有拒绝作证的权利，彻底免除这一特定关系人的作证义务，而不仅仅包括拒绝出庭作证的权利。

第六节 特殊人群之权利保护

特殊人群主要包括未成年人、老年人和精神病人等。这三类人基于自身认知能力、行动能力相对欠缺，无法有效通过自身能力保护自己的合法权利。为此，有必要对此三类人予以特殊立法保护。

一、未成年人之权利保护

我国现阶段已基本形成以宪法为核心，以《未成年人保护法》《预防未成年人犯罪法》两部专门法律为主体，以《刑法》《刑事诉讼法》《民法通则》《民事诉讼法》等其他法律法规为补充的未成年人法律体系。同时，我国非常重视借鉴其他国家在这方面的成功经验和做法，并且努力把我国的法律、政策与贯彻有关保护未成年人的国际公约紧密结合起来。最高人民法院在总结少年法庭实践经验的基础上，也先制定了审理未成年人刑事案件适用刑法和刑事诉讼法方面的司法解释，确立了相对统一的全国法院未成年人案件刑事司法尺度。

具言之，2012年《刑事诉讼法》以专章的形式规定了"未成年人刑事案件诉讼程序"，在一定程度上较为系统地回应了理论和实务中对未成年人利益保护的呼吁，为未成年人司法法典化找到了切入口。未成年人犯罪的刑事程序在立法体例上具有相对独立性，丰富和完善了未成年人刑事司法制度。其中，对办案人员专业化、强制辩护制度、社会调查制度、分案处理制度、合适成年人在场制度、附条件不起诉制度、犯罪记录封存制度等进行了明确规定。由此，我国未成年嫌疑人、被告人不但享有与成年人犯罪嫌疑人、被告人有相同的普遍性权利，另外还拥有一些特有的权利，具体包括：讯问时其法定代理人在场，适用强制措施受到严格限制，符合特定条件的不被起诉，不公开审理，获得法律援助，不被适用戒具等。

《未成年人保护法》主要是确立了在对违法犯罪的未成年人追究刑事责任时，应当遵循的方针和原则，同时明确了对违法犯罪的未成年人的处罚原则。《预防未成年人犯罪法》于2012年重新修订后，在"对未成年人重新犯罪的预防"一章进一步明确了对犯罪的未成年人追究刑事责任时，应实行教育、感化、挽救方针，坚持教育为主、惩罚为辅的原则。同时，对司法机关及人民法院处理未成年人犯罪案件时应当注意的问题进行了强调。

在我国加入的相关国际公约中，比较重要的是《联合国少年司法最低限度标准规则》和《联合国预防少年犯罪准则》（又称《利雅得准则》）两部。《联合国少年司法最低限度标准规则》于1984年在北京召开的"青少年犯罪与司法"专家会议上定稿，并在1985年联合国第40届大会成为联合国正式文件。它是第一部有关青少年犯罪的国际指导性文件，确立了青少年刑事司法国际准则的基本框架。《联合国少年司法最低限度标准规则》的主要内容包括：少年犯的定义及刑事责任年龄，少年司法的特点，对少年案件的审理和处置，倡导非监禁处理。《联合国预防少年犯罪准则》于

1988 年在利雅得召开的专家会议上定稿，其主要目的在于如何确保《联合国少年司法最低限度标准规则》的实施和预防青少年犯罪。在立法和少年司法工作部分，提出了以下重要建议：①颁布和实施特定法律，防止青少年遭受污点和烙印、伤害和刑事罪行处分；②设立独立监察机构以确保维护青少年权利和利益；③培训专门执法人员及其他有关人员。

二、老年人之权利保护

老年人权利保护的权利保护的法理基础在于，我国历史上存在"矜老恤老"的刑罚思想，这种思想传承不绝，对当今社会观念的影响作用仍比较大。在此种情形下，刑事法的制定和适用即需要继承传统法律文化，适应和谐社会发展需要，这就要求刑事法在实体上和程序上都对老年人有所照顾。

老年人权利保护主要有以下法律依据：其一是我国《宪法》规定，中华人民共和国公民在年老、疾病或者丧失劳动能力的情况下，有从国家和社会获得物质帮助的权利。这种物质上的帮助自然包括刑事诉讼过程中的帮助，即构成刑事法保护老年人权利的宪法依据。其二是《刑法》第十七条的规定，"已满七十五周岁的人故意犯罪的，可以从轻或者减轻处罚；过失犯罪的，应当从轻或者减轻处罚"。依此条规定，国家对老年人权益的保护自然需要延伸到刑事诉讼过程中。其三是《老年人权益保障法》第四条规定，"国家保护老年人依法享有的权益"。这个条文即从实体上保护老年人的权利。

《宪法》规定老年人"有从国家和社会获得物质帮助的权利"，因而，在刑事诉讼过程中，对老年人权利的保护也需从"物质帮助"的角度切入，具体可包括以下几方面的帮助：其一，刑事诉讼法应扩大法律援助对象范围，将老年人列为法律援助的主体，在老年被告人没有聘请律师时，由国家为其聘请律师；其二，在庭审过程中，除了特别严重的暴力犯罪之外，老年人可不戴戒具出庭受审；其三，庭审过程中法官应随时关注老年当事人的身体情况，必要时需休庭让老年人获得充足的休息，审判庭应设专门的休息室供老年人在庭审过程中休息。另外，在对老年被告人的量刑问题上，应适用从宽处罚原则。根据 2010 年《最高人民法院关于贯彻宽严相济刑事政策的若干意见》的规定，对于老年人犯罪，要充分考虑其犯罪的动机、目的、情节、后果以及悔罪表现等，并结合其人身危险性和再犯可能性，酌情予以从宽处罚。

三、精神病人之权利保护

精神病人权利保护的法理基础有以下两个方面。其一是维护人性尊严的需要。患了精神病或许意味着理性的部分或完全丧失，但绝不能代表精神病患者丧失了为人的权利与其应当享受的人性尊严。为此，精神病人作为生命个体，其人性尊严亦应当受到尊重。其二是维护人权的需要。人权中的"人"抽象的泛指整个"人类"，而不是指某个具体的个体或集体。它指代的是全体人类，而不仅仅是"具有理性的人"。精神病患者作为生命个体的事实是他们的人权得到尊重和保障的基础，也是他们权利合法性的来源。

精神病人的权利主要包括平等权和获得救济权等。平等权意味着司法机关在司法过程中负有保障精神病人免受歧视的义务，这种义务具有两个方面：一方面，是司法机关首先"不得有任何基于精神疾病的歧视"；另一方面，司法机关有采取积极行动防止和纠正歧视的义务。就获得救济权而言，由于疾病导致患者精神缺陷，他们在启动司法程序、参与案件审理和获得公平审判等方面都存在能力障碍。这种特殊的不利地位使他们比正常人更应获得有效的司法保护和诉讼救济，应赋予其获得诉讼帮助的权利。

就精神病人权利保障的完善路径而言，首先需要严格执行关于精神病人不承担刑事责任的规定。我国《刑法》和《刑事诉讼法》都规定了精神病人在精神病发作期间实施犯罪行为的，不承担刑事责任。司法实践中需严格执行这一规定，犯罪嫌疑人经鉴定为精神病人的，则对案件予以中止处理。在此基础上需完善精神病人法律援助制度。在司法实践中，精神病人成为行政诉讼、民事诉讼的原告或刑事诉讼的被害人的情形时有发生。此种情形下，我国即应当完善精神病人法律援助制度，规定精神病人参加诉讼的，可由其亲属为其申请法律援助。

第六章
司法参与和救助制度

在现代法治社会中，司法早已不再是机械适用法律的代名词，而是通过多方参与，以更能全面保障人权的方式维护法律的权威。我国的人民陪审员制度与司法调解制度都在司法参与及个案平衡上发挥着与时俱进的作用和价值。司法救助与司法援助则从公民享有平等的诉讼权利与诉讼机会上彰显了现代司法发展的规律，同时结合国内外发展经验，发展出了符合我国具体国情的全过程司法救助制度。

第一节　人民陪审制度

陪审制度作为存在已久的一项重要司法制度，发展至今已演变出多种模式，大致可以划分为三类，包括传统的英美陪审团制度、大陆法系中普遍存在的参审制度及我国独特的人民陪审员制度，它们都已成为现代司法审判中不可或缺的重要组成部分。

一、陪审制度之历史沿革

（一）陪审制度之历史发展与变迁

陪审制度是一种极其古老的审判制度，最早可以追溯至公元前 5～公元前 6 世纪的雅典，是政治家梭伦改革中的一项重要措施。①他试图对贵族会议的权力进行限制，设立了每个公民都有机会参与案件审理的陪审法院，并且将其确立为雅典的最高审判机构。凡遇重大案件，被选任的陪审员也一同参与调查，之后由陪审法院下设的委员会进行公平审判。②后来，因为英王在诺曼征服后，将该制度引入了英国。

一般认为，英国是现代陪审制度的孕育者，有学者称英国为"西方陪审制度的苗圃"③。英国陪审制自 12 世纪诞生之日起便处于不断的发展变化中，并于 14 世纪中期形成了相对成熟的具有现代审判性质的陪审团。随后的数百年里，英国的大小陪审团制度伴随着殖民扩张，开始在其殖民地国家和地区得到广泛的应用与发展，最终形成了现代的陪审团制度。

法国也曾被认为是陪审制度的故乡，甚至有人认为法国的陪审制度是西方陪审制度的试验田④，不过培育出的是一个陪审制度的变异形态——参审制。⑤受英国陪审制度的影响，法国一直沿袭着陪审制的模式，但经 1932 年和 1941 年的两次改革，对于传统陪审团的审判分工问题进行了改革，从而真正实现陪审制向参审制的转变，至此参审制也成为构成陪审制度发展历史的重要组成部分。

（二）我国人民陪审制度之历史发展

我国的陪审制度的历史较西方起步比较晚，直到清末立法《大清刑事民事诉讼法》中才第一次出现陪审制度的规定。⑥之后的北洋政府及国民政府统治时期，分别是中华民国临时政府制定的《中央裁判所官司职令草

---

① 王利明：《我国陪审制度研究》，《浙江社会科学》2000 年第 1 期，第 55 页。
② 李昌道、董茂云：《陪审制度比较研究》，《比较法研究》2003 年第 1 期，第 57 页。
③ 何家弘：《陪审制度纵横论》，《法学家》1999 年第 3 期，第 41 页。
④ 何家弘：《陪审制度纵横论》，《法学家》1999 年第 3 期，第 42—43 页。
⑤ 李昌道、董茂云：《陪审制度比较研究》，《比较法研究》2003 年第 1 期，第 64 页。
⑥ 谭世贵：《中国司法改革研究》，法律出版社 2000 年版，第 44 页。

案》和武汉国民政府制定的《参审陪审条例》中对于实行陪审制度、让陪审制度落实做出过努力，但结果都不尽如人意。[①]移植陪审制度失败的原因既存在文化的冲突，更是因为阶级的对立，非对症下药，难以解决我国的具体问题。

我国真正意义上的人民陪审制度实际上建立于中华苏维埃共和国时期。1932 年，我国借鉴苏联的审判立法，颁布了《中华苏维埃共和国裁判部暂行组织及裁判条例》，对人民陪审制度首次作了具体的规定。[②]之后于1940 年制定的《晋察冀边区陪审制暂行办法》更是形成了著名的"马锡武审判方式"，将人民陪审制度落到了实处。

中华人民共和国成立后人民陪审制度经过了确立、发展、废止、重振、完善的波折历程。1982 年宪法中删除了将人民陪审制度列为基本原则的规定后，学者一度认为这是要废除人民陪审制度的前兆。直到 2004 年全国人民代表大会常务委员会颁布《关于完善人民陪审员制度的决定》后，人民陪审制度才重新开始了其发展与完善之路。

二、人民陪审制度之主体与适用范围

陪审制度是一个十分宏大的概念，这其中既包含陪审团制度、参审制度，也涵盖我国的人民陪审员制度。除作为制度化构建中最为核心的制度本身外，制度实行的主体在实践中更为重要。这不但涵盖决定着制度的落实，更决定着制度程序设计的执行效果。

（一）人民陪审制度与其他陪审制度主体资格、选任程序与审判分工之比较

陪审制度可以大体划分为三大类，源于每种制度各自独具特色的设计，这其中就包含了陪审制度的主体，即陪审人员的主体资格与选任程序的差别。

其一，陪审团制度。最早的陪审团制度包含大陪审团与小陪审团两种，

① 张晋藩：《中国法制史》，群众出版社 1982 年版，第 341、418 页。
② 徐益初：《刑事诉讼法学研究概述》，天津教育出版社 1989 年版，第 36 页。

但大陪审团一般是由 23 名地位极高的社会名流所组成,其身份主要是地产者、治安法官、牧师等,人民属性不强,局限性较大,所以在 20 世纪以来的改革中,逐渐被废止,仅保留了由较少人数构成的小陪审团。他们应首先满足以下条件:①年满十八周岁,在本土居住,通晓英语及听力无缺陷;②没有前科,没有因环境或者经历造成的心理倾向;③不得与本案有利害关系。在此基础上,这些满足条件的人会被随机选取,之后还要接受辩方律师和检方的审查。当整个过程结束,最终确定下来若干名陪审员及若干名候补陪审员构成此次案件审理的陪审团。

对于陪审团制度中的陪审员来讲,他们需要参与整个庭审过程,在庭审结束后,讨论投票表决意见,但仅针对事实的认定作出判断。

其二,参审团制度。从法国 1941 年陪审制度改革到 1959 年修订的《法国刑事诉讼法典》的具体规定,陪审制度中正式存在了一个别样的模式,审判中出现了与法官拥有同样职权的参审员。参审员的遴选的条件,各个国家有各自明确的法律规定,以法国为例,凡能用法语读写,享有政治权利、民事权利和亲权的年满 23 周岁的法国公民都能够成为参审员,但如果具有可能影响案件公正审判的身份,或者存在犯罪记录以及其他不适宜从事参审员工作的原因,则将被排除在参审员之列。[①]满足上述条件的人会被列入参审员名单,依据《法国刑事诉讼法典》第二百六十六条的规定,在重罪法庭开庭至少 30 天之前,通过抽签选任参审员。

参审员与职业法官一起全程共同参与整个案件的审理,并且与职业法官享有同等职权,这既包括对于案件事实的认定,也包括对于法律的适用以及量的司法审判权力。

其三,人民陪审员制度。我国的人民陪审员制度较大陆法系的参审制度较为类似,但也不全然相同。对于人民陪审员的遴选机制上要求:①一般应当具有大学专科以上文化程度;②经过单位"推荐"、本人"申请"、上级"审查"、院长"提出"以及人大"任命"五个步骤,缺一不可;③人民代表大会常务委员会的组成人员,人民法院、人民检察院、公安机关、国家安全机关、司法行政机关的工作人员和执业律师等,不得担任人民陪审员。与参审制度的参审员相比较,人民陪审员的范围较为狭窄,遴选的

---

① 〔法〕布洛克:《法国刑事诉讼法典》(第 1 版),罗结珍译,中国法制出版社 2006 年版,第 216—218 页。

机制也更为复杂。

人民陪审员的审判工作分工与参审制基本一致，人民陪审员与职业法官享有同等职权。

（二）人民陪审制度与其他陪审制度适用范围之比较

世界各国对于陪审制度适用范围的规定不尽相同，这主要是一个有限司法资源与司法民主价值冲突的难题。

1. 英国

英国陪审团现仅在刑事法院适用，2003 年英国的《刑事审判法》对陪审团的适用范围进行了一定程度的限制。但其陪审团所能适用的案件范围依旧很大，但近些年这个比例在司法实践中不断地缩小。

2. 美国

《美国联邦宪法》第三条第二款规定，"对一切罪行的审判，除了弹劾案之外，均应由陪审团作出"。宪法第六修正案则规定，"在一切刑事诉讼中，被告人应享受下列权利，由发生罪案的州及区的公正的陪审团予以迅速及公开之审判……"。从法律的规定上看，几乎所有的刑事案件都适用陪审制度，但在美国接近九成的刑事案件都是通过辩诉交易得以解决[1]，因此陪审团所实际适用的刑事案件并不多。

3. 法国

在法国，对于陪审制度适用范围规定的很简单，只有重罪（即量刑在十年以上的刑事犯罪）才适用参审制审判。因此，法国的重罪法院也被称为"参审法院"。

4. 中国

我国的人民陪审员制度的适用是有一定的案件范围规定的。2015 年出台的《人民陪审员制度改革试点工作实施办法》中指出，人民法院受理的第一审案件，除法律规定由法官独任审理或者由法官组成合议庭审理的以

---

[1] 〔美〕爱伦·豪切斯泰勒·斯黛丽、南希·弗兰克：《美国刑事法院诉讼程序》，陈卫东、徐美君译，何家宏校，中国人民大学出版社 2002 年版，第 413—414 页。

外,均可以适用人民陪审制审理。《人民陪审员制度改革试点工作实施办法》第十二条还规定,涉及群体利益、社会公共利益、人民群众广泛关注或者其他社会影响较大的刑事、行政、民事案件;可能判处十年以上有期徒刑、无期徒刑的刑事案件;涉及征地拆迁、环境保护、食品药品安全的重大案件原则上应当由人民陪审员和法官共同组成合议庭审理。2016 年,50 家试点法院由人民陪审员参与审结各类案件共 81 772 件,其中民事案件 64 917 件,刑事案件 11 642 件,行政案件 5213 件;由人民陪审员参与组成大合议庭审结涉及群体利益、社会公共利益等社会影响较大的案件 1624 件。[①]

纵观世界各国对于陪审制度案件适用范围的规定,司法民主的价值得到了充分的体现,但在实践中因受各国司法制度与司法资源限制,陪审制度的适用并不那么广泛,这也说明了司法发展的正常规律。

三、人民陪审制度之功能与价值

"司法民主是人类司法程序源远流长的梦想之一,人民总是最终的陪审者即审判者的审判者,这是司法民主的一般历史规则。"[②]但人民也不应仅仅停留在历史的审判者这一角色中止步不前,在现代法治社会的发展中,应当积极参与其中,成为人民自己的审判者,在司法中体现"同类人审判"的精神。

(一)人民陪审员制度之审判功能与价值

人民陪审员制度是我国的一项司法制度,但其首先是一种审判制度。对二者不加区分会模糊了司法与审判两个层面,在审判这一层面中,陪审制度所体现的是具有审判特色的功能与价值。

1. 增强审判公信力

人民陪审员制度之于审判而言,最直接的功能与价值莫过于提高审判的公信力。审判公信力源于其正当性,而正当性源于审判的过程和结果在

---

① 《2016 年人民陪审员制度改革试点工作综述》,中国法院网:http://www.chinacourt.org/article/detail/2017/02/id/2540135.shtml,2017 年 6 月 3 日。

② 颜运秋、宁松:《论陪审制度的价值功能及其实现》,《当代法学》2000 年第 6 期,第 14 页。

整体上为当事者及社会上一般人所接受、认同和信任的性质。[①]这种认同既包含实体上的也包含程序上的，人民陪审员制度通过参与个案，有效地缓解了广大社会公众由于不了解、不参与审判，而对审判抱有的一种偏见。人民陪审员作为人民的代表也始终体现着司法公开这一司法理念，这对于提高审判公信力无疑提供了强大的支持。

2. 优化审判资源配置

陪审制度从其诞生之日起始终体现着一种多元人力资源配置的功能。人民陪审员制度不仅可以很好地实现法官与一般公民间的知识互补，而且避免了过度精英化、法律专业化审判所带来的知识屏障，尤其是对于非法律类且专业性较强的案件审理过程中，通过人民陪审员制度可以补充专职审判人员的知识不足。同时，在一些案多人少的地方，人民陪审员可以弥补职业法官数量上的不足，从而更高效地完成案件的审判，确保正义不会迟到。

（二）人民陪审员制度之司法功能与价值

不同于上述审判视角下，司法视野中的人民陪审员制度更多的是体现一种司法的内在价值，以及逻辑体系衔接上的功能。

1. 司法民主

卢梭说过："民主是按照人民的意志进行政治统治。"[②]陪审制度作为司法制度与政治制度的构成，是体现司法民主功能的重要表现形式。陪审制度的存在,提供了社会公众可以直接参与到审判的司法过程之中的机会，实现了社会公众在司法领域中的当家做主的愿望。我国人民陪审员制度正是顺应这一司法规律，且符合我国具体国情而诞生的本土陪审制度，在实践中很好地落实了司法民主这一理念。

2. 司法公正

公正，包含有公平、正义以及正直、无私等含义。罗尔斯在《正义论》中指出："正义是社会制度的首要价值，正如真理是思想体系的首要价值一

---

① 王亚新：《论民事、经济审判方式的改革》，《中国社会科学》1994 年第 1 期，第 6 页。
② 〔法〕卢梭：《社会契约论》，何兆武译，商务印书馆 1982 年版，第 35 页。

样。"①公正在司法上体现为实体与程序上的双重公正，而程序公正被视作看得见的正义，更具价值，这就要求我们应以看得见的方式实现司法公正，将程序公正贯穿于司法的整个过程之中。陪审员存在的案件审判不但体现着这种司法公正，同时也为保障这种司法公正能够有效贯彻提供了看得见的保证。人民陪审员制度中的陪审员自始至终与法官共同断案，以司法实践告诉每一个人，司法公正由此得以保证。

（三）人民陪审员制度之政治功能与价值

如果从政治视角来看人民陪审员制度的话，其对于人民主权的维护与体现当之无愧。

人民主权，即指人民为主权者，一切权力归人民所有。法国先哲托克维尔曾言："陪审制度应当被看成是人民主权的一种形式。当人民的主权被推翻时，就要把陪审制度丢到九霄云外；而当人民主权存在时，就得使陪审制度与建立这个主权的各项法律协调一致。"②　"实践证明，人民只有在具体的自主、自治实践中才能真正感受到当家做主的权利，树立自主信心，提高自主意识"。③梭伦创设陪审法庭的时候，其基本的出发点也是让社会普通公众可以直接参与政治生活里来，包括具体案件的审判工作。

从陪审制度的起源和陪审制度的发展历程来看，陪审制度无时无刻不是与政治民主和人民主权密切相关的，甚至一直都是人民提供一种追求自由与民主理想的有力武器，陪审制度在推翻封建、推翻独裁中都扮演着重要的角色。我国人民陪审员制度正是随着整个国家治理理念与政治发展在曲折中不断前进的。我们社会主义国家的人民主权思想在人民审员制度上的表现也充分印证了对人民权利的保障，对人权的尊重。

虽然人民陪审员制度在实践层面还存在一些不足仍需进行必要的完善和优化，但其所具备的审判、司法以及政治功能都始终决定着此制度的旺盛生命力及其永恒不变的价值追求。

---

① 〔美〕罗尔斯：《正义论》，何怀宏、何包钢、廖申白译，中国社会科学出版社 1998 年版，第 1 页。

② 〔法〕托克维尔：《论美国的民主》，董果民译，商务印书馆 1988 年版，第 315 页。

③ 刘翰：《人民当家做主的法律保障》，法律出版社 1998 年版，第 498 页。

第二节 司法调解制度

一般而言，司法习惯作出一种"非黑即白"的判断，在刑事司法领域，判决无非是罪与非罪；而民商事司法领域，判决不是承担责任就是驳回诉讼请求，只有在很少的情况下，才能够产生一个平衡结果或者成为灰色结果的判决。在英美法系的英国与美国，人们一直都在抱怨诉讼成本的高昂和程序的复杂，而大陆法系的法国也同样不可避免地出现这样的问题，司法因为太缓慢、太高昂、太复杂、太遥远，且经常不确定，曾遭遇到严重的信任危机。司法调解制度正是为了解决此类危机而产生的。

一、调解之历史概述

司法调解虽然是近现代才出现的一种制度，但调解却是比国家司法还要古老的事物。在我国，调解不仅具有悠久的历史，而且在纠纷解决中始终占有显著的地位。在封建社会时期，受到儒家思想的影响，中国古代法律的最终目的在于消除法律，追求"大同世界"的实现。在"大同世界"里，所有的事物和谐相处。和谐是原则[①]，对抗和谐的纠纷被禁止。实践中，纠纷的产生是不可避免的。对于这些纠纷，封建王朝的统治者用尽一切方法来予以消除。这一理念决定了古代法律"无讼"价值观。孔子言："听讼，吾犹人也，必也使无讼乎。"[②]

对于中国封建王朝的"法官"而言，调解因契合其知识结构成为一种最好的纠纷解决手段。中国的封建社会时期不存在严格意义上的法律职业群体。帝国的机构是由一群分享同样的道德价值理念的官员组成。他们没有接受任何的职业培训，对于国家管理的知识来源于对儒家思想的研究。在儒家思想中，并非"法"，而是"礼"占据核心，"礼"是我国古代法律

---

① "对儒家来讲，和谐乃是实在界的基本状态和构成；而冲突则不隶属于实在界，它不过是一种不自然的失序与失衡，是没有永久意义的。在儒家的眼光里，这个世界是一个变化和发展的过程。不错，世界确有相异、相对、不合、敌视等现象，但儒家坚持：整个宇宙、人类社会、个人生活的大方向是趋于和谐与统一的。"（〔美〕成中英：《论中西哲学精神》，上海东方出版社1991年版，第175—177页。）

② 参见《论语·颜渊》。

的主要渊源。①中国古代法官一直致力于做出契合于"情""理""法"的公正判决，当这三者发生冲突时，首先依据情，其次是理，最后才是法。②这直接或间接地影响着我国古代法官，他们会尽可能地采用调解解决纠纷，而非依据法律。

梳理国外法官"衡平"权力的发展与扩张历史可以清晰地把握现代司法的发展方向，立法与司法者都越来越重视司法审判中比例性、利益均衡、效应等方面的因素，法官需要重新审视其实现正义的使命和方式，如何改变"非黑即白"的二元化判决理念，实现司法的纠偏和补充功能，成为一种司法的历史转向。

二、司法调解之主体

在我国，司法调解的主体始终以法官为主，尤其是传统的司法调解，随着司法调解实践的不断加深，为了确保审判和调解阶段的有效分离，确保法官在审判过程中的公正性，调解主体开始逐步朝着多元化方向迈进，诸如我国的人民调解员、国外的治安法官等。

（一）我国司法调解之主体

调解在我国古代有着相当辉煌的历史，而回顾中华人民共和国成立前后的司法实践历史也能够看出，受传统文化的影响，我国的法官仍然是调解为最主要的主体，在解决纠纷的方式上，也以此为最主要的手段。

从 1927 年开始，我党就在边区率先构建起了自己的司法组织，虽然受条件所限，但也形成了一套以"调解为主、审判为辅"的"马锡武"审判方式。③法官扮演多重角色，既是调查者、审判者，也是调解员、执行员。通过"非形式主义的常识化运作""与其他社会规范相配合的个别主义的解

---

① 梁治平：《寻求自然秩序中的和谐》，中国政法大学出版社 2002 年版，第 3 页。

② 〔日〕滋贺秀三：《清代诉讼制度之民事法源的概括性考察》，见王亚新、梁治平编《明清时代的民事审判与民间契约》，法律出版社 1998 年版，第 24 页。

③《关于改善司法工作》是林伯渠主席在边区政府委员会第四次会议上关于边区政府一年工作总结报告的一部分。载陕甘宁边区政府办公室：《调解为主、审判为辅》，1944 年 8 月。

纷方式"相结合，组成了革命根据地的民事诉讼模式的基本特征。[①]

抗日战争到解放战争期间，我国民事诉讼中的调解率极高，调解政策得到广泛推广，最高人民法院在给下级法院的指示中指出："调解为主，审判为辅""调解是诉讼的必经程序""调解数字作为干部政绩标准"。官方鼓励法官在实践中强制调解的现象频繁出现。[②]

民商事案件的调撤率从 2007 年的 56.20%开始呈稳步上升趋势，期间虽有回落，但调撤率始终在 50%以上（图 6-1）。以 2014 年为例，全国法院审结的一审民商事案件中，以调解和撤诉方式结案的案件有 4 568 699件，占一审案件的 57.04%。[③]重调解而轻判决的倾向和职权主义的程序模式中法官权力的极大扩张造成了我国民事程序中法官的调解和审判职能的混合，形成了一种独特的程序模式：调解型审判方式。[④]调解俨然成为法官审判权的一种体现。

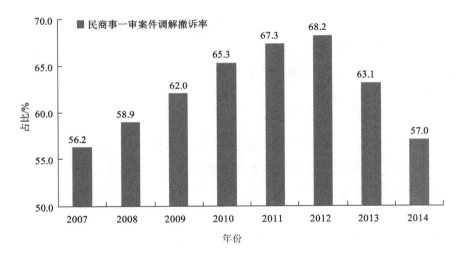

图 6-1　2007～2014 年民商事一审案件调解撤诉情况

---

① 范愉：《简论马锡武审判方式——一种民事诉讼模式的形成及其历史命运》，见《清华法律评论》（第二辑），清华大学出版社 1999 年版，第 221 页。

② 强世功：《调解、法治与现代化：中国调解制度研究》，中国法制出版社 2001 年版，第 235 页。

③ 马剑：《实现审判服务经济社会发展的新常态——2014 年全国法院审理民商事案件情况分析》，《人民法院报》2015 年 5 月 14 日，第 5 版。

④ 江伟主编：《中国民事诉讼法专论》，中国政法大学出版社 1998 年版，第 399—400 页；王亚新：《社会变革中的民事诉讼》，中国法制出版社 2001 年版，第 10—11 页。

（二）调审主体分离之改革与传统人民调解制度

近年来，关于"调审合一"的批判引发了调解和审判程序分离的讨论，这其中的焦点就是调审主体的分离，多数观点认为，调解程序应由法官委托的诉讼外第三人主持，这完全可以借助已经成型的人民调解网络建立委托调解制度，保障程序正义与职能的合理划分。

人民调解制度是我国司法调解的重要补充。人民调解制度起源于土地革命时期的红色政权。[①]其调解的内容以不涉及犯罪的民间纠纷为限。[②]三项调解原则分别为：自愿、合法、调解程序不是诉讼的必经程序。

虽然从 1992 年开始，人民调解逐渐走向衰落，受理的案件数量每年都大幅下降，但 1999 年初，司法部党组在第四次全国人民调解工作会议上，将"调防结合，以防为主"的人民调解工作方针改为"调防结合，以防为主，多种手段，协同作战"之后，逐步建立起了适合化解新形势下人民内部矛盾的"大调解"工作机制，使得人民调解重新找准了定位，进入一个新的发展时期，为法院的案件分流、社会问题化解做出了贡献。规范之后的人民调解制度已经具备了构建法院外委托调解制度的基础。根据司法部基层工作指导司人民调解处的数据统计，截至 2015 年底，全国共有人民调解组织 798 417 个，人民调解员 3 911 220 名，全年共调处各类矛盾纠纷 9 331 047 件，调解成功率为 98.2%。其中，在法院、检察院、公安机关、信访等部门共设立人民调解组织 23 506 个。[③]由此可见，人民调解机制在预防化解社会纠纷、维护社会和谐稳定方面承担了重要角色，是司法调解的有效补充。

三、司法调解之原则与内容

司法调解除具备司法属性外，还体现着部分鲜明的合同属性，因此为克服司法调解中的非正义因素，必须从司法调解的双重属性出发，其最为首要的原则之一就是合意原则，而传统的自愿原则在实践中是不能孤立存

---

① 王公义：《中国的人民调解制度》，见〔澳〕唐容曼、王公义：《中国·澳大利亚"纠纷解决替代机制与现代法治"研讨会论文集》，法律出版社 2003 年版，第 4 页。

② 韩延龙：《人民调解制度的形成和发展》，《中国法学》1987 年第 3 期，第 39 页。

③ 司法部基层工作指导司人民调解处：《2015 年度全国人民调解工作数据统计》，《人民调解》2016 年第 4 期，第 8 页。

在的，为实现调解的公正，必须通过以遵循保密、对等以及诚实信用原则来实现。①

（一）合意原则

所谓合意原则，即大于等于两个意愿的交合所共同产生的法律效果。合意通常意味着积极的"双重自由"：双方当事人在调解中对于意愿的表达与内容的接受上有个人的选择自由。我国法律对于司法调解有三项基本原则即自愿、合法和真实原则，然而在调解实践中，当事人往往很难基于自愿原则自由表达。法官通常会根据自己的意志，利用真实与合法原则控制调解的程序和结果。虽然法官在调解中积极收集证据、查明事实、辨别是非曲直、引导当事人思想是无可厚非的，但过分强调法官在调解中的积极作用，而造成的问题就是当事人间合意的缺失、自愿而不自由现象的出现。为避免以上情况的发生，从保障合意原则的角度应在程序上和实体上分别予以体现。

1）司法调解的程序合意原则。第一，选择司法调解的合意。纠纷发生之后，双方当事人应当有自由的决定权来选择是通过诉讼还是通过司法调解来解决矛盾，除双方当事人均选择司法调解的情况下，调解主体不得强制调解。第二，选择调解人员的合意。②当双方当事人同意通过司法调解来解决问题后，对于调解人员或者说由谁来主持这场调解，他们是拥有决定权的，且需要一致的意愿表达来确定。这就如同仲裁一样，体现的是一种基于信任而产生的说服权力。第三，选择调解时间的合意。在判决作出前，法官对于当事人提请调解的合意不得拒绝。第四，关于调解程序事项的合意。虽然调解人员可以主动决定调解地点、时间、方式等事项，但都必须听取双方当事人的意见。第五，关于调解期限的合意。我国在《关于人民法院民事调解工作若干问题的规定》第六条中作出了经当事人同意，可以延期调解的规定。

---

① 周建华：《司法调解：合同还是判决？——从中法两国的比较视野出发》，中国法制出版社 2012 年版，第 207 页。

② 刘学在：《台湾民事诉讼中合意选择法官制度透视》，《国家检察官学院学报》2004 年第 4 期，第 90—92 页。

2）司法调解的实体合意。不同于司法审判，司法调解具有更为灵活且多样的手段来解决纠纷。司法调解允许双方当事人合意后随时减少或者增加自己的请求，不受一般诉讼程序中对于当事人的限制。只要在合法、真实的前提下，双方当事人合意接收的，允许调解人员创造个别的正义。

（二）保密原则

司法调解的保密原则旨在消除当事人在对话交流中的疑虑和保障对话的自由性。这是调解成功的必要条件。为了寻求一个公平的现代调解，保密必须成为调解的一项基本原则。它的适用可以借鉴仲裁和国际调解中的经验。

我国现在对于诉讼程序中的公开原则越来越重视，相应的也延伸到了司法调解中。然而，有公开原则与之对应的就要有保密原则，长期以来坚持公开性的司法调解就必须要遵循保密原则，简言之，不该公开的不得公开。

一般而言，与调解有关的信息都可以归属于保密范畴，未经允许是不得随意披露的。保密原则是对所有参与者都适用的，包括法官、调解员、当事人和他们的代理人、鉴定人员、其他参与调解的人员。调解员在调解程序开始前有义务告知所有人必须遵守保密义务。

保密义务的有效遵守和贯彻对于改革或者找寻新路径替代现有"调审合一"模式有极大的推动作用，这要求法官不得将其在调解过程中知悉的信息作为审判的依据，从而实现程序和实体上的审判正义。

（三）对等原则

对等原则应当这样理解，它是当事人与调解员就调解结果、调解信息知悉和平等讨论的权利，当人事与调解员在知悉权和信息上构成对等的状态。我国主要体现在司法调解中对于当事人辩论权的保护。[①]

在司法调解的实践中，我们常见的无非就是两种形式：一种是"面对面"的方式，即整个调解过程中由双方当事人共同到场参与，调解人员的所有调解工作均当着双方的面进行；另一种是"背靠背"的方式，即调解

---

① 刘家兴：《民事诉讼法学教程》，北京大学出版社1994年版，第65页。

人员穿梭于双方当事人之间，分别作双方当事人的工作，直至双方对调解协议的内容达成一致。

"面对面"的方式可以有效维护双方当事人的权利和保障整个调解过程的透明度，在此基础上，双方自愿平等的协商能够确保双方是真实意思的表示，虽不容易达成一致，但可以避免违反对等原则。"背靠背"的单独会谈方式有作为"面对面"方式的补充，在司法调解中有广泛的应用，特别是针对当事人间存在抵触情绪或可能进一步冲突升级的情况下，调解员通过各个劝解，逐渐缩小差距的方式，待双方情绪稳定后，再采取"面对面"方式，从而有效解决矛盾，化解冲突。[①]

"背靠背"方式很多时候被人诟病，认为是一种违背对等原则的调解模式，不可否认，为了调解率或者绩效的调解员确实可能有违当事人知情权、违反对等原则的情况出现，但这并不能完全否定掉"背靠背"的调解模式，一切原则都需要人来遵守和维护，调解员若能在遵守对等原则的基础上，化解当事人情绪，使之坦白心声，就应该坚持多样的调解模式，不可因噎废食。[②]

（四）诚实信用原则

诚实信用最早出自罗马法，至今已扩展到几乎所有法律中，作为合同领域与诉讼领域的一项共有原则，诚实信用原则在司法调解中必须得到每一方的遵守和维护。虽然意愿自由作为现代司法调解的灵魂，但当事人在调解中的实力存在不平衡的情形，实力强者很可能会利用优势使另一方当事人丧失获得公平的机会。因此，强调司法调解中的诚实信用将能够有效避免此类不公平现象的发生。

然而这种诚实信用也并非绝对的，而是特别的、微妙的，既要保证调解程序的灵活性，又要使当事人能够出于意思自治达成合意。诚实信用原则同样适用于调解，调解员是观察者，同时也是推动者。调解的程序与节奏都由调解员把握，他们在潜移默化中可以起到左右调解方向的作用，虽然无强制力，但却是充满力量的。因此，调解员除恪守中立、自主的定位

---

① 何鸣：《民事诉讼调解技巧与实例评析》，人民法院出版社 2005 年版，第 5 页。
② 闫庆霞：《法院调解论》，中国政法大学博士论文 2004 年版，第 83 页。

外，还应当遵循保密、对等与诚实信用原则，确保调解的公平、公正。

第三节　司法救助制度

基于《民事诉讼法》的规定，当事人进行民事诉讼，应当按照规定交纳案件受理费以及按规定交纳的其他诉讼费用，但部分当事人可能由于多方面的原因而无力承担诉讼的相关费用，现行法律所规定的诉讼有偿性导致其不能通过法院利用诉讼程序来解决纠纷。故此，应从相对正义的角度出发，为实现法对于经济弱者平等的权益保障之价值，司法救助制度便应运而生。

一、司法救助之历史沿革

诉讼有偿是现代世界各国通行的做法，然而我国真正确立起有偿观念与制度是经历了较长一段历史发展过程的，中华人民共和国成立以后一直到 20 世纪 80 年代初，我国的诉讼基本上是无偿的。[①]随着改革开放带来的社会巨变以及《民事诉讼法》的修改，有偿诉讼的制度逐步在我国确立起来，为司法救助的产生与发展奠定了现实可能。

1989 年《人民法院诉讼收费办法》首次对诉讼费用的缓、减、免作了规定，"当事人交纳诉讼费用确有困难的，可向人民法院申请缓交、减交、免交。是否缓、减、免由人民法院审查决定"。之后于 1991 年颁布的《民事诉讼法》仅是继承了《人民法院诉讼收费办法》中的规定，没有对司法救助作进一步细化。有人认为，诉讼费用还没成为当事人获得司法正义的障碍，是否存在司法救助还没成为"问题"，因此立法机关并未就此作出更为细化的规定。[②]

1999 年 6 月 19 日最高人民法院通过的《〈人民法院诉讼收费办法〉补充规定》第四条第二款细化完善了之前的有关规定，并第一次在我国法律规范文件中提出"司法救助"概念，这也与我国 1998 年 10 月 5 日签署的

---

① 左卫民：《诉讼权研究》，法律出版社 2003 年版，第 131 页。
② 蒋惠岭：《论司法救助与法律职业化问题》，《人民司法》2001 年第 5 期，第 20 页。

《公民权利与政治权利公约》有莫大的关系。[①]我国政府基于此公约，为了保证当事人平等获得有效司法救济的权利也就成了一种政府责任，随后便在立法中作了相应的安排。

随着社会与司法理念的同步发展，原来的司法救助规定已落后于时代的需要。故此，最高人民法院于2000年出台了关于司法救助的单行司法解释，从司法救助制度的设立、条件、审查、标准等多方面作出了系统规定，实践效果很好。五年后，又进一步作了完善，扩大了司法救助的范围、简化了审批程序。

仅仅过了一年，国务院于2006年颁布的《诉讼费用交纳办法》，以行政法规的形式巩固了司法救助制度的地位与作用。该制度实施以来，一直体现着司法对于公民宪法权利的保障与关怀，也为将来进一步立法奠定了坚实的基础。

二、司法救助制度之主体与对象

（一）司法救助制度之主体

在现代法治国家，当事人依法获得司法保护乃是一项宪法性权利，而保证经济确有困难者也可以享有平等的司法保护从根本上是一种国家责任，法院作为国家司法权的象征，是司法救助实践中的主体。从最初有关司法救助制度的《人民法院诉讼收费办法》开始，一直到最高人民法院于2000年出台并不断完善的司法救助的单行司法解释——《关于对经济确有困难的当事人予以司法救助的规定》中都是将司法救助制度的主体规定为人民法院。即使是之后于2006年颁布并于2007年正式施行的《诉讼费用交纳办法》，虽由行政立法，但其也明确了司法救助制度中法院的唯一主体地位。

但是我们也需要正视一个现实，法院的诉讼费用一直以来都是其工作正常运转所必不可少的收入来源。在1983年之前，法院经费还不能以单独科目列入国家预算，长期以来都只是政府行政支出科目的一部分，直到

[①] 虽然1980年10月25日由第十四届海牙国际私法会议所制定的《国际司法救助公约》便是司法救助国际协作的成功典范。但是，我国迄今仍未加入该公约。

1985 年，法院经费单列才成为全国统一实施的既定措施。①国家对于法院的经费投入一直是十分有限的，虽然司法经费制度在不断的改革，但讼费收入对于法院来说，仍是"多多益善"。司法救助的成本需由法院承担，这就使得司法救助与法院"自身的利益"之间是存在直接冲突的，两者此消彼长。既然法院需要为司法救助制度的主体承担额外的责任，为了这一制度的有效运作就需要额外给予法院相应的权力与保障。《关于建立完善国家司法救助制度的意见（试行）》明确规定国家司法救助应坚持政府主导、社会广泛参与的资金筹措方式。各地国家司法救助资金由地方各级政府财政部门列入预算，统筹安排，并建立动态调整机制。根据中央政法委员会统计，2014 年和 2015 年中央财政每年下拨 7 亿元，地方各级财政分别安排救助资金 17.7 亿元、22.4 亿元用于国家司法救助资金。其中，仅 2014 年就救助了 80 042 名当事人。②

世界上很多国家都有司法救助制度，但只有极少数国家要求法院承担救助的成本，而是由国家予以出资。基于公共产品理论，由国家向法院提供必要的财政补贴显然是必要的，也充分体现了该制度所蕴含的国家对于公民宪法权利的保护。

（二）司法救助制度之对象

所谓司法救助制度的对象，乃是该制度所能触及与保护的范围，体现的是该制度的价值，因此科学合理的界定司法救助制度的对象，是正确适用司法救助制度的前提与基础。

根据《关于建立完善国家司法救助制度的意见（试行）》，司法救助制度的对象仅限于自然人，对于法人、其他组织提出救助申请的，一般不予以救助，即法人和其他组织被排除出司法救助的对象类型之外。显然，与自然人相比，企业当事人一般不存在讼费上的困难。

但在我国社会主义市场经济繁荣发展的今天，一些企业巨额的诉讼标的往往也会产生难以想象的诉讼费用，他们同样会感到难以承受。③我国

---

① 《中华人民共和国法律规范性解释集成》，吉林人民出版社 1990 年版，第 1510—1511 页。

② 李阳：《2015 年国家安排近 30 亿元用于司法救助》，《人民法院报》2015 年 12 月 8 日，第 1 版。

③ 方流芳：《民事诉讼收费考》，《中国社会科学》1999 年第 3 期，第 151 页。

的司法救助制度对于对象的限制有必要随着整个社会经济的发展逐步扩大。从域外立法的情况来看，在诉讼救助制度适用对象的类型上，均没有将企业当事人排除的规定。在日本，作为民事诉讼当事人的法人、企业等团体组织如果有发不起工资等情况，也能被作为诉讼救助的对象。[①]

三、司法救助制度之价值与功能

对于现代法治国家，诉讼费用的具体构成及指向也许并不相同，但诉讼费用的过度高昂所引起的司法资源稀缺"危机"却几乎已成为每个国家所共同面对的困境。

（一）司法救助制度之价值

我国本着"人民司法为人民"的理念，从法治国家建设与社会主义事业全局的角度出发所构建的司法救助制度充分体现了建设法治国家，构建和谐社会以及诉讼平等落实等诸多价值。

1. 建设法治国家

法治是一种信念，是一种宏大的价值，但离不开不弃微末的具体制度与程序建设，离开具体法治，那么高扬的法治不过是引起空气震动的口号而已。[②]法治国家普遍不缺乏对于权利的宣言，而那些真正能够成为法治榜样的国家靠的是对于权利保障的重视，无救济即无权利正是此意。没有诉权的存在，宪法和法律所规定的其他权利就不可能成为一种现实的权利。[③]司法救助制度虽然在司法救济的大制度中仅仅是一个小制度，但却是不可或缺的，否则对于因经济困难而无力诉讼的当事人面对再宽的可诉范围、再松的起诉条件，也都无法保障其诉讼权利，法治国家的实现更是遥遥无期。

2. 构建和谐社会

构建和谐社会需要综合机制来实现，激励动力机制主要通过市场经济的作用来实现，利益表达机制主要通过政治民主来实现，整合平衡机制主

① 常怡：《比较民事诉讼法》，中国政法大学出版社 2000 年版，第 499 页。
② 贺卫方：《走向具体法治》，《现代法学》2002 年第 1 期，第 4 页。
③ 莫纪宏、张毓华：《诉权是现代法治社会第一制度性权利》，《法学杂志》2002 年第 4 期，第 3 页。

要通过政府管理来实现，而利益救济机制则主要通过司法保障来实现。[①]我国现在正在经历深度转型期，前期造成的贫富差距过大使得社会矛盾凸显，各种不均衡的力量严重地影响着社会的稳定与和谐，这其中最需要关注的就是弱势群体。他们极易受到侵害，很多时候又无法获得有效救济，司法很多时候成了他们最后也是唯一的救济手段。司法救助制度对于他们正当权利的维护，对于社会的稳定与和谐无疑都起到巨大的作用。

3. 保障诉讼平等

《中华人民共和国民事诉讼法》第八条规定，民事诉讼当事人有平等的诉讼权利。通常情况下，人们对于诉讼平等理解多集中在诉讼过程当中，关注的是法律适用的平等，但是却很少关注获得诉讼的机会平等。试想如果连诉讼都无法接近，诉讼程序无法开始，何来诉讼过程当中的平等？其实一些学者早就提出了这样的观点，公民经济收入的高低，直接关系到其寻求权利救济能力的大小。[②]我国在不断完善司法救助制度，即是让那些打不起官司却需要获得司法正义的人得到救助的机制，让他们可以享有平等的机会去诉讼，这实实在在地落实了诉讼平等原则，体现了国家对当事人诉权的尊重与保障。

（二）司法救助制度之功能

司法救助制度的功能主要体现在对于实现程序完善与公正上，相对于实体上的保障，程序保障更具操作性和现实意义，是切实将诉讼救助机制落到实处的保证。

1. 有利于完善诉讼费用机制

我国法治理念随着实践的经验的累积而不断前进，正在逐步从权利本位向社会本位的转换构建制度。在保障权利的同时又要实现权利之间的和谐，"防止权利滥用"和"保护弱势群体"逐渐发展成为法律的两大显著特征。[③]然而，现行的诉讼费用制度却更多地发挥了"防止权利滥用"作用，

---

① 杨海坤：《现代和谐社会必定是法治社会》，第 22 届世界法律大会论文集 2005 年版，第804—805 页。

② 郝铁川：《论中国社会转型时期的依法治国》，《中国法学》2000 年第 2 期，第 5 页。

③ 刘加良、张志强：《比较法视野中的民事诉讼救助》，《河南大学学报（社会科学版）》2006 年第1 期，第 63 页。

而忽视了"保护弱势群体"的作用。司法救助制度虽然恰恰是解决这一尴尬的途径，也能保障经济弱势者的诉权，然而却只是治标不治本的下策，完善现有诉讼费用制度，使其合理的平衡"滥诉"与"权利保障"才是上策。毕竟只有在能够承担起诉讼费用，且认为现实的诉讼费用是合理的前提下，民众才会在面对无力自行解决的纠纷时选择诉讼。司法救助制度，很大程度上是对现有诉讼费用制度在功能上的补充，未来是否可以将两者合并发挥多重司法功能，从而更有利于保障人民诉权都有赖于司法救助制度功能的发挥和诉讼费用制度的完善。

2. 有利于法律援助制度发挥功能

司法救助制度与法律援助制度虽然属于两个不同的制度范畴，但是都同样发挥着保障当事人诉讼权利的实现。两者在制度的衔接上有着极其紧密的关系，甚至可以说是互为补充、相互作用从而发挥共同的作用。从具体制度的设计上讲，获得司法救助往往是在先获得法律援助之后顺理成章的进一步救济，一般不能获得法律援助的同样不能获得司法救助，两者在很多时候是配套起来并列适用的。在两个制度的适用上，司法救助制度的对象范围相对更窄，审查更为严格。因此，司法救助制度的不断发展与完善势必会对法律援助制度带来理念与原则上的改变，从而提高整体救济的效率与社会效果。

3. 有利于保障程序公正

公正是一切诉讼所追求的最基本价值，对诉讼内外相对弱势者进行必要的权利与救济提供保障是程序制度建构的基本指导原则之一，"诉讼成为当事人解决争议的唯一途径或者为穷尽一切非诉途径之后的选择，那么拒绝为贫困当事人提供审判服务就背离了平等保护的宗旨"[1]。在实践中，为了防止强势方通过程序上的平等制造实质上的不平等，保障经济上处于弱势地位的一方可以应对必要的诉讼，并确保公正，这就要求必须建立起司法救助制度，以保障经济弱势一方与对方平等享有诉权。当然，这其中也需要平衡好"滥诉"与权利保障间的平衡，这既是司法救助制度本身所需完善的，也是司法理念所应体现的。

---

① 方流芳：《民事诉讼收费考》，《中国社会科学》1999 年第 3 期，第 152 页。

第四节　司法援助制度

首先，这里需要对司法援助、法律援助、司法救助三个易混淆的概念进行简要的区分。从制度的互补与衔接上讲，法律援助制度与司法救助制度是互不重合而又紧密配合的两个联动机制，而司法援助制度则是涵盖在法律援助制度之内的。法律援助制度涵盖的援助范围很广，既包含诉讼领域内的，也包含诉讼领域之外的，司法援助即为诉讼类的法律援助。

一、司法援助之历史沿革

司法援助的起源与历史发展最早可追溯至 19 世纪末的美国、英国等一些法治启蒙与法制发展较早的国家。而我国法制起步相较西方国家比较迟，因此司法援助的发展历史也就比较短，至今仍处于改革完善阶段。

（一）国外司法援助制度之发展历史

纵观国外司法援助的发展史，大致可以划分为三个阶段，分别为初创阶段、转型阶段和全面发展阶段。[①]

1. 初创阶段

19 世纪末以前的司法援助被称为初创阶段，这一阶段的司法援助一般被定义为一种慈善行为，完全属于律师的自发行为，主要基于律师个人的道义与良知。这时司法援助的主要组成形式包括宗教组织、慈善机构与民间组织、某些行政机关偶尔提供的司法援助三种。初创阶段的司法援助雏形由于缺乏国家层面的支持，普惠性效果不好，随机慈善性突出。

2. 转型阶段

这一阶段主要发生在 19 世纪末到第二次世界大战前，其主要特征是司法援助逐渐从慈善行为转向国家责任行为。1851 年 1 月 22 日法国通过的第一部涉及司法援助的法律，"规定每个法院设立法律援助局，负责为穷人

---

① 沈红卫：《中国法律援助制度研究》，湖南人民出版社 2006 年版，第 31—36 页。

提供法律帮助"①。而在美国 1920 年的全美律师协会上，查·休斯更是慷慨陈词，他讲道："必须消灭受害人因为负担不起律师费用，而使正义得不到伸张的现象，法律界对此责无旁贷。律师应该爱谁？依我说：律师要爱的是那些被剥夺了正当权益的穷人。"②此一阶段世界各个国家都将司法援助上升到了公民政治权利的高度，将这一责任看作国家的职责而非施舍。这对于之后在立法与制度上构建完善的司法援助来讲都创造了现实与理论上的条件与基础。

3. 全面发展阶段

第二次世界大战之后，法律援助随着法学理论的不断丰富与完善也进入了高速发展期。英国大法官丹宁勋爵甚至这样评价道："自第二次世界大战以来，法律方面最重要的革命就是法律援助。"③目前世界各地已经建立起法律援助制度的国家与地区近 150 个。④这其中很多国家都是以宪法或法律的形式对法律援助制度予以确认，并赋予了公民享有法律援助的权利。不断完善的制度建设也使得法律援助的范围不断扩大。

（二）中国司法援助制度之发展历史

我国司法援助的历史主要集中在中华人民共和国成立后，由于中华人民共和国成立前后这两段历史时期的政治、社会、法制等因素差异较大，可以简单说，中华人民共和国成立前并不存在制度意义上的司法援助，司法援助也不是那个时期法律制度的组成部分。中国司法援助的发展历史应该是中华人民共和国成立后，从律师制度产生开始创立的。1994 年司法部原部长肖扬第一次正式提出构建我国的法律援助制度的设想。随后的一年里，广州市、西宁市、江苏省、安徽省、四川省相继布置开展司法援助的规划。经过几年的试点实践，1999 年 3 月在北京召开了法律援助立法和理论问题国际研讨会，为之后的司法援助立法之路做好了准备。2003 年 7 月 21 日，国务院正式颁布了《中华人民共和国法律援助条例》，至此我国法

---

① 刘挽华、王冰玉：《法国法律援助制度概览》，《中国司法》2005 年第 7 期，第 102 页。
② 何勤华：《西方法学史》，中国政法大学出版社 1996 年版，第 189—190 页。
③ 宫晓冰、杨诚、郑自文：《各国法律援助理论研究》，中国方正出版社 1999 年版，第 189 页。
④ 严军兴：《法律援助制度理论与实务》，法律出版社 1999 年版，第 2 页。

律援助制度正是确立并有法可依。虽然我国在这方面起步较晚，但已经积累了丰富的实践经验，对于我国今后司法援助制度的完善开辟了道路。

二、司法援助制度之主体与对象

（一）司法援助制度之主体

司法援助制度的主体是什么，学术界有多种划分的方式，我们在这里仅将司法援助制度的主体限定为责任主体。按照现代法学理念与国内外司法援助制度的一致认识角度来讲，国家（政府）毫无疑问是司法援助的主体。公民在法律面前人人平等，享有这一权利是宪法明确规定的，而负有确保此一公民权利落实的主体当然是国家。从法律关系上讲，国家或行使国家职能的政府与符合条件的受援人之间具有一种当然的权利义务关系，这是国家作为一个合格治理者的前提条件与法理依据。

当然，司法援助并不排斥社会团体、事业单位等社会自主提供司法援助，虽然责任主体是一元的，但并不排斥多种有条件的社会辅助资源的存在，这既有利于弥补政府的不足之处，也可以为我国司法援助制度的进一步发展提供可能的条件。

（二）司法援助制度之对象

司法援助制度的对象也称为受援对象，是指凡符合法律规定条件的当事人，都可以接受司法援助。《中华人民共和国法律援助条例》第二条规定："符合本条例规定的公民，可以依照本条例获得法律咨询、代理、刑事辩护等无偿法律服务。"这其中的条件是有明确规定的，受援者必须是经济困难或者属于特殊案件的当事人，才能够无偿的享受司法援助待遇。

2013 年，司法部发布的《关于进一步推进法律援助工作的意见》，突出强调要扩大法律援助覆盖面。要求法律援助紧密结合经济社会发展实际，适应困难群众民生需求，及时调整补充事项范围，将就业、就学、就医、社会保障等与民生紧密相关的事项逐步纳入法律援助范围；进一步放宽经济困难标准，使法律援助覆盖人群从低保群体逐步拓展至低收入群体。根据司法部法律援助工作司的统计分析，2014 年全国共办结法律援助诉讼案件即司法援助案件 564 764 件，其中包括刑事案件 183 512 件、民事案件 378 197 件、行政案件 3055 件①，司法援助覆盖范围逐步扩张。

三、司法援助制度之价值与功能

所谓司法援助，就是向有经济或者其他特殊困难的受援者提供免费或者减少费用的诉讼类法律服务，但并不包含诉讼费用的减免。这和广义上的法律援助以及司法救助是有不同的。因此，其所体现的价值以及发挥功能也是较为独特的。

(一) 司法援助制度之价值

物质财富的拥有，可以有先后之分；但司法正义的获得，不能有先后之别。平等、正义与秩序既是法的价值，也是司法援助的理论基础，依照这些价值原则所构建起来的司法援助制度也一直在诉讼实践中发挥着其应有的作用。

1. 平等价值

平等一直以来都是人们追求的美好理想，它涉及政治、经济、文化、人身等方方面面。而在法律制度中，则可以体现为法律人格的平等、法律权利的平等、法律义务的平等和法律对待的平等四个方面的内容。②法律制度中的平等是现代社会的基础之一，它是社会正义、民主、法治、自由、人权和市场经济的必要条件。但在有差异性的社会中，对于平等保护一定是有相对性和差异性。正如耶鲁大学威廉·R. 瓦恩斯教授所说："如果没人告诉穷人民什么是法律，那么把一位穷困潦倒没有多少知识的人与他的强悍而明智的对手视为平等又有什么用呢？"③所以，司法援助制度就起到了至关重要的作用，它在当事人最需要救济的诉讼中提供了无可替代的帮助。正如博登海默所言："一个社会在面对因形式机会与实际机会脱节而导致的问题之时，会采取这样一种方法，即以确保基本需要的平等去补充

---

① 司法部法律援助司：《2014 年全国法律援助工作统计分析（三）》，《中国司法》2015 年第 9 期，第 87 页。

② 沈红卫：《中国法律援助制度研究》，湖南人民出版社 2006 年版，第 160 页。

③〔美〕马丁·梅耶：《美国律师》，胡显耀译，江苏人民出版社 2001 年版，第 274 页。

基本权利的平等。"①司法援助正是为实现诉讼平等而提供具体办法与条件的制度设计。

2. 正义价值

虽然对于正义的理解自古以来众说纷纭,但正义始终是人类的理想与价值追求。按照法理学的一般观点,正义可以划分为形式正义与实质正义。②各国法律中对于公民权利的确认以及对于形式正义都有充分的体现,然而这些权利在实际中仅靠这些形式正义很难得到全面的保障,尤其常见于司法诉讼之中。司法援助制度正是充当形式正义的补充,在实质层面提供给受援者以正义的诉求。与此相类似的,正义也可划分为实体上和程序上的不同,显然程序正义是"一种高成本的正义",它通常要求具备一定的经济条件。③诉讼中最典型的就是律师费,这使得很多经济有困难的当事人可能失去程序正义的有效保障以及诉讼中的合理诉求机会。司法援助正是基于此而建立的弥合实体正义缺失的重要制度保障,其所体现的全面的正义价值也为我国整个司法诉讼过程带来了有益的补充。

3. 秩序价值

秩,常也;秩序,常度也,秩序常指有条理、不紊乱的情况。秩序既是人类社会发展所追求的目标也是其基础,这之中包含着稳定与可预测性。司法援助制度在维护社会生活秩序上从其诞生之时起就发挥着举足轻重的作用。司法援助能够有效缓解社会冲突,这对于现今社会经济发展所带来的贫富差距、社会矛盾激化都有很好的缓冲与稀释作用。司法援助能够有效地帮助任何人所提起的合理诉讼请求,它有效地培养了人们以法律手段解决问题的意识,是法律构建秩序中最为重要的一个环节,它既可以充分彰显我国司法权威,又能维护秩序稳定,使社会更加和谐。每个人的权利都能够在必要的时候通过诉讼落到实处、司法权威能够通过诉讼深入人心,离不开司法援助制度,而这形成的权利与权力的良性互动所体现的就是一种和谐的秩序价值,也是司法援助制度的根

---

① 〔美〕博登海默:《法理学:法律哲学与法律方法》,邓正来译,中国政法大学出版社 1999 年版,第 287 页。

② 张文显:《法理学》,法律出版社 1997 年版,第 322 页。

③ 张文显:《法理学》,法律出版社 1997 年版,第 322 页。

本价值之一。

（二）司法援助制度之功能

司法援助制度的性质在很大程度上决定了其所应具备的功能，学界和实务界的主流观点都认为，司法救助制度是一种以政府为主导，政府与社会相结合的一种法律救济行为。其所具有的国家行政属性与社会属性从某种意义上讲，是对于司法领域的一种有益的介入与补充，所起的作用与功能则体现在弥补功能、法律服务资源再分配功能以及安定功能。[①]

1. 弥补功能

司法援助的弥补功能主要体现在三个方面：一是司法人员可能出现的个体不公正问题；二是司法组织中可能存在的制度不公正；三是现有司法机制缺陷导致的不公正。[②]前两种问题通常存在于个别的实践示例之中，所涉及的问题较为复杂，但有一点是可以肯定的，如果没有司法援助制度的存在，当事人的诉讼权利将会毫无疑问的受到损失。针对第三种情况而言，尤其是在刑事诉讼中的犯罪嫌疑人，如果失去了司法援助制度的存在，他个人的所有诉讼权利很可能都得不到实现，更不用说去获得公正的审判了。司法援助制度提供给了刑事犯罪嫌疑人收集证据、举证、有效发表辩护、质证等多项重要诉讼权利实现的可能，这是弥补当下诉讼制度缺陷最为有效也是最为直接的办法。

2. 对法律服务资源的再分配功能

司法援助其实主要是一种律师服务资源的援助。律师服务无论是在西方国家还是在我国，非特殊情况下都是有偿的，这对于一般人来说都是一笔不小的开支，更不用说是对经济困难的弱势群体或个体而言。但如果因此而让本就是弱者的人更加远离平等与正义，那将是整个国家与社会的悲哀。富裕也许不能共有，但正义必须得到最广泛的实现，法律服务资源作为实现正义的最重要手段必须通过一种制度化的方式流向缺失之处，司法援助就是矫正不合理的法律资源分配的一种制度设计，旨在保护贫弱者在

---

① 沈红卫：《中国法律援助制度研究》，湖南人民出版社 2006 年版，第 18—24 页。
② 张耕：《中国法律援助制度诞生的前前后后》，中国方正出版社 1998 年版，第 31 页。

诉讼中享有同样的法律服务资源。

3. 安定功能

稳定是社会发展的前提，然而贫富差距所带来的发展与稳定的困局在现代社会中屡见不鲜。诉讼是一个对抗性强、成本高昂的纠纷解决方式，很容易出现以富压贫、以强欺弱的情况，原本是权利寻求救济与保护的过程，但如果不能持有足够的法律资源，那么平等的诉讼也将变成披着正义外衣，而行非正义之实的"角斗场"。贫弱者失去了最后一道正义的防线，所带来的混乱将会影响我们每一个人，激化的矛盾与冲突不能够解决问题，只会破坏社会的稳定与司法的权威。让每一个人都能在诉讼中得到正义，是司法援助制度的安定价值最为直接的体现，正如美国著名学者米歇尔·麦卡恩所言："穷人看到自己也能像富人那样享受司法体制的保护，因而更支持依法治国。"[①]我们通过司法援助制度合理减免了受援者的法律服务费用，不至于使其经济状况进一步恶化，既维护了其权利诉求也保障了他最根本的生活需要，在化解一个矛盾的同时，也为创造一个和谐安定的经济社会环境发挥了作用。

---

① 司法部法律援助中心编：《各国法律援助理论研究》，中国方正出版社 1999 年版，第 159 页。

参 考 文 献

〔以〕巴拉克：《民主国家的法官》，毕洪海译，法律出版社 2011 年版。

毕惜茜：《论我国侦查权的性质》，《江西公安专科学校学报》2004 年第 2 期。

卞建林：《健全司法权分工配合制约机制的思考》，《法制资讯》2014 年第 Z1 期。

〔美〕博登海默：《法理学：法律哲学与法律方法》，邓正来译，中国政法大学出版社 1999 年版。

〔美〕布莱恩·莱特：《帝国的终结：德沃金及 21 世纪法理学——在拉特格斯大学法哲学学院成立庆典上的演讲》，吴展译，《比较法研究》2007 年第 1 期。

蔡定剑：《中国人民代表大会制度》，法律出版社 2003 年版。

蔡杰、冯亚景：《我国刑事法官庭审指挥权之探讨》，《法学研究》2006 年第 6 期。

常怡主编：《民事诉讼法学》，中国政法大学出版社 1999 年版。

陈光中、崔洁：《司法、司法机关的中国式解读》，《中国法学》2008 年第 2 期。

陈光中、徐静村：《刑事诉讼法学》，中国政法大学出版社 1999 年版。

陈光中主编：《刑事诉讼法》，北京大学出版社和高等教育出版社 2009 年版。

陈光中主编：《中国司法制度的基础理论问题研究》，经济科学出版社 2010 年版。

陈瀚：《社会性：由 2004 年修宪论中国当代法律的本质》，《集美大学学报（哲学社会科学版）》2004 年第 4 期。

陈金钊：《实质法治思维路径的风险及其矫正》，《清华法学》2012 年第 4 期。

陈林林：《公众意见在裁判结构中的地位》，《法学研究》2012 年第 1 期。

陈瑞华：《定罪与量刑的程序分离——中国刑事审判制度改革的另一种思路》，《法学》2008 年第 6 期。

陈瑞华：《法官责任制度的三种模式》，《法学研究》2015 年第 4 期。

陈瑞华：《法律程序构建的基本逻辑》，《中国法学》2012 年第 1 期。

陈瑞华：《司法改革的理论反思》，《苏州大学学报（哲学社会科学版）》2016 年第 1 期。

陈瑞华：《刑事被告人权利的宪法化问题》，《政法论坛》2004 年第 3 期。

陈馨：《是否应当回归"马锡五"——兼评司法改革的前进方向》，《黑龙江省政法管理干部学院学报》2010 年第 5 期。

陈兴立：《中国特色社会主义法治建设需冲出"潜规则"重围》，《探索》2011 年第 4 期。

陈兴良：《限权与分权：刑事法治视野中的警察权》，《法律科学（西北政法大学学报）》2002 年第 1 期。

〔英〕戴维·M. 沃克：《牛津法律大辞典》，北京社会与科技发展研究所编译，光明日报出版社 1988 年版。

〔英〕丹宁勋爵：《法律的正当程序》，李克强等译，法律出版社 1999 年版。

但伟、姜涛：《论侦查权的性质》，《国家检察官学院学报》2003 年第 5 期。

但伟、姜涛：《侦查监督制度研究——兼论检察引导侦查的基本理论问题》，《中国法学》2003 年第 2 期。

〔美〕道·诺斯：《制度变迁理论纲要》，张帆译，《改革》1995 年第 3 期。

邓思清：《检察权内部配置与检察机关内设机构改革》，《国家检察官学院学报》2013 年第 2 期。

邓思清：《我国检察机关行政公诉权的程序构建——兼论对我国〈行政诉讼法〉的修改》，《国家检察官学院学报》2011 年第 4 期。

邓思清：《刑事被追诉人的地位、权利与保障》，中国人民公安大学出版社 2011 年版。

董必武：《董必武法学文集》，法律出版社 2001 年版。

董茂云、徐吉平：《法官良知对于司法过程的意义——兼论法官良知与现代宪治体制及理念的关系》，《复旦学报（社会科学版）》2003 年第 6 期。

董治良：《对规范上下级法院关系的几点思考》，《中国审判》2011 年第 3 期。

杜强：《人民法院优化职权配置改革的新发展》，《人民司法》2009 年第 13 期。

樊崇义：《刑事诉讼法学》，法律出版社 2004 年版。

樊崇义主编：《刑事诉讼法学》，中国政法大学出版社 1999 年版。

范永同、郝俊杰：《中国监督体制的不足与完善》，《人民论坛》2015 年第 11 期。

冯军、卢彦芬等：《刑事司法的改革：理念与路径》，中国检察出版社 2007 年版。

〔德〕弗里德里希·卡尔·冯·萨维尼：《论立法与法学的当代使命》，许章润译，中国法制出版社 2001 年版。

傅郁林：《司法权的外部边界与内部配置》，《法制与社会发展》2016 年第 2 期。

高新华：《行政诉讼原告论》，中国人民公安大学出版社 2006 年版。

葛洪义：《司法权的"中国"问题》，《法律科学（西北政法大学学报）》2008 年第 1 期。

葛同山：《作为公权利的刑事辩护权》，《法学杂志》2009 年第 3 期。

宫万路、杜水源：《论侦查权的概念》，《江苏公安专科学校学报》2001 年第 1 期。

〔日〕宫泽浩一、田口守一、高桥则夫：《犯罪被害人研究》，日本成文堂株式社 1996 年版。

龚祥瑞：《西方国家司法制度》，北京大学出版社 1993 年版。

〔日〕谷口安平：《程序公正》，见宋冰编《程序、正义与现代化——外国法学家在华演讲录》，中国政法大学出版社 1998 年版。

顾培东：《中国司法改革的宏观思考》，《法学研究》2000 年第 3 期。

顾永忠：《"以审判为中心"是对"分工负责，互相配合，互相制约"的重大创新和发展》，《人民法院报》2015 年 9 月 2 日，第 5 版。

管宇：《刑事诉讼视角下辩护权界说》，《政法论坛》2007 年第 6 期。

郭道晖：《权力的多元化与社会化》，《法学研究》2001 年第 1 期。

韩大元、于文豪：《法院、检察院和公安机关的宪法关系》，《法学研究》2011 年第 3 期。

韩大元：《1954 年宪法与新中国宪政》（第 2 版），武汉大学出版社 2008 年版。

韩阳：《被追诉人的宪法权利》，中国人民公安大学出版社 2007 年版。

何帆：《论上下级法院的职权配置——以四级法院职能定位为视角》，《法律适用》2012 年第 8 期。

何海波：《困顿的行政诉讼》，《华东政法大学学报》2012 年第 2 期。

何海波：《实质法治：寻求行政判决的合法性》，法律出版社 2009 年版。

何华辉：《人民代表大会制度的理论与实践》，武汉大学出版社 1992 年版。

何平：《优化配置司法职权的关键及其意义》，《理论视野》2015 年第 7 期。

贺卫方：《具体法治》，法律出版社 2002 年版。

贺卫方：《司法的理念与制度》，中国政法大学出版社 1998 年版。

贺卫方：《中国的法院改革和司法独立——一个参与者的观察与反思》，《浙江社会科学》2003 年第 2 期。

贺小荣、何帆：《深化法院改革不应忽视的几个重要问题》，《人民法院报（理论版）》，2015 年 3 月 19 日。

胡夏冰、冯仁强主编：《司法公正与司法改革研究综述》，清华大学出版社 2001 年版。

胡肖华：《宪法诉讼原论》，法律出版社 2002 年版。

胡学军：《自由心证：事实认定中自由裁量权的规范分析》，《司法改革论评》第十一辑，厦门大学出版社 2010 年版。

胡云腾：《始终坚持党的领导 保证独立公正司法》，《红旗文稿》2014 年第 23 期。

黄文艾、黄广进：《中国刑事公诉制度的现状与反思》，中国检察出版社 2009 年版。

黄忠顺：《民事执行机构改革的深度透析》，《法律科学（西北政法大学学报）》2016 年第 4 期。

〔美〕基斯·威廷顿：《司法至上的政治基础——美国历史上的总统、最高法院及宪政领导权》，牛悦译，北京大学出版社 2010 年版。

〔美〕吉姆·帕森斯、梅根·戈尔登、詹娜·西格尔，等：《试点与改革：完善司法制度的实证研究方法》，郭志媛译，北京大学出版社 2006 年版。

季卫东：《法律程序的意义》，中国法制出版社 2004 年版。

季卫东：《法律程序的意义》，中国法制出版社 2012 年版。

季卫东：《法律程序的意义——对中国法制建设的另一种思考》，《中国社会科学》1993 年第 1 期。

季卫东：《法治秩序的建构》，中国政法大学出版社 1999 年版。

季卫东：《合宪性审查与司法权的强化》，《中国社会科学》2002 年第 2 期。

冀祥德：《刑事辩护准入制度与有效辩护及普遍辩护》，《清华法学》2012 年第 4 期。

江必新：《司法与政治关系之反思与重构》，《湖南社会科学》2010 年第 2 期。

江国华、陈先郡、梅扬：《困境与出路：中国刑事被害人权利保障之检视》，《学习与实践》2014 年第 9 期。

江国华：《常识与理性（二）：法官角色再审思》，《政法论丛》2011 年第 3 期。

江国华：《常识与理性（十）：司法技术与司法政治之法理及其兼容》，《河北法学》2011 年第 12 期。

江国华、韩玉亭：《论法官的角色困境》，《法制与社会发展》2015 年第 2 期。

江国华：《权力秩序论》，《时代法学》2007 年第 2 期。

江国华：《实质合宪论：中国宪法三十年演化路径的检视》，《中国法学》2013 年第 4 期。

江国华：《司法立宪主义与中国司法改革》，《法制与社会发展》2016 年第 1 期。

江国华：《宪法哲学导论》，商务印书馆 2007 年版。

江国华：《中国宪法中的权力秩序》，《东方法学》2010 年第 4 期。

江国华：《转型中国的司法价值观》，《法学研究》2014 年第 1 期。

江国华：《走向能动的司法：审判权本质再审视》，《当代法学》2012 年第 3 期。

江苏省高级人民法院"和谐社会与民事制度创新"课题组：《民事案件与商事案件适用诉讼调解的区分研究》，《法律适用》2008 年第 11 期。

姜伟：《中国检察制度》，北京大学出版社 2009 年版。

蒋剑鸣：《转型社会的司法：方法、制度与技术》，中国人民公安大学出版社 2008 年版。

〔美〕杰弗里·图宾：《九人：美国最高法院风云》，何帆译，上海三联书店 2010 年版。

〔德〕卡尔·拉伦兹：《法学方法论》，陈爱娥译，商务印书馆 2005 年版。

康娜：《论我国国情下的最优司法独立度：一个制度经济学的视角》，《清华法学》2012 年第 3 期。

〔德〕克劳斯·勒尔：《程序正义：导论与纲要》，陈林林译，见郑永流主编《法哲学与法社会学论丛》（四），中国政法大学出版社 2001 年版。

郎胜主编：《中华人民共和国刑事诉讼法释义（最新修正版）》，法律出版社 2012 年版。

冷传莉：《民族语言文字诉讼原则的适用与完善》，《贵州民族研究》2001 年第 1 期。

李国光：《民商审判指导与参考》第 2 卷，人民法院出版社 2002 年版。

李浩：《理性地对待调解优先——以法院调解为对象的分析》，《国家检察官学院学报》
    2012 年第 1 期。

李建明：《论党领导下的司法独立》，《政治与法律》2003 年第 2 期。

李卫东、维英：《人民监督员制度试行状况实证分析》，《中国刑事法杂志》2011 年第 2 期。

李学尧：《法律职业主义》，中国政法大学出版社 2007 年版。

李征：《中国检察权研究——以宪政为视角的分析》，中国检察出版社 2007 年版。

〔美〕理查德·A. 波斯纳：《联邦最高法院——挑战与改革》，邓海平译，中国政法大
    学出版社 2002 年版。

梁慧星：《司法腐败到不能忍受的地步 黄松有案是司法界耻辱》，《南方都市报》2009
    年 3 月 8 日，第 7 版。

廖奕：《司法均衡论——法理本体和中国实践的双重建构》，武汉大学出版社 2008 年版。

廖永安、刘方勇：《社会转型背景下人民陪审员制度改革路径探析》，《中国法学》2012 年
    第 3 期。

林喜芬：《论中国刑事司法程序异化的实践现状——基于典型案例的实证反思》，《上海
    交通大学学报（哲学社会科学版）》2011 年第 4 期。

林钰雄：《检察官论》，法律出版社 2008 年版。

刘焯主编：《法社会学》，北京大学出版社 2008 年版。

刘惠贵、周安平：《司法改革的监督情结及其悖论——法官与学者关于基层司法改革的
    对话》，《中国司法》2005 年第 11 期。

刘计划：《侦查监督制度的中国模式及其改革》，《中国法学》2014 年第 1 期。

刘茂林：《口国宪法导论》（第 2 版），北京大学出版社 2009 年版。

刘瑞华：《司法权的基本特征》，《现代法学》2003 年第 3 期。

刘拥、刘润发：《检察机关行使行政公诉权的正当性阐释》，《法学评论》2011 年第 2 期。

刘志强：《论能动司法的语境及其困境》，《法治研究》2011 年第 5 期。

龙宗智、杨建广主编：《刑事诉讼法》，高等教育出版社 2010 年版。

龙宗智：《论配合制约原则的某些"负效应"及其防止》，《中外法学》1991 年第 3 期。

吕萍：《刑事立案程序的独立性质疑》，《法学研究》2002 年第 3 期。

高铭暄、马克昌主编：《刑法学》，高等教育出版社 2007 年版。

马明亮：《协商性司法——一种新程序主义理念》，法律出版社 2007 年版。

〔法〕孟德斯鸠：《论法的精神》（上），张雁深译，商务印书馆 1987 年版。

〔法〕孟德斯鸠：《论法的精神》，张雁深译，商务印书馆 1982 年版。

欧阳标平：《人大个案监督的宪法学透视》，《沙洋师范高等专科学校学报》2007 年 2 期。

潘庸鲁、孙晔：《上诉权的现实与理想》，《中国刑事法杂志》，2011 年第 8 期。

庞凌：《法院政治功能的学理疏释》，《法律科学（西北政法大学学报）》2003 年第 4 期。

〔英〕培根：《培根论说文集》，商务印书馆 1983 年版。

裴苍龄：《关于刑事诉讼结构的研究》，《政治与法律》1996 年第 5 期。

〔日〕棚濑孝雄：《纠纷的解决与审判制度》，中国政法大学出版社 1994 年版。

〔法〕皮埃尔·布迪厄：《法律的力量：迈向司法场域的社会学》，《北大法律评论》1999 年第 2 期。

皮纯协、胡锦光主编：《行政诉讼法教程》，中国人民大学出版社 1993 年版。

强世功：《法制与治理——国家转型中的法律》，中国政法大学出版社 2003 年版。

强世功编：《调解、法制与现代性：中国调解制度研究》，中国政法大学出版社 2001 年版。

〔意〕切萨雷·贝卡利亚：《论犯罪与刑罚》，黄风译，中国方正出版社 2003 年版。

秦前红等：《人民监督员制度的立法研究》，武汉大学出版社 2010 年版。

全国人大常委会办公厅研究室政治组编：《中国宪法精释》，中国民主法制出版社 1996 年版。

全亮：《制约公共权力滥用的理论刍议——以法官惩戒为例》，《社会科学家》2007 年第 6 期。

单锋：《现代型民事诉讼中的原告资格和当事人适格》，《南京社会科学》2005 年第 11 期。

邵春雷：《巡回法庭：试验"司法联邦"的前奏》，《民主与法制时报》2015 年 1 月 18 日，第 8 版。

邵宁：《"法无明文规定"下的民事审判——论修补"法律漏洞"的裁判制度》，《沈阳大学学报》2009 年第 5 期。

沈德咏、曹士兵、施新州：《国家治理视野下的中国司法权构建》，《中国社会科学》2015 年第 3 期。

沈德咏：《论疑罪从无》，《中国法学》2013 年第 5 期。

沈德咏：《中国特色社会主义司法制度论纲》，人民法院出版社 2009 年版。

施鹏鹏：《陪审制研究》，中国人民大学出版社 2008 年版。

石少侠、郭立新：《列宁的法律监督思想与中国检察制度》，《法制与社会发展》2003 年第 6 期。

〔美〕斯坦因：《日性良知与月性良知》，东方出版社 1998 年版。

苏力：《道路通向城市：转型中国的法治》，法律出版社 2004 年版。

苏力：《法治及其本土资源》，北京大学出版社 2015 年版。

苏力：《关于能动司法》，《法律适用》2010 年第 Z1 期。

苏力：《送法下乡——中国基层司法制度研究》，中国政法大学出版社 2000 年版。

孙皓：《论检察权配置的自缚性》，《环球法律评论》2016 年第 6 期。

孙谦：《人民检察的光辉历程》，《检察日报》2008 年 6 月 3 日第 6 版。

孙谦：《设置行政公诉的价值目标与制度构想》，《中国社会科学》2011 年第 1 期。

孙笑侠、应永宏：《论法官与政治家思维的区别》，《法学》2001 年第 9 期。

孙莹：《论人大质询的启动要件》，《人大研究》2010 年第 6 期。

〔美〕唐纳德·J. 布莱克：《法律的运作行为》，唐越、苏力译，中国政法大学出版社 2004 年版。

唐莹莹、陈星言：《从法律的视角看"潜规则"》，《法律适用》2005 年第 5 期。

唐莹莹、陈星言：《构建人大对司法的类案监督制度》，《人大研究》2007 年第 11 期。

田夫：《依法独立行使检察权制度的宪法涵义——兼论重建检察机关垂直领导制》，《法制与社会发展》2015 年第 2 期。

田圣斌：《我国刑事诉讼"提前介入"工作制度化探析》，《学习与实践》2014 年第 5 期。

田文昌：《刑事辩护学》，群众出版社 2001 年版。

田有成、陈令华：《法治现代的启动与传统法文化的创造性转化》，《现代法学》1998 年第 6 期。

〔德〕托马斯·魏根特：《德国刑事诉松程序》，岳礼玲、温小洁译，中国政法大学出版社 2004 年版。

万鄂湘主编：《司法能力建设与司法体制改革问题研究》（上），人民法院出版社 2006 年版。

汪晖：《去政治化的政治：短 20 世纪的终结与 90 年代》，生活·读书·新知三联书店 2008 年版。

汪建成、吴江：《侦查权的法理分析》，《山东公安专科学校学报》2003 年第 3 期。

汪庆华：《中国行政诉讼：多中心主义的司法》，《中外法学》2007 年第 5 期。

汪习根：《公法法治论》，《中国法学》2002 年第 5 期。

汪习根主编：《司法权论——当代中国司法权运行的目标模式、方法与技巧》，武汉大学出版社 2006 年版。

王德光：《侦查权原理——侦查前沿问题的理性分析》，中国检察出版社 2010 年版。

王利明：《司法改革研究》，法律出版社 2000 年版。

王启梁：《法律世界观紊乱时的司法、民意与政治》，《法学家》2012 年第 3 期。

王守安、田凯：《论我国检察权的属性》，《国家检察官学院学报》2016 年第 9 期。

王永杰：《程序异化的法社会学考察论纲（上篇）——以刑事冤案和刑事司法程序为视角》，《政治与法律》2007 年第 3 期。

王勇飞、刘金国：《反腐法治论》，高等教育出版社 2003 年版。

〔德〕魏德士：《法理学》，丁晓春、吴越译，法律出版社 2007 年出版。

魏东：《论侦查权的根据与性质》，《江西公安专科学校学报》2004 年第 1 期。

翁子明：《司法判决的生产方式——当代中国法官的制度激励与行为逻辑》，北京大学出版社 2009 年版。

吴丹红：《证人权利保障论纲》，《金陵法律评论》2003 年第 1 期。

吴英姿：《法官角色与司法行为》，中国大百科全书出版社 2008 年版。

吴英姿：《民事诉讼程序的非正常运作——兼论民事诉讼法修改的实践理性》，《中国法学》2007 年第 4 期。

吴永福：《论司法能动》，《山西省政法管理干部学院学报》2012 年第 3 期。

武红羽：《司法调解的生产过程——以司法调解与司法场域的关系为视角》，法律出版社 2010 年版。

肖建国、黄忠顺：《论司法职权配置中的分离与协作原则——以审判权和执行权相分离为中心》，《吉林大学社会科学学报》2015 年第 6 期。

肖建国：《程序正义的理念及其实现》，见张卫平主编：《司法改革论评》（第一辑），中国法制出版社 2001 年版。

肖扬：《中国司法：挑战与改革》，《人民司法》2005 年第 1 期。

谢晖：《法律哲学》，湖南人民出版社 2009 年版。

谢鹏程：《抗诉监督对司法公正的影响》，见蔡定剑主编《监督与司法公正——研究与案例报告》，法律出版社 2005 年版。

谢佑平、万毅：《法律权威与司法创新：中国司法改革的合法性危机》，《法制与社会发展》2003 年第 1 期。

谢佑平、万毅：《刑事侦查制度原理》，中国人民公安大学出版社 2003 年版。

谢佑平、吴羽：《刑事法律援助与公设辩护人制度的建构——以新〈刑事诉讼法〉第 34 条、第 267 条为中心》，《清华法学》2012 年第 3 期。

熊秋红：《司法改革中的方法论问题》，《法制与社会发展》2014 年第 6 期。

徐国栋：《民法基本原则解释——以诚实信用原则的法理分析为中心》，中国政法大学出版社 2004 年版。

徐汉明、蔡虹：《中国民事法律监督程序研究》，知识产权出版社 2009 年版。

许福生：《犯罪被害人保护之政策与法制》，台湾新学林出版股份有限公司 2013 年版。

杨帆：《宪政视野下公检法关系的反思与研究》，《西南大学学报（社会科学版）》2011 年第 1 期。

杨仁寿：《法学方法论》，中国政法大学出版社 1999 年版。

杨荣新：《民事诉讼法学》，中国政法大学出版社 1997 年版。

杨文革：《试论司法独立与党的领导》，转引自陈光中主编《依法治国，司法公正——诉讼法理论与实践》，上海社会科学院出版社 2000 年版。

杨炎辉：《论人大监督司法的类型化及其发展方向》，《重庆大学学报（社会科学版）》2015 年第 5 期。

杨宗辉：《论我国侦查权的性质——驳"行政权本质说"》，《法学》2005 年第 9 期。

殷泓：《人民法院司法巡查制度建立》，《光明日报》2010 年 10 月 25 日，第 6 版。

应星、徐胤：《"立案政治学"与行政诉讼率的徘徊——华北两市基层法院的对比研究》，

《政法论坛》2009 年第 6 期。

于璟、赵孟营：《超越"失范"：论涂尔干理论语境中的 anomie》，《广西社会科学》2007
年第 4 期。

余峰、谢小剑：《人民监督员制度的冷思考》，《江西社会科学》2005 年第 10 期。

岳悍惟：《刑事程序人权的宪法保障》，法律出版社 2010 年版。

岳志强、强钧：《我国经济审判工作在开拓中前进》，《瞭望周刊》1986 年第 34 期。

詹复亮：《职务犯罪诉讼新论》，中国方正出版社 1999 年版。

占美柏：《在文本与现实之间：关于"五四宪法"的回顾与反思》，《法商研究》2004
年第 1 期。

张革联、金立安：《司法接受群众监督机制的理性思考及完善路径》，《三江高教》2010
年第 4 期。

张鸿巍：《百年嬗变：美国少年司法之溯源、衍变及展望》，《南京大学法律评论》，2011
年第 1 期。

张建伟：《审判中心主义的实质内涵与实现途径》，《中外法学》2015 年第 4 期。

张静焕：《法律论证的性质和规则——司法的能动性及其限度》，《甘肃政法学院学报》
2010 年笫 1 期。

张军、江必新主编：《新刑事诉讼法及司法解释适用解答》，人民法院出版社 2013 年版。

张军：《论侦查权的概念及性质》，《吉林公安高等专科学校学报》2006 年第 5 期。

张仁善：《百年中国司法权体系的发展进程及现实反思》，《河南省政法管理干部学院学
报》2007 年第 4 期。

张卫平：《起诉条件与实体判决要件》，《法学研究》2004 年第 6 期。

张文显：《法理学》，北京大学出版社 2011 年版。

张孝刚：《侦查权性质论纲》，《公安研究》2007 年第 11 期。

张毅：《刑事诉讼中的禁止双重危险规则论》，中国人民公安大学出版社 2004 年版。

张志彦、宋杰：《民事诉讼中被告的举证负担》，《山东审判》2008 年第 2 期。

赵秉志主编：《刑法总论》，中国人民大学出版社 2016 年版。

赵晋山：《论审前准备程序》，《诉讼法论丛》，法律出版社 2001 年版。

赵学升：《法律的发现之探寻——以我国法律漏洞的弥补及法律适用能力的提高为切入
点》，《运律适用》2006 年第 5 期。

中共中央文献研究室编：《三中全会以来重要文献选编》，人民出版社 1982 年版。

中共中央政法委员会编：《社会主义法治理念教育读本》，中国长安出版社 2006 年版。

周宝峰：《宪政视野中的刑事被告人公开审判权研究》，《刑事法评论》2007 年第 1 期。

周旺生：《论法之难行之源》，《法制与社会发展》2003 年第 3 期。

周叶中、江国华主编：《在曲折中前进——中国社会主义立宪评论》，武汉大学出版社
2010 年版。

周叶中主编:《宪法学》,高等教育出版社 2016 年版。

朱力:《变迁之痛——转型期的社会失范研究》,社会科学文献出版社 2009 年版。

朱桐辉:《刑事诉讼中的计件考核》,见苏力主编《法律和社会科学》,法律出版社 2009 年版。

朱晓鸣、易承志:《当代中国政治监督的基本特征、主要问题与路径选择》,《东南学术》 2008 年第 2 期。

朱孝清:《司法的亲历性》,《中外法学》2015 年第 4 期。

朱孝清:《中国检察制度的几个问题》,《中国法学》2007 年第 2 期。

左卫民、谢小剑:《检察院内部权力结构转型:问题与方向》,《现代法学》2016 年第 6 期。

《"两高"向全国人民代表大会的工作报告》,《人民日报》1990 年 3 月 29 日,第 2 版。

《"两高"向全国人民代表大会的工作报告》,《人民日报》2000 年 3 月 10 日,第 2 版。

《"两高"向全国人民代表大会的工作报告》,《人民日报》2004 年 3 月 10 日,第 2 版。

《"两高"向全国人民代表大会的工作报告》,《人民日报》2016 年 3 月 14 日,第 2 版。

《法学辞典》,上海辞书出版社 1984 年版。

胡锦涛:《胡锦涛同志强调建立健全教育、制度、监督并重的惩治和预防腐败体系》,《新华日报》2005 年 1 月 12 日,第 1 版。

《列宁全集》第 37 卷,人民出版社 1986 年版。

《列宁全集》第 4 卷,人民出版社 1987 年版。

《刘少奇选集》下卷,人民出版社 1985 年版。

《毛泽东文集》第 6 卷,人民出版社 1999 年版。

《毛泽东选集》第 4 卷,人民出版社 1991 年版。

《中共十六届四中全会在北京举行》,《人民日报》2004 年 9 月 20 日,第 1 版。

《中共中央关于全面推进依法治国若干重大问题的决定》,人民出版社 2014 年版。

《中国检察年鉴》,中国检察出版社 2012 年版。

Archibald C, *The Supreme Court and the Federal System*. Kermit L H (Ed.), A Nation of States: Federalism at the bar of the Supreme Court. New York: Garland Publishing INC, 2000.

Basedow, Jürgen. "The Court of Justice and Private Law: Vacillations, General Principles and the Architecture of the European Judiciary. " European Review of Private Law, vol. 18, No. 3, 2010.

Beyle, *State and Local Government*, Washington, D. C.: Congressional Quarterly Press, 2006.

Damaska M, "Structures of Authority and Comparative Criminal Procedure", *Yale Law Journal* ,Vol. 84, No. 3, 1975.

House of lords, Relations between the executive, the judiciary and Parliament.　Select

Committee on the Constitution, 6th Report of Session 2006-07, Published by the Authority of the House of Lords, London : The Stationery Office Limited.

Ball H, *Courts and Politics—The Federal Judicial System*, Englewood Cliffs N.J.: Prentice-Hall, 1980.

Wilson J Q, *Political Parties and the Separation of Powers*, Robert A, Goldwin , Art Kaufman (Ed.), Separation of Powers: Does It Still Work? AEI Press, 1986.

Taft W H , "Yale Law School, Boundaries between the Executive, the Legislative and the Judicial Branches of the Government", *Yale Law Journal*, Vol. 6, No. 8, 1916.

Webb G, Keith E. Whittington, Judiclal independence, the power of the purse, and inherent judlclal powers. Vol. 88, No. 1, 2004 .

后　记

　　这套书是 2009 年度国家哲学社会科学基金重大招标项目"中国特色社会主义司法制度研究"（项目批准号：09&ZD062）最终成果。事实上，这套书的原稿就是约 80 万字的结项材料，从项目开始到最终成稿，历经十年的打磨、沉淀和"折腾"，虽呕心沥血，但仍觉勉为其难，在出版社的反复催促下，本书终归还是要出版面世。对于其中的不足之处，也只能留待日后去完善。

　　十八大以来，中国司法体制的改革进入了全面深化改革的历史时期。在变革的时代，司法学的研究难以再固守以往的理论，而必须着眼实践，不断地吸收改革之后的新经验与新理念。当然，对本书的写作而言，这样的"变数"也为我们增添了不少"负担"，在数次"大修"和日积月累之下，最终付梓的稿件也变得冗长而庞杂。

　　感谢课题组成员的精诚合作。特别是感谢课题组实务专家龚嘉禾先生（湖南省检察院前检察长）、董皞教授（广州大学前副校长）。记得 2009 年招标答辩之时，龚嘉禾先生正在中央党校学习，答辩前夜，龚先生就课题所涉及的实践议题和答辩应注意事项作了颇具针对性的指导。董皞教授则背个双肩包从广州飞到北京后，直奔答辩现场，与我一起参加答辩。各位老师的大力支持，国华在此深表感谢。

课题组成员吴健雄教授（湖南省检察院研究室前主任）承担了子课题"中国司法制度双核模式研究"，该研究成果被吸收到其博士论文之中，为本书所吸收。课题组成员吴展博士（上海海关学院副教授）承担了子课题"中国司法的规约体系研究"。该研究成果吸收到其博士论文之中，也为本书所吸收。在此谨表谢忱。

武汉大学 2010 级和 2011 级政法干警班的同学和武汉大学宪法行政法 2014 级和 2015 级的硕士研究生，参与了实证调研工作，并整理了 100 多本调研原始资料（现收藏于武汉大学法学院图书馆）。我的学生何盼盼、周海源、郭文涛、杨程、罗航、苏怡等同学，在书稿整理和校对过程中做了大量的工作。在此一并表示感谢。

本套丛书出版还得到了国家"2011 计划"司法文明协同创新中心的支持与资助，在此，要对中心联席主任张文显教授、张保生教授、王树义教授表示衷心的感谢。对中心诸位老师，特别是陈光中先生、卞建林教授、柳经纬教授、肖永平教授、占善刚教授、林莉红教授、罗吉教授等也深表谢忱。感谢你们的教诲、鼓励和支持。

感谢科学出版社的领导，感谢刘英红编辑和编辑部其他老师的辛勤工作。

江国华

2018 年 5 月 20 日

于武汉珞珈山